Vorwort

Liebe Deutschlernende, liebe Deutschlehrende,

studio [21] – Das Deutschbuch richtet sich an Erwachsene ohne Deutsch-Vorkenntnisse, die im In- und Ausland Deutsch lernen. Es ist in drei Gesamtbänden bzw. in sechs Teilbänden erhältlich und führt zur Niveaustufe B1 des Gemeinsamen europäischen Referenzrahmens. **studio [21]** bietet ein umfassendes digitales Lehr- und Lernangebot, das im Kurs, unterwegs und zu Hause genutzt werden kann.

studio [21] – Das Deutschbuch mit integriertem Übungsteil und eingelegtem E-Book enthält zwölf Einheiten und vier Stationen. Jede Einheit besteht aus acht Seiten für gemeinsames Lernen im Kursraum und acht Seiten Übungen zum Wiederholen und Festigen.

Jede Einheit beginnt mit einer emotional ansprechenden, großzügig bebilderten Doppelseite, die vielfältige Einblicke in den Alltag in D-A-CH vermittelt und zum themenbezogenen Sprechen anregt. Die Redemittel und die Wort-Bildleisten helfen dabei. Im E-Book können die Bilder in den Wort-Bildleisten vergrößert werden und die dazugehörigen Wörter sind vertont. Darüber hinaus kann der Lernwortschatz einer jeden Doppelseite angesehen werden.

Im Mittelpunkt der nächsten drei Doppelseiten stehen aktives Sprachhandeln und flüssiges Sprechen. In transparenten Lernsequenzen werden alle Fertigkeiten in sinnvollen Kontexten geübt, Grammatik in wohlüberlegten Portionen vermittelt, Phonetik und Aussprache integriert geübt sowie Wörter in Wortverbindungen gelernt. Zielaufgaben führen inhaltliche und sprachliche Aspekte einer Einheit jeweils zusammen.

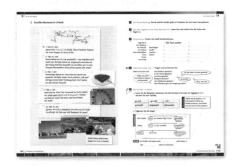

Die Übungen eignen sich für das Weiterlernen zu Hause. Auf der letzten Seite jeder Einheit kann der Lernfortschritt selbstständig überprüft werden. Das E-Book enthält alle Übungen auch als interaktive Variante. Es bietet zusätzliche Videoclips zum Sprechtraining sowie interaktive Übungen zu Wortschatz und Grammatik.

Nach jeder dritten Einheit folgt eine optionale Station, in der das Gelernte wiederholt und erweitert wird. Hier werden Menschen mit interessanten Berufen vorgestellt und Übungen zum Video angeboten. Die beiden Magazinseiten mit anregenden Texten und Bildern laden zum Verweilen und Nachdenken ein.

Wir wünschen Ihnen viel Spaß und Erfolg beim Deutschlernen und Deutschunterricht mit **studio [21] – Das Deutschbuch!**

Inhalt

| | | Sprachhandlungen ✶✶✶ | Themen und Texte |

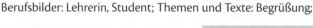

Wortfelder	Grammatik	Aussprache
Begrüßung Vorstellung	das Alphabet Fragesätze mit *wie, wo* und *wohin* Präpositionen *in* und *aus*	Wortakzent
Getränke Zahlen bis 1000	Aussagesätze Fragesätze mit *woher* und *was* Verben im Präsens das Verb *sein* Personalpronomen	Wortakzent
Gegenstände im Kursraum	Nomen: Singular und Plural Artikel: *der, das, die / ein, eine* Verneinung: *kein, keine* das Verb *haben*	Wortakzent Umlaute: *ä, ö, ü*

Himmelsrichtungen
Länder und Sprachen
	Präteritum von *sein*
	W-Frage, Aussagesatz und
	    Satzfrage
		Satzakzent in Frage-
		    und Aussagesätzen

Wörter – Spiele – Training; Filmstation; Magazin

Wortfelder	Grammatik	Aussprache
Wohnung Möbel	Artikel im Akkusativ Possessivartikel im Nominativ Adjektive im Satz	Kontrastakzent Wortakzent bei Komposita Konsonant: *ch*

Tageszeiten
Wochentage
	Fragesätze mit *wann*
	Präpositionen *am, um,*
	    von ... bis
	trennbare Verben im Präsens
	Verneinung mit *nicht*
	Präteritum von *haben*
		Konsonanten: *p, b, t,*
		    d, k, g
		Satzakzent

Stadt
Verkehrsmittel
Büro
	Präpositionen: *in, neben,*
	    unter, auf, vor, hinter, an,
	    zwischen, bei und *mit*
	    + Dativ
	Ordnungszahlen
		Konsonanten: *f, w*
		    und *v*

Wörter – Spiele – Training; Filmstation; Magazin

Wortfelder	Grammatik	Aussprache	
Berufe und Tätigkeiten	Wortbildung: feminine Berufsbezeichnungen Modalverben im Präsens: *können, müssen* Satzklammer Possessivartikel im Akkusativ	Konsonanten: *ng* und *nk*	
Stadt Aktivitäten in der Stadt	Präpositionen: *in, durch, über* + Akkusativ Präpositionen: *zu, an ... vorbei* + Dativ Modalverb im Präsens: *wollen*	Konsonanten: *r* und *l*	
Ferien und Urlaub Familie Unfall Monatsnamen	Perfekt: regelmäßige und unregelmäßige Verben Satzklammer	lange und kurze Vokale	

Wörter – Spiele –Training; Filmstation; Magazin

Wortfelder	Grammatik	Aussprache	
Lebensmittel Maße und Gewichte	Fragewort: *welch-* Komparation: *viel, gut, gern*	Endungen: *-e, -en, -el* und *-er*	
Kleidung Farben Wetter	Adjektive im Akkusativ mit unbestimmtem Artikel Demonstrativa: *dies-* und *der, das, die* Wetterwort *es* Modalverb im Präsens: *mögen*	Vokale und Umlaute: *ie – u – ü* und *e – o – ö*	
Sportarten Körperteile Krankheiten	Imperativ Modalverb im Präsens: *dürfen* Personalpronomen im Akkusativ	Sprechen mit Gefühl	

Wörter – Spiele – Training; Filmstation; Magazin; Eine Rallye durch **studio [21]**

unregelmäßige Verben; Hörtexte; alphabetiche Wörterliste

Start auf Deutsch

Hier lernen Sie

▶ internationale Wörter auf Deutsch verstehen
▶ jemanden begrüßen
▶ sich und andere vorstellen
▶ nach Namen und Herkunft fragen
▶ Vor- und Nachnamen buchstabieren

1 Deutsch sehen und hören

a

b

c

d

))◎ **1** Fotos und Töne. Hören Sie. Wo ist das? Was kennen Sie?
1.02

2 Fotos und Wörter

a) Was gehört zusammen? Ordnen Sie die Fotos zu.

1. ☐ Musik
2. ☐ Touristen
3. ☐ Büro
4. ☐ Supermarkt
5. ☐ Alpen
6. ☐ Rhein-Main-Airport, Frankfurt

7. ☐ Parlament/Reichstag
8. ☐ Pizza
9. ☐ Kasse
10. ☐ Natur
11. ☐ Telefon
12. ☐ Konzert

13. ☐ Computer
14. ☐ Restaurant
15. ☐ Airbus
16. ☐ Euro
17. ☐ Oper
18. ☐ Pilot

b) Wie heißen die Wörter in Ihrer Sprache?

acht

f

e

g

h

Bunte Auswahl

Reichelt *Ein Stück Berlin*

i

j

Ankunft/Arrivals

Flug Flight		aus from	Ortszeit/local time 1:07	
			planm. sched.	vorauss. estim.
✦AB	3473	DJERBA		
X3	2379	FUERTEVENTURA	0110	0049
AB	3249	HURGHADA	0125	0120
AB	8375	WIEN	0140	0130
AB	6413	BERLIN-TEGEL	0725	
AB	6770	DUESSELDORF	0725	
OL	170	BREMEN	0730	
AB	6707	HAMBURG	0735	
			0735	

 3
1.03
**Wer kommt aus Deutschland?
Hören Sie.**

ABC

2 Im Deutschkurs

Wie heißen Sie?

Woher kommen Sie?

1 Sich im Kurs vorstellen. **Hören Sie und lesen Sie.**

1.04

💬 Guten Tag! Ich bin Frau Schiller.
Ich bin Ihre Deutschlehrerin.
Wie ist Ihr Name?
👤 Hallo, mein Name ist Cem Gül.
💬 Und woher kommen Sie?
👤 Aus der Türkei.
💬 Wie heißen Sie?
👤 Ich heiße Lena Borissowa.
Ich komme aus Russland.

💬 Und wie heißen Sie?
👤 Mein Name ist Ana Sánchez. Ich komme
aus Brasilien.
💬 Und Sie?
👤 Ich bin Alfiya Fedorowa. Ich komme
aus Kasachstan.
💬 Und wer sind Sie?
👤 Ich bin Herr Tang. Ich komme aus China.

2 Kursparty

a) **Fragen Sie und antworten Sie.**

Wie ist Ihr Name?

Woher sind Sie?

b) **Suchen Sie eine Partnerin / einen Partner.
Notieren Sie.**

Name?

Woher?

c) **Stellen Sie Ihre Partnerin / Ihren Partner vor.**

Das ist …

Er kommt aus …

3 **Wo wohnen Sie? Hören Sie und lesen Sie.**

1.05

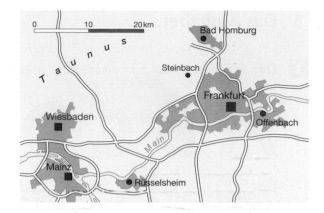

    ◌ Herr Gül, wo wohnen Sie jetzt?
    ◌ Ich wohne in Frankfurt.
    ◌ Frau Sánchez, wo wohnen Sie?
    ◌ Auch in Frankfurt.
    ◌ Und Sie, Frau Borissowa, wo wohnen Sie?
    ◌ In Steinbach.
    ◌ Wo wohnt Herr Tang?
    ◌ Er wohnt in Bad Homburg.

4 *Aus* oder *in*?

a) Ergänzen Sie.

1. Wo wohnen Sie?   ...*In*... Frankfurt.

2. Woher kommen Sie?   ...*aus*... Brasilien.

b) Suchen Sie weitere Beispiele in 1 und 3.

5 **Personalangaben. Ordnen Sie eine Person aus 1 und 3 zu und ergänzen Sie.**

> *Frau Borissowa kommt aus Russland und wohnt in Steinbach.*

> *Herr ... kommt aus ... und wohnt in ...*

1. Name? *Und Frau Borissowa* (*Kommen*)
   Woher? Aus Russland.
   Wo? In Steinbach.

2. Name? *Und kommen Frau Sánchez?*
   Woher? Aus Brasilien.
   Wo? In Frankfurt.

3. Name? *Und kommen Herr Gül?*
   Woher? Aus der Türkei.
   Wo? *Er wohnt in*

4. Name? *Herr Tang*
   Woher? Aus China.
   Wo? *in Bad Homburg*

6 **Guten Tag! Üben Sie den Dialog mit verschiedenen Partnern.**

Guten Tag! Ich bin ...
Wie heißen Sie?

→

Hallo, mein Name ist ...
Woher kommen Sie?

←

Ich komme aus ... Und Sie? →

← Ich komme aus ...

Wo wohnen Sie? →

← Ich wohne in ... Und Sie?

Ich wohne in ...

ABC

3 Das Alphabet

🔊 **1** 1.06 Der Alphabet-Rap. **Hören Sie und machen Sie mit.**

🔊 **2** 1.07 *Stkonsonte*
sier Städtediktat. **Hören Sie und schreiben Sie die Städtenamen.**

1. *Graz*
2. *Hamburg*
3. *Bonn*
4. *Berlin* *Berlin*

5. *Frankfurt*
6. *Wien*
7. *Genf*
8. *Lugano*

3 Abkürzungen. **Was ist das? Ordnen Sie zu.**

Transport/Auto	TV/Computer	Finanzen

🔊 **4** 1.08 Namen buchstabieren.
Hören Sie und schreiben Sie die Namen.

1. ....
2. ....
3. ....

5 Spiel. **Buchstabieren Sie und schreiben Sie die Namen.**

Guten Tag, ich heiße M–ü–l–l–e–r–W–a–b–e–r–s–k–i.

6 Die Top 10 der Familiennamen in Deutschland. **Und bei Ihnen?**

Kim!

Rodriguez!

Jones!

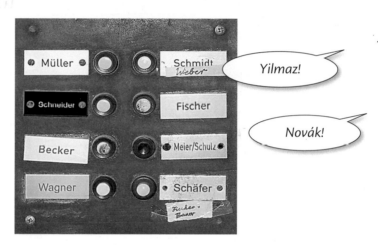

Müller • Schmidt Weber

Schneider • Fischer

Becker • Meier/Schulz

Wagner • Schäfer

Fischer + Bauer

Yilmaz!

Novák!

7 Die Top 5 der Vornamen in Deutschland

1.09

a) **Hören Sie die Namen. Welche Silbe ist betont? Ordnen Sie zu.**

1. Silbe betont	2. Silbe betont
'Leon	

Nr.	Vorname
	Jungen
1	Leon
2	Lukas
3	Elias
4	Finn
5	Jonas
	Mädchen
1	Mia
2	Sophie
3	Lena
4	Lea
5	Maria

b) **Hören Sie noch einmal und sprechen Sie nach.**

c) **Welche Vornamen aus Deutschland, Österreich und der Schweiz kennen Sie?**

8 Vornamen international. **Was sind Ihre Favoriten?**

 Internettipp

www.vorname.com

ABC

4 Internationale Wörter

1 Menschen in D-A-CH

a) Lesen Sie schnell. Markieren Sie zwei Informationen pro Text und vergleichen Sie.

1. Das ist **Markus Bernstein**. Herr Bernstein ist 42 Jahre alt. Er wohnt mit seiner Familie in Kronberg. In 30 Minuten ist er am Airport in Frankfurt. Er ist Pilot bei der Lufthansa. Herr Bernstein mag seinen Job. Er fliegt einen Airbus A320. Heute fliegt er von Frankfurt nach Madrid, von Madrid nach Frankfurt und dann Frankfurt–Budapest und zurück. Er spricht Englisch und Spanisch.

2. **Ralf Bürger** ist Student an der Friedrich-Schiller-Universität in Jena. Das ist in Thüringen. Ralf studiert Deutsch und Interkulturelle Kommunikation. Er ist im 8. Semester. Seine Freundin **Magda Sablewska** studiert auch Deutsch, im 4. Semester. Magda kommt aus Polen, aus Krakau. Ralf ist 26, Magda 23 Jahre alt. Magda spricht Polnisch, Deutsch und Russisch. Ralf spricht Englisch und ein bisschen Polnisch.

3. **Andrea Fiedler** aus Bern ist seit 2009 bei Siemens in München. Vorher war sie drei Jahre für Siemens Medical Dept. in Singapur. Sie ist Elektronikingenieurin, Spezialität: Medizintechnologie. Sie spricht Englisch, Französisch und ein bisschen Chinesisch. Sie wohnt in Erding bei München. Sie mag die Alpen. Ski fahren ist ihr Hobby – und ihr BMW!

4. **Milena Filipová** ist 35. Sie lebt seit zehn Jahren in Wien. Sie ist Musikerin und kommt aus Nitra. Das ist in der Slowakei. Sie spielt Violine und gehört zum Ensemble der Wiener Staatsoper. Sie findet Wien fantastisch: die Stadt, die Menschen, die Restaurants, die Donau, die Atmosphäre im Sommer, die Cafés. Um 20 Uhr hat sie heute ein Konzert.

b) Zu welchen Texten passen die Wörter? Ordnen Sie zu.

1. ☒2☒ studieren
2. ☒3☒ Hobbys
3. ☒4☒ Musik
4. ☒2☒ Universität
5. ☒1☒ Rhein-Main-Airport
6. ☒1☒ Familie
7. ☒3☒ Ski fahren
8. ☒3☒ Französisch
9. ☒1☒ Frankfurt
10. ☒2☒ Polnisch
11. ☐ Oper
12. ☒4☒ Konzert

2 Internationale Wörter verstehen

a) **Wählen Sie einen Text aus 1 aus. Welche Wörter verstehen Sie? Schreiben Sie.**

Markus Bernstein	Ralf Bürger/ Magda Sablewska	Andrea Fiedler	Milena Filipová
Pilot	Student	Elektronikinge- nieurin	Musikerin

b) **Sortieren Sie die Wörter.**

Technik	Job	Sprachen	Musik	Geografie	Tourismus	andere

3 Deutsch in meinem Alltag. **Sammeln Sie Wörter und Fotos.**

4 Internationale Wörter – deutsche Wörter. **Machen Sie eine Zeitungscollage im Kurs.**

ABC

1 Kaffee oder Tee?

Hier lernen Sie

▶ jemanden kennenlernen
▶ sich und andere vorstellen
▶ Zahlen von 1 bis 1000
▶ etwas im Café bestellen und bezahlen
▶ Telefonnummern nennen und verstehen

1 Im Café

a

🔊 **1** Gespräche im Café

1.10 Ü1–2

a) Worüber sprechen die Leute? Hören Sie und sammeln Sie Wörter.

b) Hören Sie noch einmal und lesen Sie. Welche Fotos passen zu den Dialogen? Ordnen Sie zu.

1. ☒ *Was bedeutet...? → ainda*
   - 💬 Entschuldigung, ist hier noch frei?
   - 👤 Ja klar, bitte. Sind Sie auch im Deutschkurs?
   - 💬 Ja. Ich heiße Astrud Jobim. Ich komme aus Brasilien. Und Sie?
   - 👤 Ich bin Katja Borovska. Ich komme aus der Slowakei. Ich wohne jetzt in Berlin.
   - 💬 Was trinken Sie? *↳ agora*
   - 👤 Ehmmm, Tee.
   - 💬 Zwei Tee, bitte.

2. ☐
   - 💬 Grüß dich, Julian. Das sind Emir und Alida.
   - 👤 Hi! Woher kommt ihr?
   - 👤 Wir kommen aus Indien. Und du? Woher kommst du?
   - 👤 Aus Berlin.
   - 💬 Was möchtest du trinken? Kaffee oder Tee?
   - 👤 Lieber Latte macchiato.
   - 👤 Ich auch!
   - 💬 Zwei Kaffee und zwei Latte macchiato, bitte.

* modo verbal
c) Führen Sie die Dialoge im Kurs. ** tempo verbal.*

Orangensaft

Apfelsaft

Coca-Cola

Wasser

Kaffee

Tee

Cappuccino

2 Getränke. **Sammeln Sie im Kurs.**

Ü3

Getränke

✱ **3** Redemittel sammeln. **Ergänzen Sie.**

Begrüßung	Name	Woher?
Hallo!	Ich heiße ...	Aus Indien
	Das ist ...	

(Redemittel)

4 Was trinken Sie? **Fragen und antworten Sie.**

Was trinken Sie?

Kaffee, bitte.

Trinken Sie Bier oder Wein?

Wein, bitte.

ABC

siebzehn

Eiskaffee Kakao Rotwein Weißwein Milch Bier Eistee

2 Wer? Woher? Was?

mit ↔ ohne

1 Kaffee oder Tee? Üben Sie. Sprechen Sie schnell.

Möchten Sie	Kaffee oder Tee?	Nein, lieber	Orangensaft.
Möchtest du	Cola oder Apfelsaft?		Wasser.
	Rotwein oder Weißwein?		
	Cappuccino oder Kaffee?		

*1. relacionado c/ verbo p/ sentido de preferência.

2 Woher? Was?

a) Hören Sie und sprechen Sie nach.
1.11

b) Was ist richtig? Hören Sie und kreuzen Sie an.
1.12
Ü4–6
1. ☐ Amir kommt aus Libyen.
2. ☐ Anna ist aus Serbien.
3. ☐ Amir trinkt Kaffee mit viel Milch.

3 Viel Milch, wenig Zucker
Ü7

→ Kaffeesahne

a) Ordnen Sie zu.

Kaffee mit   1   viel Milch
             5   wenig Zucker
             2   wenig Milch
             4   viel Zucker
Kaffee ohne 3   Milch und
                 Zucker

b) Üben Sie. Sprechen Sie schnell.

Ich möchte	gern	Tee	mit Milch.	Und du?
Ich trinke	lieber	Kaffee	ohne Milch.	Und Sie?
Ich nehme		Eiskaffee	mit Zucker.	
		Eistee	ohne Zucker.	
			mit Milch und Zucker.	
			mit viel Milch und wenig Zucker.	
			mit wenig Milch und viel Zucker.	

Minimemo
viel – wenig
mit – ohne

c) Lesen Sie die Redemittel und führen Sie Dialoge.

Redemittel

etwas bestellen

Was möchten Sie trinken?	Zwei Kaffee, bitte.
Was möchtest du trinken?	Und zwei Wasser, bitte.
Kaffee oder Tee?	Lieber Tee/Wasser.
Was nehmen/trinken Sie? Kaffee?	Ja, mit viel Milch.
Mit Zucker?	Nein, ohne Zucker./
	Ja, bitte.

4 **Gespräche im Café führen. Verwenden Sie Namen im Kurs.**
Ü8

Woher ...?

Hallo, ... Das ist ...

Zwei ..., bitte!

Ich wohne in ...

Was möchtest du?

Ich trinke ...

 5 **Verben und Endungen**
16 Ü9–10

a) Sammeln Sie die Verben aus den Dialogen auf Seite 10 und 16.

Sie sind, ich heiße, ich komme ...

Minimemo

sein

ich	bin	wir	sind
du	bist	ihr	seid
er/es/sie	ist	sie/Sie	sind

b) Ergänzen Sie die Verben.

Grammatik

{morar
residir
viver}   {chamar-se}

	kommen	wohnen	**trinken**	heißen
ich	komme	wohne	trinke	heiße
du	kommst	wohnst	trinkst	heißt
er/es/sie	kommt	wohnt	trinkt	heißt
wir	kommen	wohnen	trinken	heißen
ihr	kommt	wohnt	trinkt	heißt
sie/Sie	kommen	wohnen	trinken	heißen

 c) Verben hören. Hören Sie und kontrollieren Sie die Tabelle.
1.13

 6 **Wortakzent**
1.14

a) Hören Sie die Verben und markieren Sie den Wortakzent.

1. heißen
2. trinken
3. kommen

4. nehmen
5. wohnen
6. hören

7. lesen
8. sortieren
9. verstehen

10. sprechen
11. sammeln
12. üben

b) Hören Sie noch einmal und sprechen Sie nach.

ABC

3 Zahlen und zählen

18/08 ✱ **1** Zahlen sehen. **Lesen Sie die Zahlen laut.**

eins   zwei   drei   vier   fünf   sechs   sieben

✱ *noch segusta deh*   acht   neun   zehn   elf   zwölf

2 Zahlen sprechen. **Würfeln Sie und nennen Sie die Zahlen.**

3 Zahlen hören
1.15

zig : sufixo = ich
ii + ch

a) **Hören Sie und lesen Sie.**

dreizehn, vierzehn, fünfzehn, sechzehn, siebzehn, achtzehn, neunzehn,
zwanzig, einundzwanzig, dreißig, zweiunddreißig, vierzig,
dreiundvierzig, fünfzig, vierundfünfzig, sechzig, fünfundsechzig, siebzig,
siebenundsiebzig, achtzig, achtundachtzig, neunzig

Minimemo

dreißig	siebzig
vierzig	achtzig
fünfzig	neunzig
sechzig	

b) **Hören Sie noch einmal und sprechen Sie nach.**

c) **Markieren Sie den Akzent (')
und sprechen Sie die Zahlen laut.**

So lesen Sie die Zahlen:

zwanzig   24   vier

4 Zahlen bis 1000
Ü11

a) **Ergänzen Sie und sprechen Sie die Zahlen laut.**

1. einhundert   _100_   5. fünfhundert ....   9. neunhundert ....

2. zweihundert   _200_   6. sechshundert ....   10. eintausend ....

3. dreihundert ....   7. siebenhundert ....

4. vierhundert ....   8. achthundert ....

b) **Welche Zahl hören Sie? Kreuzen Sie an.**
1.16

1. ☐ 92 ☐ 920   2. ☐ 616 ☐ 666   3. ☐ 913 ☐ 931   4. ☐ 414 ☐ 440

5 Handynummern.
Diktieren Sie die Nummern und
kontrollieren Sie mit dem Handy.

0178 666 88 81

))🎧 **6** **Zahlenlotto 6 aus 49. Kreuzen Sie sechs**
1.17 **Zahlen an. Hören Sie die Lottozahlen.**
Wie viele Richtige haben Sie?

🍀 **LOTTO® 6 aus 49** Normal

1	2	3	4	5	6	7
8	9	10	11	12	13	14
15	16	17	18	19	20	21
22	23	24	25	26	27	28
29	30	31	32	33	34	35
36	37	38	39	40	41	42
43	44	45	46	47	48	49

Losnummer — GlücksSpirale — Superzahl
7 0 9 8 7 5 4
SUPER 6
Spiel 77

Ziehungstage
☐ Mi + Sa
☐ Mi ☐ Sa

Laufzeit/Wochen
Bitte nur ein Kästchen ankreuzen.
1 2 3 4 5 8 10
☐ ABO

🍀 SUPER 6 ☐ JA ☐ Nein
🍀 Spiel 77 ☐ JA ☐ Nein
GlücksSpirale Teilnahme Sa ☐ JA ☐ N

◾ Spielen kann süchtig machen! Teilnahme erst ab 18 Jahre! Infos siehe Rückseite!
Kostenloses Infotelefon zur Glücksspielsucht: 0800 1 37 27 00 (BZgA)   0717400165

))🎧 **7** **Spiel im Kurs: Bingo bis 50. Schreiben Sie Zahlen bis 50.**
1.18 **Hören Sie und streichen Sie die Zahlen durch, die Sie hören.**
Gewinner ist, wer zuerst alle Zahlen durchgestrichen hat.
Spielen Sie noch einmal im Kurs.

BINGO

8 Zahlen schnell sprechen
Ü12

a) **Bilden Sie zwei Gruppen. Lesen Sie**
die Zahlen laut. Gruppe A beginnt.
Macht Gruppe A einen Fehler,
ist Gruppe B dran. Gewinner ist,
wer zuerst fertig ist.

25	12	125	567	999	291
91	15	193	987	119	713
75	55	444	812	680	1000
67	3	763	745	910	325
53	13	217	311	515	81
17	115	323	476	422	703

b) **Diktieren Sie fünf Zahlen, die anderen schreiben die Zahlen.**

ABC 📄

4 Telefonnummern und Rechnungen

1.19 Ü13–14 **1** Wie ist die Telefonnummer? Hören Sie und schreiben Sie.

1. .... 3. ....

2. .... 4. ....

2 Wichtige Telefonnummern

a) Suchen Sie im Telefonbuch oder im Internet und ergänzen Sie die Tabelle.

	D	A	CH
Polizei			
Feuerwehr	112		
Notarzt			

b) Suchen Sie weitere Telefonnummern in Ihrer Stadt für:
Taxi, Pizza-Dienst, Apotheken-Notdienst …

Taxi-Funk
44 33 22
Straßendienst
im Auftrag des
ADAC
☎ 0180 2 22 22 22
Dt. Festnetz 6 Cent/Anruf. Dt. Mobilfunk max. 42 Cent/Min.

Pizza Pronto
83 73 99

Schloss-Apotheke
NOTDIENST
437 39 60

1.20 **3** Rechnungen im Café. Hören Sie und ordnen Sie die Dialoge zu. Ergänzen Sie die Preise.

Warme Getränke

Kaffee	2,20 €
Espresso	1,90 €
Cappuccino	2,60 €
Milchkaffee	2,90 €
Latte macchiato	2,90 €
Tee (verschiedene Sorten)	2,20 €

Alkoholfreie Getränke

Mineralwasser	0,25l	2,10 €
	0,75l	5,90 €
Coca-Cola, Fanta, Sprite	0,2l	2,20 €
Eistee	0,2l	2,40 €
Apfelsaft, Orangensaft	0,2l	2,20 €
Apfelsaftschorle	0,2l	1,90 €

a 3 **Kafka**
Oranienstraße 204
10999 Berlin Tel.: 030-612 24 29
- - - - - - - - - - - - - - - - - -
Rechnung
Tisch #12
- - - - - - - - - - - - - - - - - -
2 x
Mineralwasser (2,10)   4,20
Coca Cola   2,20
- - - - - - - - - - - - - - - - - -
Saldo   6,40

b 2 **JUPPI**
CAFÉ - BAR - WEEKENDCLUB
HOLLSTEINSTRASSE 31
10437 BERLIN • TEL. 437 39 611
TISCH 14   SALDO   0.00
CAPPUCCINO 1X 2,60

c 1 **Krombacher**
EINE PERLE DER NATUR.

Rechnung

Verzehr	EUR
SPEISEN	
GETRÄNKE	
Eistee	2,40
3x	
insg.	7,20

4 Bezahlen im Café

Ü15–17

a) Lesen Sie und sprechen Sie den Dialog.

- *Wir möchten bitte zahlen!*
- *Zusammen, bitte.*
- *Bitte.*
- *Zusammen oder getrennt?*
- *Zwei Wasser und zwei Kaffee, das macht 8,60 Euro.*
- *Danke! Auf Wiedersehen.*

- „stimmt so!"
- Trinkgeld

b) Üben Sie den Dialog mit verschiedenen Partnern.

Zahlen!

Zusammen/Getrennt?

Zusammen/Getrennt.

2/3/4 … Cola/Wasser/ Cappuccino …, das macht … Euro.

Bitte.

Danke, …

Redemittel

Bezahlen im Café

Zahlen, bitte! /
Ich möchte zahlen, bitte!
Zusammen/Getrennt, bitte.
Bitte!

Zusammen oder getrennt?
Das macht … Euro.
Danke! Auf Wiedersehen!

5 Recherche-Projekt „Der Euro". **In welchen Ländern bezahlt man mit dem Euro? Lesen Sie und ergänzen Sie die Informationen.**

Der Euro ist offizielles Zahlungsmittel in … Ländern der Europäischen Union (EU). Die Länder der Eurozone sind … . Über 300 Millionen Menschen bezahlen mit dem Euro. Die Euroscheine sind in allen Ländern gleich, die Münzen tragen nationale Symbole.

6 Quiz. **Woher kommen die Euromünzen? Ordnen Sie zu.**

Ü18–19

1. ☐ Österreich
2. ☐ Deutschland
3. ☐ Niederlande
4. ☐ Spanien
5. ☐ Irland
6. ☐ Italien
7. ☐ Estland
8. ☐ Slowenien

 a
 b
 c
 d
 e
 f
 g
 h

ABC

✳ **1** Treffen im Café

🔊 **a)** Bringen Sie die Dialoge in die richtige Reihenfolge. Hören Sie dann und kontrollieren
1.02 Sie die Dialoge.

ordenar o diálogo:

ℓ/18/03

→1.
- 1 💬 Hallo, Marina! Marina, das ist Conny. Sie ist Deutschlehrerin. Conny, das ist Marina Álvarez.
- 4 💬 Was möchtet ihr trinken?
- 6 💬 Zwei Cappuccini und ein Wasser, bitte.
- 5 ⭕ Ich auch.
- 3 ⭕ Ich komme aus Argentinien, aus Rosario.
- 4 ⭕ Cappuccino.
- 2 ⭕ Hallo, Marina. Woher kommst du?

2.
- 1 💬 Entschuldigung, ist hier noch frei?
- 3 💬 Ja. Ich heiße Isabel und das ist Carlos. Wir kommen aus Kolumbien. Wie heißt du und woher kommst du?
- 5 💬 Kaffee und Wasser.
- 2 ⭕ Ja klar, bitte. Seid ihr auch im Deutschkurs?
- 6 ⭕ Drei Kaffee und zwei Wasser, bitte!
- 4 ⭕ Ich bin Tuva. Ich komme aus Schweden und wohne jetzt in Berlin. Was trinkt ihr?

b) Welche Fotos passen? Ordnen Sie die Dialoge zu.

a

c

b

d

2 Redemittel üben. **Was passt zusammen? Verbinden Sie.**

Entschuldigung, ist hier frei? **1**   a   Tee, bitte.

Marina, das ist Conny. **2**   b   Ja klar, bitte.

Kaffee oder Tee? **3**   c   Ich auch.

Sind Sie auch im Deutschkurs? **4**   d   Hallo, Conny.

Ich trinke Kaffee. **5**   e   Ja, im Kurs A1.

3 Getränke

a) Was ist das? Ordnen Sie zu.

1. ⊠ Espresso   3. ⊠ Cola   5. ⊠ Wasser   7. ⊠ Milch
2. ⊠ Kaffee   4. ⊠ Kakao   6. ⊠ Orangensaft 8. ⊠ Wein

b) Was trinken Sie gern/nicht gern? Ordnen Sie die Getränke aus a) zu.

kalt ←——————————————→ heiß

Espresso

4 Fragen und Antworten. **Ergänzen Sie die Dialoge.**

1. 💬 Hallo, ich bin Ina Albrecht. Wie heißen Sie?

   👄 ....

2. 💬 Tag, Lena!

   👄 ....

3. 💬 Was trinken Sie?

   👄 ....

4. 💬 Woher kommst du?

   👄 ....

5. 💬 ....

   👄 Hallo, Katja.

6. 💬 ....

   👄 Aus China.

7. 💬 ....

   👄 Tee, bitte.

5 Ganze Sätze lernen. **Hören Sie und sprechen Sie nach.**
1.03

6 Dialog im Café

a) **Wie heißen Sie? Woher kommen Sie? Ergänzen Sie.**

👂 ...

👄 Ja klar, bitte.

👂 ...

👄 Hallo, ich bin .... Woher kommt ihr?

👂 ...

👄 Ich komme aus ....

👂 ...

👄 Tee mit Zucker.

👂 ...

b) **Textkaraoke. Hören Sie und sprechen Sie die 👄-Rolle im Dialog.**
1.04

7 Flüssig sprechen. **Hören Sie und sprechen Sie nach.**
1.05

1. mit Milch. – Tee mit Milch. – Ich möchte Tee mit Milch.
2. wenig Zucker. – viel Milch und wenig Zucker. – Kaffee mit viel Milch und wenig Zucker. – Ich trinke Kaffee mit viel Milch und wenig Zucker.
3. ohne Zucker. – viel Eis und ohne Zucker. – Eistee mit viel Eis und ohne Zucker. – Ich nehme Eistee mit viel Eis und ohne Zucker.

»)๑ 8 **Wer trinkt was? Hören Sie und kreuzen Sie an.**
1.06

1.

a ☐ Fanta mit   b ☐ Fanta mit
viel Eis.   wenig Eis.

3.

a ☐ Orangensaft.   b ☐ Cola.

2.

a ☐ Kaffee mit   b ☐ Kaffee mit
viel Zucker.   viel Milch.

4.

a ☐ Rotwein.   b ☐ Weißwein.

9 **Zwei SMS. Ergänzen Sie das Verb** *sein.*

Hi, Paul und ich .... im Café Kafka.

Wo .... du?

Maren .... auch da! ;-)

Kommst du auch? Ciao, Lena

Wo .... ihr? Ich .... im

Englischkurs. Die Lehrerin .... nett,

sie .... aus den USA.

Bis morgen! :-) Kasia

10 **Verben. Ergänzen Sie.**

1. ♀ Frau Sánchez, woher **kommen** Sie?   ♂ Ich .... e aus Barcelona.

2. ♀ Hallo, ich .... e Jenny. Ich .... e in Berlin. Und ihr, wo .... t ihr?

   ♂ Wir .... en auch in Berlin!

3. ♀ Noemi, ... t Peter lieber Tee oder Kaffee?   ♂ Er .... t lieber Kaffee.

4. ♀ Sandra, wie .... t die Studentin?   ♂ Sie .... t Rani.

5. ♀ Alida und Belal, was .... t ihr?   ♂ Wir .... en zwei Milchshakes.

11 **Zahlen verstehen. Wer trinkt was? Hören Sie und schreiben Sie die Zahlen.**
1.07

Iʃh'= alongae vogal

Nichtalkoholische Getränke

206. Mineralwasser
207. Mineralwasser, groß
208. Tafelwasser
209. Tafelwasser, groß
210. Coca Cola
211. Sprite
212. Fanta
213. Spezi (Cola mit Fanta)
214. Apfelsaft
215. Orangensaft
216. Bananensaft
217. Kirschsaft
218. Tomatensaft
219. Apfelschorle
220. Apfelschorle, groß *grosset*

Tisch 3: 209 -220   Tisch 88: 214 -208 -   Tisch 34: 211

---

12 **Am Bahnhof. Welcher Zug ist richtig?**
1.08 **Hören Sie und kreuzen Sie an.**

1. ☐ ICE 2430   ☐ ICE 3340   ☒ ICE 3043
2. ☒ EC 1509   ☐ EC 1590   ☐ EC 5109
3. ☐ ICE 8788   ☒ ICE 8878   ☒ ICE 8887

13 **Wie ist die Telefonnummer? Hören Sie und**
1.09 **ergänzen Sie die Telefonnummern. Lesen Sie dann die Telefonnummern laut.**

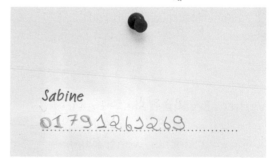

Julian
01724374333

Sabine
0179126269

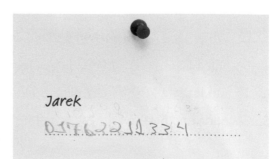

Michaela
4569872

Jarek
017622113341

✶))) ☕ **14** Telefonzentrale. **Hören Sie und ergänzen Sie die Telefonnummern.**

1.10

1. 💬 Empfang, Stein am Apparat.

   ☎ Hallo, Paech hier. Wie ist die Telefonnummer von Frau Mazanke, Marketingabteilung?

   💬 Einen Moment, ... und die

   Durchwahl ist ....

   ☎ Danke schön.

2. 💬 Hallo, ich brauche die Telefonnummer von Herrn Feldmeier in München.

   ☎ Ja, die Vorwahl ist .... und dann

   die ....

3. 💬 Stein, Empfang.

   ☎ Guten Morgen, Frau Stein. Wie ist die Telefonnummer von Frau Rosenberg in Dresden?

   💬 Frau Rosenberg, Serviceteam?

   ☎ Ja.

   💬 Das ist die .... und die .... für Dresden.

15 **Kennenlernen – bestellen – bezahlen**

a) **Was passt? Ordnen Sie zu.**

> Was nehmen Sie? – Wir möchten bitte zahlen! – Hallo, Lena! Das ist Joe. – Hi! Woher kommst du, Joe? – Zusammen oder getrennt? – Drei Kaffee, bitte.

1. ....   2. ....   3. ....

....

b) **Schreiben Sie zwei Dialoge.**

1.   trinken? ⟶ zwei Tee, bitte.

   mit/ohne Milch? ⟶ mit Milch und Zucker.

2. zahlen, bitte. ⟶ zusammen/getrennt?

   zusammen. ⟶ zwei ..., das macht ...

   Bitte. ⟶ Danke, ...

> 1. + Was möchten Sie trinken?   – Wir nehmen ...

16 Textkaraoke. Hören Sie und sprechen Sie die 👄-Rolle im Dialog.

1.11

👂 ...

👄 Ich möchte zahlen, bitte.

👂 ...

👄 Zusammen, bitte.

👂 ...

👄 Hier, bitte.

👂 ...

👄 Auf Wiedersehen!

17 Dialoge hören und verstehen. Was ist richtig? Hören Sie und kreuzen Sie an.

1.12

1. Woher kommt Angelina?
   a ☐ Aus Spanien.   b ☐ Aus Italien.   c ☐ Aus Frankreich.

2. Was trinkt Frau Brauer?
   a ☐ Tee mit Milch.   b ☐ Tee mit Milch und Zucker.   c ☐ Tee ohne Milch.

3. Was bezahlt Emil?
   a ☐ 3,50 €.   b ☐ 5,50 €.   c ☐ 5,30 €.

18 Der Euro

1.13

a) Hören Sie und schreiben Sie die Preise.

1.

2.

3.

4.

5.

6.

b) Hören Sie noch einmal und sprechen Sie nach.

19 Kaffee international. Welche Wörter verstehen Sie? Schreiben Sie.

Das Kaffeetrinken ist eine arabische Tradition. Die Türken haben Mokka international populär gemacht. In Europa hat Österreich eine lange Kaffeehaustradition und viele Kaffeevariationen. Heute ist Kaffeetrinken „in". Latte macchiato, Espresso und Cappuccino heißen die Top-Favoriten in Hongkong, New York, Berlin und St. Petersburg. Café-Ketten wie Starbucks, Segafredo und Coffee Bean sind so international wie McDonalds. Cafés sind ideal für die Kommunikation und für Kontakte.

Kaffee	Geografie	andere
....	....	Tradition ....

Fit für Einheit 2? Testen Sie sich!

Mit Sprache handeln

sich und andere vorstellen

Wie heißen Sie? Woher kommen Sie? Wo wohnen Sie?

Ich ....

....

💬 Hallo Tim. Das .... Frau Schiller. Sie .... Deutschlehrerin. Frau Schiller .... aus Jena.

👄 Guten Tag, Frau Schiller. ▸ KB 1.1, 1.3

etwas im Café bestellen und bezahlen

💬 Was trinkst du?

👄 Ich .... Cola.

💬 Ich auch. Zwei Cola, bitte.

💬 Ich möchte bitte ....!

👄 Zusammen oder ....?

💬 Zusammen, bitte.

👄 Das .... 3,50 Euro. ▸ KB 2.1, 2.3, 4.4

Wortfelder

Zahlen

1.14

☐ 24 ☒ 42 ☐ 54 ☐ 55 ☐ 138 ☐ 183 ☐ 789 ☐ 799 ▸ KB 3.1 – 3.8
4.1 – 4.3

Getränke

Getränke

Orangensaft ▸ KB 1.2, 2.3

Grammatik

Verben

Hallo, ich heiß.... Samuel. Und das .... Jenny. Sie komm.... aus England. Jenny und ich

wohn.... in München. Und ihr, wo wohn.... ihr?

sein: ich ...., du ...., er/es/sie ...., wir ...., ihr ...., sie/Sie .... ▸ KB 2.5

Aussprache

Wortakzent

kommen – heißen – fünfundneunzig – eintausenddreizehn ▸ KB 2.6, 3.3
1.15

2 Sprache im Kurs

Hier lernen Sie

▶ sich im Kurs verständigen: Fragen stellen,
um Wiederholung bitten
▶ mit Wörterbüchern arbeiten
▶ Strategien der Wortschatzarbeit anwenden

1 Wörter und Fragen

Kannst du das bitte schreiben?

Was machst du?

Na klar, gerne.

((•▪ **1** Sprache im Kurs. **Hören Sie und sprechen Sie nach.**
1.21

2 Fragen stellen. **Wie heißt das auf Deutsch? Fragen Sie und antworten Sie im Kurs.**
Ü1

Redemittel

Fragen stellen und um Wiederholung bitten

Wie heißt das auf Deutsch?
Was ist das auf Deutsch?
Was heißt ... auf Deutsch?
Entschuldigung, wie bitte?
Das verstehe ich nicht. Können Sie das bitte wiederholen?
Können Sie das bitte buchstabieren?
Können Sie das bitte anschreiben?

die Brille

die Lampe

der Kuli

das Handy

das Wörterbuch

Könnanen Sie das bitte buchstabieren?

Entschuldigung, kannst du das bitte wiederholen?

R-A-D-I-E-R-G-U-M-M-I.

Keine Ahnung.

Wie heißt das auf Deutsch?

3 Gegenstände im Kursraum

Ü2–5

a) Lesen Sie die Wörter. Was kennen Sie?

1. ☐ die Tafel
2. ☒ das Papier
3. ☒ der Tisch
4. ☐ der Stuhl
5. ☐ das Buch
6. ☐ die Tasche

7. ☒ der Füller
8. ☒ die Brille
9. ☒ das Wörterbuch
10. ☒ der Bleistift
11. ☒ der Radiergummi
12. ☒ das Heft

13. ☒ das Handy
14. ☒ der Kuli
15. ☒ die Landkarte
16. ☐ das Whiteboard
17. ☐ der Becher
18. ☐ das Brötchen

b) Ordnen Sie die Gegenstände zu.

lesen	schreiben	hören	Pause machen
....	....	....	....

4 Wortakzent erkennen

1.22

a) Hören Sie die Wörter und schreiben Sie.

b) Hören Sie noch einmal und markieren Sie den Wortakzent. Sprechen Sie dann nach.

der 'Tisch

5 Nach Gegenständen im Kursraum fragen.

Ü6–7 **Fragen Sie und antworten Sie.**

Becher.

Wie heißt das auf Deutsch?

Der Becher!

ABC

dreiunddreißig

der Bleistift

der Radiergummi

der Computer

der Füller

das Heft

2 Mit Wörterbüchern arbeiten

⇸ caso de declinação
genitivo , *número*

 1 Artikel im Wörterbuch finden. **Schreiben Sie die Wörter in die Tabelle.**

9   Ü8

So:

> **Au|to**, das; -s, -s ⟨griech.⟩ (*kurz für* Automobil); [↑K 54]: Auto fahren; ich bin Auto gefahren **au|to...** ⟨griech.⟩ (selbst...)

> **Com|pu|ter** [...'pju:...], der; -s, - ⟨engl.⟩ (programmgesteuerte, elektron. Rechenanlage; Rechner)

> die Ta|sche ['taʃə] -, -n: 1. *Teil in einem Kleidungsstück, in dem kleinere Dinge verwahrt werden können:* er steckte den Ausweis in die Tasche seiner Jacke; die

E TÜR f;

Oder so:

> **'Tisch** *m* (-es; -e) mesa *f*; *bei* ∼, *zu* ∼ a la mesa; *vor* (*nach*) ∼ antes de la comida (después de la comida; de sobremesa); *reinen* ∼ *machen* hacer tabla

> **Tür** *f* (-; -en) puerta *f*; (*Wagen 2*) portezuela *f*; *fig.* ∼ *und Tor öffnen* abrir de par en par las puertas a; *fig.* offene ∼*en einrennen* pretender demostrar lo evidente; *j-m die* ∼ *weisen,*

> **Haus** *n* (-es; ∼er) casa *f*; (*Gebäude*) edificio *m*; inmueble *m*; (*Wohnsitz*) domicilio *m*; (*Heim*) hogar *m*; morada *f*; *Parl.* Cámara *f*; (*Fürsten 2*) casa *f*, dinastía *f*; (*Familie*) familia *f*; (*Firma*) casa *f* comercial, firma *f*; *der Schnecke*: concha *f*; *Thea.* sala *f*;

Grammatik	der (Maskulinum)	das (Neutrum)	die (Femininum)
	der Computer	*das Haus*	*die Tür*
	der Tisch	*das Auto*	*die Tasche*
	der Computer		

↱ páginas

2 Mit der Wörterliste arbeiten. **Zwölf Nomen von Seite 8 bis 15.**
Finden Sie die Artikel in der Wörterliste hinten im Buch.

1. *der* Name   4. *das* Foto   7. *der* Pilot   10. *der* Computer

2. *der* Euro   5. *die* Pizza   8. *die* Frau   11. *das* Büro (*escritório*)

3. *das* Konzert   6. *die* Frage   9. *das* Telefon   12. *die* Musik

3 Artikel – Lerntipps. **Lesen Sie und probieren Sie die Lerntipps aus.**

der Löwe
der Pilot

das Haus
das Handy

die Lehrerin
die Landkarte

> 👍 **Lerntipp 1**
> Nomen mit Artikel lernen

> 👍 **Lerntipp 2**
> Wörter und Bilder verbinden, „Artikelgeschichten" ausdenken: ein Film im Kopf

4 Nomen im Plural

grupos de palavras no plural

☀ a) Lesen Sie die Nomen im Plural und ergänzen Sie die Regel.

1. die Tafeln	7. die Füller	13. die Handys
2. die Papiere	8. die Brillen	14. die Kulis
3. die Tische	9. die Wörterbücher	15. die Landkarten
4. die Stühle	10. die Bleistifte	16. die Whiteboards
5. die Bücher	11. die Radiergummis	17. die Becher
6. die Taschen	12. die Hefte	18. die Brötchen

Regel Der bestimmte Artikel im Plural ist immer ......*die*..........

⟶ *ayuda (irregular*)*

☀ b) Wie heißen die Wörter im Singular? Die Wörterliste hinten im Buch hilft.

die Tafeln – die Tafel

5 Umlaute hören

a) Hören Sie und sprechen Sie nach.

Ä/ü = ...

1. ☑ der Bruder	☑ die Brüder	5. ☑ das Wort	☐ die Wörter
2. ☑ zahlen	☐ zählen	6. ☑ der Stuhl	☐ die Stühle
3. ☑ das Buch	☑ die Bücher	7. ☐ der Ton	☑ die Töne
4. ☐ die Tür	☑ die Türen	8. ☑ das Haus	☐ die Häuser

b) Welches Wort hören Sie? Kreuzen Sie in a) an.

6 Artikel und Pluralformen in internationalen Wörterbüchern. **Markieren Sie.**

Haus *n* (*-es*; *̈er*) casa *f*; (*Gebäude*) edificio *m*; inmueble *m*; (*Wohnsitz*) domicilio *m*; (*Heim*) hogar *m*; morada *f*; *Parl.* Cámara *f*; (*Fürsten*⚓) casa *f*, dinastía *f*; (*Familie*) familia *f*; (*Firma*) casa *f* comercial, firma *f*; *der Schnecke*: concha *f*; *Thea.* sala *f*;

Kurs *m* (*-es*; *-e*) **1.** (*Lehrgang*) curso *m*, cursillo *m*; **2.** ✦ *v. Devisen*: cambio *m*; *v. Wertpapieren*: cotización *f*; (*Umlauf*) circulación *f*; ✦ zum ∼ von al cambio de; al tipo de; im ∼ stehen

Pil̲o̲t(in *f*) *m* -en, -en pilot.
Pil̲o̲t-: ∼**anlage** *f* pilot plant; ∼**ballon** *m* pilot balloon; ∼**film** *m* pilot film; ∼**projekt** *nt* pilot scheme; ∼**studie** *f* pilot study.

7 Artikeltraining. **Das A-B-C-Stopp-Spiel. Spielen Sie im Kurs.**

> A, B, C, D ...

> Stopp!

> H! Ein Wort mit H!

> H? H? – Heft, das Heft, die Hefte!

👍 **Lerntipp**
Nomen und Pluralformen zusammen lernen:
das Buch – die Bücher

ABC

✈3 Ist das ein …? Nein, das ist kein …

Ler.

1 Der unbestimmte Artikel. **Sehen Sie die Fotos an und lesen Sie.**

9   Ü12

eine Deutschlehrerin

die Deutschlehrerin
Katharina Meier

ein Pilot

ein Auto

das Auto von Sebastian Vettel

der Lufthansapilot
Frank Liebmann

2 Personen raten.
Hören Sie.
Wer ist das?

1.25

Ein Mann?   Eine Frau?   Eine Lehrerin und ein Buch?
Das ist …

artigos indefinidos x definidos

3 Artikel finden. **Wie heißt der bestimmte Artikel?**

1. ein Foto s
2. eine Tasche e
3. ein Gespräch s
4. ein Lehrer r
5. eine Tafel e
6. ein Auto s

4 *Ein, eine → kein, keine*

9   Ü13–14

a) Fragen Sie und antworten Sie.

Handys?

Hunde?

Eis?

Keine Handys, bitte!

Kein Eis, bitte!

b) Finden Sie im Internet mehr Beispiele für Verbote.

c) Was ist das? Üben Sie.

> Ist das ein Handy?

> Nein, das ist kein Handy, das ist ein iPod.

Redemittel

Ist das	eine Lehrerin? ein Handy? ein Fenster? ein Kuli? eine Cola?	Nein, das ist kein(e) ..., das ist	ein Lehrer. ein iPod. eine Tür. ein Füller. ein Kaffee.
Sind das	Hefte? Fahrräder? Fußbälle?	Nein, das sind keine ..., das sind	Bücher. Motorräder. Tennisbälle.

5 Artikel systematisch. **Ergänzen Sie die Tabelle.**

9

Grammatik

		bestimmter Artikel	unbestimmter Artikel		Verneinung mit *kein*	
Singular		der Mann	ein	Mann	kein	Mann
		das Buch	ein	Buch	kein	Buch
		die Frau	eine	Frau	keine	Frau
Plural		die Männer	–	Männer	Keine	Männer
		die Bücher	—	Bücher	keine	Bücher
		die Frauen	—	Frauen	keine	Frauen

6 „Montagsmaler". **Schreiben Sie zehn Wörter auf Karten.**
Ziehen Sie eine Karte und zeichnen Sie das Wort. Die anderen raten.

ABC

4 Menschen, Kurse, Sprachen

1 Zaira, Vedat und Hong lernen Deutsch.
Ü15–20 **Lesen Sie die Texte und sammeln Sie Informationen.**

↳ *complete*

Wer?	Woher sind sie?	Was sagen sie?
Zaira	....	....
....	....	....

Zaira Franca lebt in Sao Paolo. Sie arbeitet bei BASF. Sie lernt Deutsch im Goethe-Institut, im A1-Kurs. Sie lebt allein und hat ein Kind. Luisa ist 12 und geht in das Colégio Visconde in Porto Seguro. Zaira möchte Deutsch lernen. Sie sagt: „Deutsch ist wichtig für meine Arbeit und die Kurse im Goethe-Institut machen Spaß."

Vedat Arslan kommt aus der Türkei, aus Erzurum. Er lernt Deutsch an der Volkshochschule in Köln. Er ist verheiratet mit Seval. Sie haben zwei Kinder, Yasemin und Volkan. Vedat hat im Moment keine Arbeit. Seval arbeitet bei der Telekom. Die Arslans wohnen seit 2009 in Köln. Sie sprechen Türkisch und Deutsch. Yasemin und Volkan lernen Englisch in der Schule. Die Arslans sagen: „Deutschland ist unsere neue Heimat."

Hong Cai ist Studentin. Sie lebt in Shanghai und studiert an der Tongji Universität. Sie ist 21 und möchte in Deutschland Biologie oder Chemie studieren. Ihre Hobbys sind Musik und Sport. Sie spielt Gitarre. Ihre Freundin Jin studiert Englisch. Sie möchte nach Kanada. Deutsch ist für Hong Cai Musik. Sie sagt: „Ich liebe Beethoven und Schubert."

2 Kommunikation im Deutschkurs

a) Ordnen Sie die Nomen zu.
Es gibt mehrere Möglichkeiten.
↳ existem várias possibilidades

1. die CD
2. das Radio
3. Türkisch
4. die Sätze
5. die Texte
6. Deutsch
7. das Buch
8. das Magazin
9. die Biografie
10. Englisch
11. die Musik
12. die Lotto-Zahlen
13. die Arbeitsanweisung
14. die Pause
15. die Artikel
16. das Wörterbuch
17. die Buchstaben
18. die Frage
19. das Handy
20. das Lernplakat

hören	lesen	schreiben	sprechen
die CD	....	....	....
....	....	....	....

b) Ein Wort passt nicht. Welches? .... machen.

3 Fragen, Bitten, Arbeitsanweisungen.
Wer sagt was? Was sagen beide? Kreuzen Sie an.
faça um 'x'

	Kursteilnehmer/in participantes do curso	Kursleiter/in instrutor
1. Was ist das?	☐	☐
2. Wie heißt das auf Deutsch?	☐	☐
3. Erklären Sie das bitte!	☐	☐
4. Sprechen Sie bitte langsamer!	☐	☐
5. Buchstabieren Sie das bitte!	☐	☐
6. Können wir eine Pause machen?	☐	☐
7. Lesen Sie den Text!	☐	☐
8. Schreiben Sie das bitte an die Tafel!	☐	☐
9. Ordnen Sie die Wörter!	☐	☐
10. Machen Sie bitte Ihre Hausaufgaben!	☐	☐

Du kommst zu spät, Brutus.

...

ABC

1 Fragen stellen

*)) 🔊 **a) Welcher Gegenstand passt zum Dialog? Hören Sie und kreuzen Sie an.**
1.16

☐ ☐ ☐

1. .... 2. .... 3. ....

b) Was ist das? Ergänzen Sie in a) die Wörter mit Artikel.

c) Ergänzen Sie die Fragen.

| verstehe – buchstabieren – Entschuldigung – heißt |

1. Wie .... das auf Deutsch?   3. ...., wie bitte?

2. Das .... ich nicht.   4. Können Sie das bitte ....?

2 Kursraum-Rätsel. **Was ist das? Schreiben Sie die Wörter mit Artikel.**

1. ....   6. ....

2. ....   7. ....

3. ....   8. ....

4. ....   9. ....

5. ....   10. ....

3 Rund um die Technik. **Sammeln Sie Wörter.**

Technik

der Beamer

4 Wortreihen

a) **Ergänzen Sie die Artikel.**

1. das Handy   der Computer   das Whiteboard   die Brille
2. der Kuli   der Radiergummi   der Bleistift   der Füller
3. das Heft   der Becher   das Wörterbuch   das Kursbuch
4. der Tisch   das Stuhl   das Papier   die Lampe

b) **Welches Wort passt nicht? Streichen Sie durch.**

5 Wortpaare lernen

a) **Ergänzen Sie.**

Tee – Stuhl – antworten – schreiben – trinken – Stift – Radiergummi – nein – ~~Frau~~ – sprechen

1. der Mann und die _Frau_   6. der Tisch und der ....
2. essen und ....   7. das Papier und der ....
3. lesen und ....   8. hören und ....
4. ja oder ....   9. fragen und ....
5. Kaffee oder ....   10. der Bleistift und der ....

b) **Hören Sie und kontrollieren Sie.**

1.17

c) **Hören Sie noch einmal und sprechen Sie nach.**

6 Flüssig sprechen. **Hören Sie und sprechen Sie nach.**

1.18

1. Deutsch? – auf Deutsch? – Wie heißt das auf Deutsch?
2. Deutsch? – auf Deutsch? – Was ist das auf Deutsch?
3. bitte? – wie bitte? – Entschuldigung, wie bitte?
4. wiederholen? – bitte wiederholen? – Können Sie das bitte wiederholen?
5. buchstabieren? – bitte buchstabieren? – Können Sie das bitte buchstabieren?
6. anschreiben? – bitte anschreiben? – Können Sie das bitte anschreiben?

7 Textkaraoke. **Hören Sie und sprechen Sie die 👄-Rolle im Dialog.**

1.19

👂 ...

👄 Entschuldigung, wie heißt das auf Deutsch?

👂 ...

👄 Ich verstehe das nicht. Können Sie das bitte wiederholen?

👂 ...

👄 Ah. Können Sie das bitte buchstabieren?

👂 ...

8 *Der, das* oder *die*?

a) **Ordnen Sie die Wörter zu.**

Pilot – Handy – Lehrerin – Haus – Tisch – Frau – Foto – Computer – Buch – Tasche – Stuhl – Brille

der	das	die
Pilot	Handy	Frau
Lehrerin	Haus	Tisch
Tisch	Foto	Brille
Computer	Buch	
Stuhl		

b) **Kontrollieren Sie mit dem Wörterbuch oder der Wörterliste hinten im Buch.**

9 Wortkarten

a) **Ergänzen Sie die Wortkarten wie im Beispiel.**

die Frau	der Mann	.... Handy	.... Stuhl

Vorderseite

die Frau**en**	die Männ**er**	....	....

Rückseite

b) **Schreiben Sie weitere Wortkarten mit den Nomen aus 8 a).**

10 **Elternabend. Was brauchen die Kinder für die Schule? Hören Sie und schreiben Sie.**

1.20

4 Hefte
1 Füller
3 Stifte
2 Kulis
1 Englischwörterbuch
1 radiergummi

11 **Umlaute**

1.21

a) **Hören Sie und schreiben Sie die Wörter.**

1. .... 5. ....

2. .... 6. ....

3. .... 7. ....

4. .... 8. ....

b) **Kontrollieren Sie mit dem Wörterbuch oder der Wörterliste hinten im Buch.**

c) **Hören Sie noch einmal und sprechen Sie nach.**

12 **Artikel. Ergänzen Sie den bestimmten oder unbestimmten Artikel.**

1. 💬 Ist das .... Kuli?   👍 Ja, das ist .... Kuli von Anna.

2. 💬 Ist das .... Handy?   👍 Ja, das ist .... Handy von David.

3. 💬 Ist das .... Buch?   👍 Ja, das ist .... Buch von Frau Schiller.

4. 💬 Ist das .... Kaffee?   👍 Nein, das ist .... Tee.

5. 💬 Ist das .... Katze?   👍 Nein, das ist .... Hund.

13 *ein, eine → kein, keine.* **Schreiben Sie die Antworten.**

1. 💬 Ist das ein Kuli?   👍 *Nein, das ist kein Kuli, das ist ein Bleistift.*

2. 💬 Ist das ein Stuhl?   👍 *Nein, das ist kein Stuhl. Das ist ein Tisch*

3. 💬 Ist das ein Rucksack?   👍 *Nein, das ist kein Rucksack, das ist ein Buch*

4. 💬 Ist das ein Füller?   👍 *Nein, das ist kein Füller, das ist ein Kuli*

5. 💬 Ist das ein Handy?   👍 *Nein, das ist kein Handy, das ist ein Monitor*

6. 💬 Ist das ein Buch?   👍 *Nein, das ist kein Buch, das ist ein Heft*

14 Verbote. Schreiben Sie.

1. ....

3. ....

2. ....

4. ....

15 Verben und Infinitive. **Lesen Sie den Text noch einmal. Markieren Sie alle Verben und schreiben Sie die Infinitive.**

1. *leben*...
2. ....
3. ....
4. ....
5. ....
6. ....
7. ....
8. ....
9. ....

Zaira Franca lebt in Sao Paolo. Sie arbeitet bei BASF. Sie lernt Deutsch im Goethe-Institut. Im A1-Kurs. Sie lebt allein und hat ein Kind. Luisa ist 12 und geht in das Colègio Visconde in Porto Seguro. Zaira möchte Deutsch lernen. Sie sagt: „Deutsch ist wichtig für meine Arbeit und die Kurse im Goethe-Institut machen Spaß."

16 Frau Gonzales erzählt über sich

a) **Lesen Sie und sammeln Sie Informationen.**

Ich bin Teresa Gonzales. Ich komme aus Mexiko und lebe in Mexiko-Stadt. Ich bin 20 Jahre alt. Ich bin verheiratet mit José Gonzales. Wir haben keine Kinder. Ich spreche Spanisch, Englisch und Portugiesisch. Ich lerne Deutsch im Goethe-Institut in Mexiko-Stadt. Deutschland ist für mich Technik und Fußball!

1. Wer? ....
2. Wie alt? ....
3. Welche Sprachen? ....

b) **Was ist anders? Hören Sie und markieren Sie.**
1.22

17 **Und Sie? Schreiben Sie einen Ich-Text.**

1. Wie heißen Sie? *Ich bin nononha und ich habe zweiunddreißig Jahre alt. / Ich heibe... / mein name ist...*

2. Woher kommen Sie? *Ich komme aus Brazil.*

3. Wo leben Sie? *Ich lebe in Sao Paulo - Stadt* ^{vier}
   Ich /

4. Haben Sie Kinder? *Nein. Ich habe keine Kinder*

5. Welche Sprachen sprechen Sie? *Ich spreche Portugiesisch und Englisch. Ich lerne Deutsch im Goethe - Institut.*

6. Welche Hobbys haben Sie? *Literatur, Filme und Klavier meine Hobbys sind (ins Kino gehen)*

7. Was sagen Sie über Deutschland? *Ich finde Deutschland... / Ich spreche Deutschland...*

18 **Was stimmt? Richtig oder falsch? Hören Sie und kreuzen Sie an.**

1.23

		richtig	falsch
a)	1. Tran kommt aus Vietnam.	☑	☐
	2. Tran und Viet leben in Jena.	☐	☐
	3. Sie haben zwei Kinder.	☐	☐
	4. Tran spielt Gitarre.	☑	☐
b)	1. Jakub ist Student.	☑	☐
	2. Jakub kommt aus Prag.	☐	☑
	3. Er möchte in Deutschland studieren.	☑	☐
	4. Sein Hobby ist Sport.	☑	☐
c)	1. Amita arbeitet bei Siemens.	☑	☐
	2. Sie lernt Deutsch.	☐	☐
	3. Sie ist verheiratet und hat ein Kind.	☑	☐
	4. Sie liebt Musik.	☐	☐

19 Biografien. **Lesen Sie die Texte und sammeln Sie Informationen in einer Tabelle.**

Sebastian Vettel kommt aus Heppenheim. Er lebt in der Schweiz und arbeitet international: heute ein Grand Prix in Singapur, Melbourne oder Barcelona und morgen in Manama, Montréal oder Monte Carlo. Er ist Formel 1-Weltmeister 2012. Seine Hobbys sind Mountainbiking, Snowboard und Fitness, aber er hat wenig Zeit.

Maite Kelly kommt aus Deutschland. Ihre Familie, die Kelly-Family-Band, kommt aus den USA und Irland. Maite lebt in Deutschland. Sie ist Sängerin und Musical-Star. Sie ist verheiratet und hat zwei Kinder. Sie spricht Deutsch, Englisch und Spanisch. Ihr Hobby ist Musik.

Fatmire Bajramaj kommt aus dem Kosovo und lebt in Deutschland. Sie hat zwei Brüder. Sie ist Fußball-spielerin. Sie spielt auch in der Nationalmannschaft. Sie schreibt gern. Ihr Buch heißt „Mein Tor ins Leben – vom Flüchtling zur Weltmeisterin".

Wer?	Woher?	Beruf?	Hobby?
Sebastian Vettel			

20 Das Verb *haben*

a) Ergänzen Sie die Sätze.

Kinder – Arbeit – Zeit – Brüder

1. Ich komme aus Brasilien. Ich bin verheiratet und habe drei ....

2. ▷ Hast du auch .... ? ◁ Nein, ich habe nur eine Schwester.

3. ▷ Haben Sie heute Abend .... ? ◁ Ja, gern!

4. Er ist Lehrer, aber er hat im Moment keine ....

b) Ergänzen Sie die Formen von *haben*.

ich ...., du ...., er/es/sie ...., wir haben, ihr habt, Sie/sie ....

Fit für Einheit 3? Testen Sie sich!

Mit Sprache handeln

Fragen stellen, um Wiederholung bitten

.... Sie das bitte buchstabieren? ...., wie bitte?

Ich .... das nicht. .... Sie das bitte wiederholen?

Was ist das auf ....? Wie .... das auf Deutsch? ► KB 1.2, 4.3

Wortfelder

Wörter im Kursraum

lesen und ...., hören und ....,

das Heft und der ...., der Bleistift und der ...., ► KB 1.3, 4.2

Grammatik

Artikel und Pluralformen

der Stift – *die Stifte* .... Buch – .... Tasche – ....

.... Heft – .... Tisch – .... Brille – ....

.... Stuhl – .... Lampe – .... Becher – ....

► KB 2.1, 4.2

ein, eine > kein, keine

der Stuhl / *ein/kein* Stuhl das Buch / .... Buch

Ist das ein Stuhl? Ist das ein Buch?

.... Stuhl, das ist ein Tisch. .... Buch, das ist ein Heft.

die Brille / .... Brille

Ist das eine Brille? Sind das Brillen?

.... Brille, das ist eine Lampe. Nein, ... Brillen. Das sind Lampen.

► KB 3.1–3.5

Das Verb *haben*

ich ...., du ...., er/es/sie ...., wir ....,

ihr *habt* ...., Sie/sie .... ► KB 4.1

Aussprache

Umlaute *ä, ö, ü*

z....hlen, der L....we, die B....cher, f....nf, h....ren, die St....hle ► KB 2.5

3 Städte – Länder – Sprachen

Hier lernen Sie

► über Städte und Sehenswürdigkeiten sprechen
► über Länder und Sprachen sprechen
► sagen, wo man war
► die geografische Lage angeben

1 Sehenswürdigkeiten in Europa

die Akropolis, Athen   der Big Ben, London   der Eiffelturm, Paris   der Schiefe Turm, Pisa

1 Sehenswürdigkeiten und Städte auf Deutsch und in Ihrer Sprache.
Lesen Sie die Bildunterschriften und vergleichen Sie.

2 **Was kennen Sie? Arbeiten Sie mit der Karte hinten im Buch.**

der Eiffelturm	→	in Paris	→	in Frankreich
die Akropolis	→	in Athen	→	...
der Big Ben	→	in ...		
der Schiefe Turm	→	...		

3 **Was ist das? Hören Sie. Worüber sprechen die Personen?**
sobre o quê
Kreuzen Sie an.
Welas
1.26

1. ☐ Eiffelturm   4. ☒ Athen ✓   7. ☒ Österreich
2. ☒ Akropolis   5. ☒ Wien   8. ☐ Frankreich
3. ☐ Prater   6. ☐ Paris   9. ☒ Griechenland

griechisch

die Stadt

der Park

der Dom

der Marktplatz

der Prater, Wien

das Brandenburger Tor, Berlin der Rote Platz, Moskau

Ankara

4 Satzakzent

1.27

a) Hören Sie und markieren Sie die Satzakzente.

1. ♀ Was 'ist das? ♂ Das ist der Rote Platz.
2. ♀ Und wo ist das? ♂ Der Rote Platz ist in Moskau.
3. ♀ Aha, und in welchem Land ♂ Moskau ist in Russland.
   ist das?

Minimemo

Ländernamen mit Artikel
die Schweiz / in der Schweiz
die USA / in den USA
die Türkei / in der Türkei
die Slowakei / in der Slowakei
der Iran / im Iran

b) Hören Sie noch einmal und sprechen Sie nach.

5 Sehenswürdigkeiten. Zeigen Sie Fotos und sprechen Sie über die Fotos.

Ü1–2

Was ist das? Das ist …

Und wo ist das? Das ist in …

Redemittel

so kann man fragen	so kann man antworten
Was ist das?	Das ist …
Wo ist denn das?	Das ist in …
In welchem Land ist das?	… ist in …
	Das weiß ich nicht./ Keine Ahnung.

ABC

das Museum die Oper das Theater das Dorf

2 Menschen, Städte, Sprachen

*[handwritten annotations: pessoas / cidades / línguas / encontro * O verbo pode ser substantivado (das, ein ...) em alemão.]*

1 Ein Treffen im Café

[handwritten: beber]

1.28
Ü3–5

a) **Hören Sie und lesen Sie den Dialog. Markieren Sie die Städte- und Ländernamen und suchen Sie sie auf der Karte hinten im Buch.**

🗨 Hallo, Silva!
🗨 Hallo, Carol-Ann! Wie geht's?
🗨 Danke, gut. Trinken Sie auch einen Kaffee?
🗨 Ja, gern. Und sag doch „du"! *[handwritten: Partikel]*
🗨 O.k.! Und woher kommst du?
🗨 Ich komme aus Milano.
   Warst du schon mal in Milano?
🗨 Nein. Wo ist denn das? *[handwritten: (advérbio)]*
🗨 Das ist in Italien. *[handwritten: interesse, função (Partikel)]*
🗨 Ach, Mailand!
🗨 Ja, genau, warst du schon mal in Italien?
🗨 Ja, ich war in Rom und in Neapel.

*[handwritten: *: opcional. É pretérito estar.]*

b) **Üben Sie den Dialog: andere Namen, andere Städte, andere Länder.**

🗨 Hallo, …
🗨 Hallo, … Wie geht's?
🗨 Danke, … Trinken Sie auch …?
🗨 Ja, gern. Und sag doch „du".
🗨 O.k.! Und woher kommst du?

🗨 Ich komme aus … Warst du schon mal in …?
🗨 Nein, wo ist denn das?
🗨 Das ist in …
🗨 Ach, so!

2 Satzakzent und Melodie in Fragen

1.29
Ü6

a) **Hören Sie den Unterschied?**

Woher 'kommen Sie?

Und woher kommen 'Sie?

b) **Markieren Sie die Melodie.**

Woher kommen Sie?
Woher kommst du?
Waren Sie schon mal in Italien?
Warst du schon in Innsbruck?

1.30

c) **Hören Sie und sprechen Sie nach.**

3 Warst du schon in …? Wo ist denn das?
Ü7 **Üben Sie.**

🗨 Warst du schon mal in Bremen?
🗨 Nein, wo ist denn das? / Ja, da war ich schon.
🗨 In Deutschland.

🗨 Waren Sie schon mal in …?
🗨 …

Innsbruck in Tirol, Österreich

4 Orientierung auf der Landkarte.
Ü8–9 **Üben Sie im Kurs.**

Kennst du Graz?

Graz? Wo liegt denn das?

Das liegt im Süd-osten von Österreich, südlich von Wien.

Kennst du ...?

nördlich von
im **Norden** von

nordwestlich von   nordöstlich von

westlich von   östlich von
im **Westen** von   im **Osten** von

südwestlich von   südöstlich von

im **Süden** von
südlich von

5 Städteraten. **Arbeiten Sie mit der Landkarte. Üben Sie mit anderen Städten.**

Die Stadt liegt im Süden von Deutschland.

München?

Augsburg?

Nein, in der Nähe von München.

Ja, genau!

ABC

3 *Warst du schon in ...?* Fragen und Antworten

 1 Präteritum *sein.*

16.2 Ü10–11 **Lesen Sie die Dialoge auf Seite 50 noch einmal und ergänzen Sie die Tabelle.**

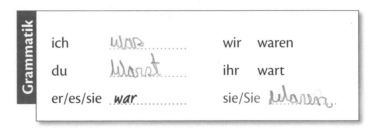

Grammatik	ich	war	wir	waren
	du	warst	ihr	wart
	er/es/sie	war	sie/Sie	waren

 2 Fragen stellen. Die W-Frage und die Satzfrage

1–2 Ü12–13 **a) Lesen und vergleichen Sie die Sätze.**

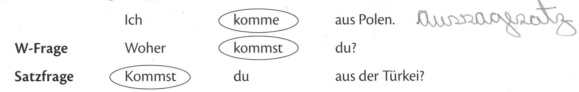

	Ich	komme	aus Polen.	Aussagesatz
W-Frage	Woher	kommst	du?	
Satzfrage	Kommst	du	aus der Türkei?	

b) Sammeln Sie Beispiele für W-Fragen und Satzfragen.

	Position 2	
....	....	.... ?
....	....	.... ?

c) Ergänzen Sie die Regel.

Regel In der W-Frage steht das Verb auf Position ...2....

In der Satzfrage steht das Verb auf Position ...1....

3 Personenraten im Kurs: Wer ist das?

Ü14 **Eine Kursteilnehmerin / Ein Kursteilnehmer fragt, die anderen antworten mit *Ja/Nein.***

Kommt er/sie aus ...?

Spricht er/sie ...?

Ist das in ...?

Wohnt er/sie jetzt in ...?

Das ist ...!

4 Satzakzent und Information. **Hören Sie und markieren Sie die Akzente.**

1.31

Das ist Michael.
Michael kommt aus München.
Michael kommt aus der Hauptstadt München.
Michael kommt aus der bayrischen Hauptstadt München.

4 Die Lindenstraße – eine deutsche TV-Serie

1 Hypothesen vor dem Lesen. Lesen Sie die Überschrift und die Wörter. Worum geht es?

Sprachen und Kulturen in der TV-Serie Lindenstraße. Heute: Familie Sarikakis

Lindenstraße – seit 1985 – Film-Familie Sarikakis – aus Griechenland – Panaiotis und Elena – Restaurant – Griechisch und Deutsch – Vasily – Mary – verheiratet – Nikos (12)

2 Lesen und Hypothesen prüfen. Lesen Sie den Zeitungsartikel. Stimmen Ihre Hypothesen?

TV - sehen & hören

Sprachen und Kulturen in der TV-Serie Lindenstraße. Heute: Familie Sarikakis

Die Lindenstraße ist eine deutsche TV-Serie. Es gibt sie seit 1985. Die Serie spielt in München. In der Lindenstraße wohnen Familien, Paare, Singles und Wohngemeinschaften mit und ohne Kinder. Die Film-Familie Sarikakis kommt aus Thessaloniki. Das liegt im Norden von Griechenland. Panaiotis und Elena haben ein Restaurant in der Lindenstraße, das „Akropolis". Sie sprechen Deutsch und Griechisch. Sie sind jetzt 30 Jahre in Deutschland. Panaiotis und Elena haben einen Sohn, er heißt Vasily. Er arbeitet auch im Restaurant. Er war mit Mary verheiratet. Mary kommt aus Nigeria. Sie spricht Yoruba, Englisch, Deutsch und ein bisschen Griechisch. Vasily und Mary haben einen Sohn, Panaiotis Nikos, kurz: Niko. Er ist 12. Mary und Niko leben jetzt in Köln.

3 Nach dem Lesen Informationen ordnen

Ü15–16

a) Wer ist wer auf dem Foto? Schreiben Sie die Namen zum Foto in 1.

b) Sammeln Sie Informationen zu den Personen und berichten Sie im Kurs.

Name	Land	Wohnort	Sprachen

ABC

5 Über Länder und Sprachen sprechen

1 Campus-Radio. Ein Interview mit internationalen Studenten. **Hören Sie und kreuzen Sie an.**

1.32 Ü17

Laura (22), Pisa

Piet (24), Brüssel

Laura	Piet	Laura und Piet	
☐	☐	☐	studiert/studieren in Bologna.
☐	☐	☐	spricht/sprechen Niederländisch.
☐	☐	☐	braucht/brauchen Deutsch und Englisch im Studium.
☐	☐	☐	studiert/studieren Deutsch.

2 Sprachen in Europa. **Beschreiben Sie die Grafik.**

Ü18–19

Mit fremder Zunge

Von je 100 EU-Bürgern sprechen neben ihrer Muttersprache
(Stand Ende 2000)

Englisch 41

Französisch 19

Deutsch 10

Spanisch 7

Italienisch 3

Für diesen Anteil der EU-Bevölkerung ist die erste Fremdsprache

Englisch	32,6 %
9,5 %	Französisch
4,2 %	Deutsch
1,5 %	Spanisch
0,8 %	Italienisch

Quelle: EU-Kommission

© Globus 6928

41 Prozent sprechen Englisch. 19 …

3 Prozent sprechen …

3 Länder und Sprachen. **Hören Sie und ordnen Sie zu. Wo wechselt der Akzent?**

1.33

'Dänemark – 'Dänisch	'Frankreich – Fran'zösisch
....	....
....	....

Tschechien – Tschechisch
Slowakei – Slowakisch
Polen – Polnisch
Italien – Italienisch

4
Ü20
Sprachen im Kurs.
Machen Sie eine Tabelle.

> Ich heiße Laura. Ich komme aus Italien.
> Dort spricht man Italienisch und in Südtirol auch Deutsch.
> Ich spreche Italienisch, Englisch und Deutsch.

Name	Land/Region	Sprachen

5
Konversation. Fragen und antworten Sie.

> Sprichst du Deutsch?

> Und woher kommst du?

> Wo liegt das denn?

> Welche Sprache(n) sprichst du?

> Ja, ich spreche etwas Deutsch.

> Ich komme aus …

> Das liegt …

> Ich spreche Englisch und …

Redemittel

über Sprachen sprechen

Sprechen Sie …? / Sprichst du …?	Ich spreche …
Was sprechen Sie? / Was sprichst du?	
Welche Sprache(n) sprechen Sie? / sprichst du?	
Welche Sprachen spricht man in …?	Bei uns spricht man …
Was spricht man in …?	

6
Mehrsprachigkeit im Alltag

a) Was verstehen Sie?

b) Sammeln Sie weitere Beispiele.

7
Name – Stadt – Region – Land – Sprachen. Schreiben Sie einen Ich-Text.

> Ich heiße … Ich komme aus … Ich wohne jetzt in … Bei uns in … spricht man …

ABC

1 Fragen und Antworten. **Ordnen Sie zu.**

Was ist das? **1**   **a** Der Markusplatz ist in Venedig.
Wo ist das? **2**   **b** Das ist in Italien.
In welchem Land ist das? **3**   **c** Das ist der Markusplatz.

2 Kennen Sie das? **Was? Wo? In welchem Land?**
Schreiben Sie Sätze.

1 das Bauhaus-Museum, Weimar (D)   **3** die Elbphilharmonie, Hamburg (D)   **5** die Hofburg, Wien (A)

2 das Kunsthaus, Graz (A)   **4** die Kapellbrücke, Luzern (CH)   **6** das Zentrum Paul Klee, Bern (CH)

1. _Das ist das Bauhaus-Museum in Weimar._
   Weimar ist in Deutschland.

2. ....
   ....

3. ....
   ....

4. ....
   ....

5. ....
   ....

6. ....

3 Woher kommen die Personen? Wo ist das? **Hören Sie und ordnen Sie zu.**

1.24

A Frank   1 kommt aus Interlaken.   a Das ist in den USA.
B Mike   2 kommt aus Prag.   b Das ist in Deutschland.
C Nilgün   3 kommt aus San Diego.   c Das ist in der Schweiz.
D Stefanie   4 kommt aus Koblenz.   d Das ist in der Türkei.
E Světlana   5 kommt aus Izmir.   e Das ist in Tschechien.

4 Ich bin Erkan. **Lesen Sie den Text und ergänzen Sie die Präpositionen.**

Ich heiße Erkan. Ich komme .... Berlin. Ich wohne .... Kreuzberg.

Meine Familie kommt .... Adana, das ist .... der Türkei.

5 Warst du schon mal in …?

a) Ergänzen Sie den Dialog. Hören Sie und kontrollieren Sie.

1.25

| ist – ist – ist – komme – komme – kommst – kommst – war – Warst |

💬 Carlos, woher .... du?

👤 Ich .... aus Brasilia. Das .... in Brasilien. Und du, woher .... du?

💬 Ich .... aus Russe. .... du schon mal in Russe?

👤 Nein, wo .... denn das?

💬 Das .... in Bulgarien.

👤 Ah, ich .... schon mal in Sofia!

b) Schreiben Sie einen Dialog wie in a). Die Dialoggrafik hilft.

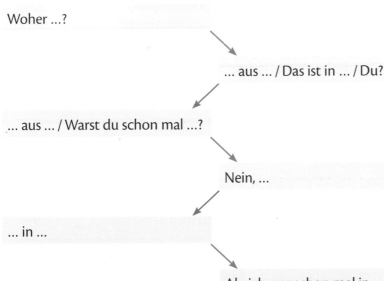

Woher …?

… aus … / Das ist in … / Du?

… aus … / Warst du schon mal …?

Nein, …

… in …

Ah, ich war schon mal in …

6 Satzakzent und Melodie in Fragen

1.26

a) Hören Sie und markieren Sie die Melodie.

1. Wie 'ist dein Name?   Und wie ist 'dein Name?
2. Wo liegt denn Bern?   Und wo liegt Zürich?
3. Warst du schon mal in Leipzig?   Und warst du schon mal in München?
4. In welchem Land ist das?   Und in welchem Land ist das?

b) Hören Sie noch einmal und sprechen Sie nach.

7 Flüssig sprechen. **Hören Sie und sprechen Sie nach.**

1.27

1. in Linz? – schon mal in Linz? – Warst du schon mal in Linz?
2. das? – ist denn das? – In welchem Land ist denn das?
3. Österreich. – in Österreich. – Das ist in Österreich.

8 Orientierung auf der Landkarte: Wo liegt ...? **Schreiben Sie Sätze.**
Arbeiten Sie mit der Karte vorne im Buch.

1. Augsburg – München   *Augsburg liegt im Nordwesten von München.*
2. Wien – Linz   ....
3. Bern – Basel   ....
4. Erfurt – Weimar   ....
5. Klagenfurt – Wien   ....
6. Zürich – Bern   ....

9 Wo liegt ...? **Hören Sie und kreuzen Sie an. Was ist richtig?**

1.28

1. Moldawien ist ...
   a ☐ in Rumänien.
   b ☐ nördlich von Rumänien.
   c ☐ im Osten von Rumänien.

2. Cahul liegt ...
   a ☐ südwestlich von Kischinau.
   b ☐ südlich von Kischinau.
   c ☐ westlich von Kischinau.

3. Duisburg liegt ...
   a ☐ nördlich von Köln.
   b ☐ südöstlich von Köln.
   c ☐ im Süden von Köln.

4. Lüdenscheid ist ...
   a ☐ nördlich von Köln.
   b ☐ nordöstlich von Köln.
   c ☐ östlich von Köln.

10 Ein Urlaubsblog. **Ergänzen Sie** *sein* **im Präteritum.**

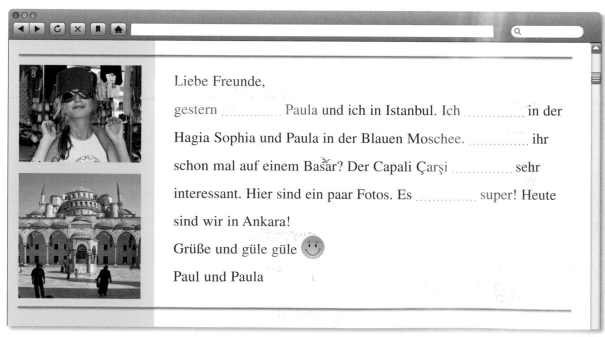

Liebe Freunde,

gestern .... Paula und ich in Istanbul. Ich .... in der
Hagia Sophia und Paula in der Blauen Moschee. .... ihr
schon mal auf einem Basar? Der Capali Çarşi .... sehr
interessant. Hier sind ein paar Fotos. Es .... super! Heute
sind wir in Ankara!

Grüße und güle güle 😊

Paul und Paula

11 SMS lesen. Ergänzen Sie *sein* im Präsens oder Präteritum.

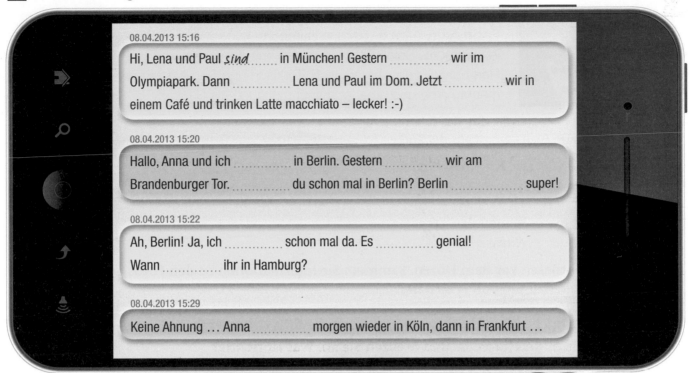

08.04.2013 15:16

Hi, Lena und Paul _sind_ in München! Gestern .... wir im Olympiapark. Dann .... Lena und Paul im Dom. Jetzt .... wir in einem Café und trinken Latte macchiato – lecker! :-)

08.04.2013 15:20

Hallo, Anna und ich .... in Berlin. Gestern .... wir am Brandenburger Tor. .... du schon mal in Berlin? Berlin .... super!

08.04.2013 15:22

Ah, Berlin! Ja, ich .... schon mal da. Es .... genial! Wann .... ihr in Hamburg?

08.04.2013 15:29

Keine Ahnung … Anna .... morgen wieder in Köln, dann in Frankfurt …

12 Satzfragen. **Was passt zusammen? Verbinden Sie.**

Ist das Hamburg? **1**   **a** Nein, aus Norditalien.

Sprechen Sie auch Chinesisch? **2**   **b** Ja, in Poznań.

Kommt Uri aus der Schweiz? **3**   **c** Nein, nur Deutsch und Japanisch.

Liegt Köln südlich von Düsseldorf? **4**   **d** Nein, wo ist denn das?

Wohnt Jarek in Polen? **5**   *südlich* **e** Ja, im Süden von Düsseldorf und Duisburg.

Warst du schon mal in Lüdenscheid? **6**   **f** Ja, das ist der Hafen von Hamburg.

13 Fragen stellen

a) Schreiben Sie Fragen.

1. ◌ Wo (ist) Poznań?   ◌ Poznań ist <u>in Polen</u>.
2. ◌ Wo liegt Polen?   ◌ Polen liegt <u>östlich von Deutschland</u>.
3. ◌ Liegt Tschechien auch im …?   ◌ Ja, Tschechien liegt auch im <u>Osten.</u>
4. ◌ Waren Wien in Polen?   ◌ <u>Nein</u>, ich war nicht in Polen.
5. ◌ Kommt Darek aus Poznań?   ◌ <u>Ja</u>, Darek kommt aus Poznań.
6. ◌ Wo liegt Małgorzata?   ◌ Małgorzata kommt <u>aus Warschau</u>.

b) Markieren Sie die Verben wie im Beispiel.

14 **Wer ist Fatih Akin? Lesen Sie. Korrigieren Sie die Sätze und schreiben Sie sie richtig.**

Fatih Akin (*25. 8. 1973 in Hamburg) kommt aus Deutschland und wohnt in Hamburg. Seine Eltern kommen aus der Türkei und wohnen auch in Hamburg. Er spricht Deutsch, Türkisch und Englisch. Er ist Regisseur, macht Filme und arbeitet manchmal auch als DJ.

1. Fatih Akin kommt aus der Türkei. ....

2. Seine Eltern leben in der Türkei. ....

3. Er spricht Deutsch und Türkisch. ....

4. Er macht Filmmusik. ....

15 **Hypothesen vor dem Hören. Sammeln Sie Informationen zu den Fotos aus dem Familienalbum von Frau Baier.**

Familie: ....   Wohnort: ....

Land: ....   Sprachen: ....

))⑦ 16 **Hören und Hypothesen prüfen**

1.29

a) Stimmen Ihre Hypothesen in 15? Hören Sie und vergleichen Sie.

b) Was ist richtig? Hören Sie noch einmal und kreuzen Sie an.

1. Frau Baier hat ...
   a ☐ ein Kind.
   b ☐ kein Kind.

2. Frau Baier kommt ...
   a ☐ aus Österreich.
   b ☐ aus Deutschland.

3. Innsbruck liegt ...
   a ☐ im Westen von Österreich.
   b ☐ im Westen von Tirol.

4. In Tirol spricht man ...
   a ☐ Deutsch.
   b ☐ Deutsch, Italienisch und Englisch.

17 Aus der Studentenzeitschrift: Wer ist wer?

a) Lesen Sie und schreiben Sie Fragen.

Hye Youn Park

Ihr Name ist Hye Youn Park. Sie studiert Chemie. Sie kommt aus Seoul. Das liegt im Norden von Südkorea. In Südkorea spricht man Koreanisch. Hye Youn spricht Koreanisch, Deutsch und Englisch.

Prof. Jüri Tamm

Das ist Professor Jüri Tamm. Er kommt aus Tartu in Estland. Estland liegt nördlich von Lettland. Herr Tamm spricht Estnisch, Russisch, Englisch und Deutsch.

27

1. *Woher* ....?

2. *Wo* ....?

3. *Welche* ....?

b) Beantworten Sie die Fragen für Hye Youn Park und für Jüri Tamm.

Hye Youn Park	Jüri Tamm
1.	....
2.	....
3.	....

18 Sprachen aus der ganzen Welt. **Hören Sie und ordnen Sie zu.**

1.30

Vážené dámy a pánové, dobrý večer!

女士们，先生们，晚上好！

a ☐ Tschechisch

c ☐ Chinesisch

مساء الخير سيداتي وسادتي

Good evening ladies and gentlemen!

b ☐ Arabisch

d ☐ Englisch

19 Nachbarländer – Nachbarsprachen. **Lesen Sie den Text und sammeln Sie Informationen.**

Welche Sprache sprechen die Nachbarn von Deutschland?

Deutschland liegt im Zentrum von (West-)Europa. Es hat neun Nachbarländer. Im Osten liegt Polen, hier spricht man Polnisch. Südlich von Polen liegt Tschechien, dort spricht man Tschechisch. Südlich von Deutschland liegen Österreich und die Schweiz. In Österreich spricht man Deutsch und Slowenisch. Westlich von Österreich liegt die Schweiz. Hier spricht man vier Sprachen: Deutsch, Italienisch, Französisch und Rätoromanisch. Französisch spricht man in Frankreich. Das liegt südwestlich von Deutschland. Im Westen und Nordwesten sind Luxemburg, Belgien und die Niederlande. In Luxemburg spricht man drei Sprachen: Deutsch, Französisch und Luxemburgisch. Das ist die Nationalsprache in Luxemburg. In Belgien spricht man auch drei Sprachen: Niederländisch, Deutsch und Französisch. In den Niederlanden spricht man Niederländisch und Friesisch. Nördlich von Deutschland liegt Dänemark. In Dänemark spricht man Dänisch und Deutsch.

Land	Sprache(n)
Belgien	Französisch, Deutsch, Niederländisch
Dänemark	
Frankreich	
Luxemburg	
Niederlande	
Österreich	
Polen	
Schweiz	
Tschechien	

20 Textkaraoke

a) Woher kommen Sie? Welche Sprachen sprechen Sie? Ergänzen Sie.

🎧 …

👄 Ich komme aus ....
🎧 …

👄 Bei uns spricht man ....
🎧 …

👄 Ich sprleche .... Und Sie?
🎧 …

🔊🎧 **b) Hören Sie und sprechen Sie die 👄-Rolle im Dialog.**
1.31

Fit für Einheit 4? Testen Sie sich!

Mit Sprache handeln

über Städte und Sehenswürdigkeiten sprechen

🗨 Was ist das?　　　　　　　🗨 Die Akropolis .... Athen.

🗨 .... die Akropolis.　🗨 In welchem ....?

🗨 Wo ....?　　　　🗨 Das .... Griechenland.　▸KB 1.1–1.5

über Länder und Sprachen sprechen

Sprichst du Polnisch? **1**　　**a** Ich spreche Deutsch und Englisch.

Welche Sprache spricht man in Italien? **2**　　**b** Italienisch und Deutsch.

Welche Sprachen sprechen Sie? **3**　　**c** Nein, ich spreche Russisch.　▸KB 5.1–5.7

sagen, wo man war

🗨 Warst du schon mal in Athen?　　🙂 ....

　　　　　　　　　　　　　　　☹ ....

　　　　　　　　　　　　　　　　　　　　　　　　　▸KB 2.1–2.3

die geografische Lage angeben

🗨 .... München?

🗨 München .... Frankfurt.　▸KB 2.4–2.5

Wortfelder

Himmelsrichtungen

der Norden – nördlich,...　▸KB 2.4

Sprachen

Deutschland – ....; Polen – ....　▸KB 5.2–5.4

Grammatik

Satz- und W-Fragen

🗨 .... Sie?　　🗨 Ich komme aus der Türkei.

🗨 .... Istanbul?　🗨 Ja, ich war schon in Istanbul.　▸KB 3.2–3.3

Präteritum von *sein*

ich ....; du ....; er/es/sie ....; wir ....; ihr ....; sie/Sie ....　▸KB 3.1

Aussprache

Satzakzent und Melodie, Wortakzent

'Dänisch, Französisch　Woher kommen Sie? Und Sie, woher kommen Sie?　▸KB 1.4, 2.2, 3.4

Station 1

1 Berufsbilder

1 Beruf Deutschlehrerin

a) **Welche Wörter kennen Sie? Sammeln Sie.**

Material	Tätigkeit	Orte	Kontakte/Partner
Lehrbuch	lesen	Universität	Studenten

b) **Lesen Sie den Text. Ergänzen Sie die Tabelle in a).**

Serie: Berufe an der Universität

Regina Werner, Deutschlehrerin

Regina Werner ist Deutschlehrerin. Sie hat in Jena Germanistik und Anglistik studiert. Seit 20 Jahren arbeitet sie als Deutschlehrerin. Sie hat Kurse an der Universität und in einem Sprachinstitut. Im Sprachinstitut hat sie vier Kolleginnen. „Viele Stunden Unterricht, abends korrigieren, und kein fester Job. Aber der Beruf macht Spaß", sagt sie. Sie arbeitet gern mit Menschen und mag fremde Kulturen. Ihre Studenten kommen aus China, Russland, aus der Türkei und Südamerika. Sie arbeitet mit Lehrbüchern, Wörterbüchern, mit Video, dem Whiteboard und dem Internet. Frau Werner und die Studenten machen oft Projekte. Sie besuchen den Bahnhof, ein Kaufhaus, das Theater – dort kann man Deutsch lernen. Die Studenten finden die Projekte gut. *aus: Uni-Journal*

2 Informationen über Regina Werner. **Ergänzen Sie Fragen und Antworten.**

1. .... Regina Werner.

2. Wo .... sie? An der Universität.

3. Was sagt sie? „Der Beruf macht ...."

4. .... Aus China, ...

5. Was macht sie? Sie arbeitet mit ....

....

3 Beruf Student. **Lesen Sie die Informationen über Andrick. Was ist richtig? Kreuzen Sie an und korrigieren Sie die falschen Informationen.**

Uni international

Andrick Razandry, Student

Das ist Andrick Razandry. Er kommt aus Madagaskar, aus Tamatave. Das ist im Osten von Madagaskar, am Indischen Ozean. Er hat dort an der Universität studiert. Seit zwei Jahren lebt er in Deutschland. Er studiert Deutsch als Fremdsprache an der Friedrich-Schiller-Universität in Jena. Andrick hat 18 Stunden Unterricht pro Woche. Er arbeitet gern in der Bibliothek. Er sagt: „In der Bibliothek kann ich meine E-Mails lesen und gut arbeiten. Abends ist es dort sehr

ruhig." Er kennt viele Studenten und Studentinnen. Die Universität ist international. In den Seminaren sind Studenten und Studentinnen aus vielen Ländern, aus Indien, Brasilien und dem Iran. „Am Anfang war für mich alles sehr fremd hier. Jetzt ist es okay. Ich habe viele Freunde und wir lernen oft zusammen." Andrick spricht vier Sprachen: Madagassisch, Französisch, Deutsch und Englisch.   *aus: Uni-Journal*

1. ☐ Andrick studiert in Tamatave.
2. ☐ Er lebt seit zwei Jahren in Deutschland.
3. ☐ Er hat 16 Stunden Unterricht in der Woche.
4. ☐ Er liest E-Mails in der Bibliothek.
5. ☐ Er findet in Jena keine Freunde.

4 Lehrerin – Student: wichtige Wörter. **Machen Sie ein Wörternetz.**

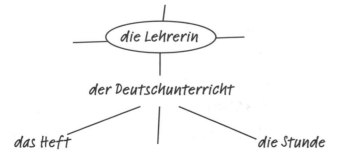
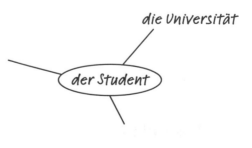

2 Themen und Texte

1 Begrüßungen. **Was sagt/macht man wo?**

Begrüßung international

In Deutschland und in Österreich gibt man meistens die Hand. Aus Frankreich, Spanien und Italien kommt eine andere Tradition: Man küsst Bekannte einmal, zweimal oder dreimal. Und in Ihrem Land?

Du oder Sie?

Es gibt keine Regeln. „Sie" ist offiziell, formal und neutral. Freunde und gute Bekannte sagen „du". Aus England und aus den USA kommt eine andere Variante: „Sie" mit Vornamen. Das ist in Deutschland in internationalen Firmen und auch an Universitäten sehr populär.

Begrüßung und Verabschiedung regional

„Guten Morgen", „Guten Tag", „Guten Abend" (ab 18 Uhr) und „Auf Wiedersehen" sind neutral. „Hallo" und „Tschüss" hört man sehr oft. Das ist nicht so formal. In Österreich sagt man auch „Servus" und in der Schweiz „Grüezi" und „Auf Wiederluege". In Norddeutschland sagen viele Menschen nicht „Guten Tag", sie sagen „Moin, Moin". In Süddeutschland grüßt man mit „Grüß Gott".

Begrüßung und Verabschiedung	
in Deutschland/Österreich/der Schweiz	in Ihrem Land
....	....

2 Ich-Texte schreiben. **Stellen Sie sich vor.**

Liebe …
ich heiße … Ich komme aus … Das liegt (bei) …
Ich bin … Ich spreche …
Ich wohne … Und du? Bitte antworte schnell.

3 Wörter – Spiele – Training

1 **Grammatikbegriffe. Diese Begriffe haben wir in den Einheiten 1 bis 3 verwendet. Ordnen Sie die markierten Wörter zu.**

Einheit

<u>Waren</u> Sie schon einmal in Italien? 1   a   Adjektiv   ....

<u>Woher</u> kommen Sie? 2   b   Fragewort, W-Wort   ....

<u>Wohnst du in Hamburg?</u> 3   c   Präteritum von *sein*   ....

Lenka findet Wien <u>fantastisch</u>. 4   d   Satzfrage   ....

Ich habe <u>kein</u> Auto. 5   e   Personalpronomen   ....

<u>Ich</u> lerne Englisch und Deutsch. 6   f   Verneinung   ....

2 **Ein Grammatiktest. Ergänzen Sie die Verben.**

sprechen (2x) – kommen – wohnen – möchten – trinken – kennen – liegen – sein

1. 💬 M.................... du Kaffee? 🗨 Nein danke, ich t.................... Tee.

2. 💬 K.................... du aus Spanien? 🗨 Nein, aus Italien.

3. 💬 Wo .... Sie? 🗨 In der Holzhausenstraße.

4. 💬 .... du Französisch? 🗨 Nein, ich .... Polnisch und Deutsch.

5. 💬 .... du Potsdam? 🗨 Nein, wo .... das?

6. 💬 .... du schon mal in Bremerhaven? 🗨 Nein, wo ist das?

3 **Ein Quiz: 6 mal 4 Wörter auf Deutsch. Ergänzen Sie.**

4 Länder   ....

4 Sprachen   ....

4 Getränke   ....

4 Dinge im Kurs   ....

4 Städte   ....

4 deutsche Familiennamen   ....

4 **Das Radioprogramm von heute. Die Umlaute *ä, ö, ü* und das *ch*.**
Hören Sie und ordnen Sie zu.

1.34

Schöne Grüße! 1   a   Tschechisches Märchen

Küchenduell 2   b   Dänisches Hörspiel

Stadtgespräch 3   c   Französische Dokumentation

Das schöne Mädchen 4   d   Österreichische Talkshow

4 Filmstation

1 Vier junge Leute in Berlin

3

a) **Janine, Lukas, Erkan und Aleksandra. Sehen Sie die Szene und ordnen Sie die Namen zu. Wie alt sind sie?**

Name: .... Alter: ....

Name: .... Alter: ....

Name: .... Alter: ....

Name: .... Alter: ....

b) **Was ist hier falsch? Lesen Sie und finden Sie acht Fehler.**

Erkan ist aus Berlin. Er wohnt in Kreuzberg. Seine Eltern kommen aus der Türkei und leben schon seit 20 Jahren hier. Sie haben einen Obst- und Gemüseladen. Erkan hat zwei Hobbys: Musik und Radfahren.
Lukas ist 24. Er studiert an der Humboldt-Universität in Berlin. Seine Eltern kommen aus Friedrichshain. Seine Freundin **Janine** ist 22. Sie wohnt in Jena und arbeitet im Fitness-Studio. Sie studiert Spanisch und Philosophie. Sie kommt aus Hamburg und lebt seit zwei Jahren in Berlin. Am Wochenende arbeitet sie nicht.
Aleksandra ist 21 und lebt noch nicht lange in Berlin. Sie sucht ein Praktikum in einem Verlag.

c) **Schreiben Sie den Text neu.**

> *Erkan ist aus Berlin. Er wohnt ...*

2 Ist hier noch frei?

a) Sehen Sie die Szene und ergänzen Sie den Dialog.

Erkan: Entschuldigung, ist hier noch ....?

Aleksandra: Entschuldigung. Ja klar, ...!

Erkan: .... du auch hier?

Aleksandra: Ja, ich .... Aleksandra. Und du?

Erkan: Freut mich, ich bin Erkan. Ich mache hier den Judo-................................... .

Möchtest du was ....?

Aleksandra: .... weiß nicht, ein Wasser vielleicht.

Erkan: Ok! Zwei ...., bitte. Was macht ....?

Janine: 2,80 Euro.

Erkan: Hey, Lukas. Wie gehts?

Lukas: Danke, ... Sorry, ich habe keine Zeit.

Aleksandra: ....!

Erkan: .... du hier in Kreuzberg?

Aleksandra: Ja, gleich um die Ecke .... der Bergmannstraße.

Und ....?

Erkan: Ich .... in der Kochstraße. Ich .... oft hier.

So drei- bis viermal die Woche.

b) Vergleichen Sie mit Ihrer Partnerin / Ihrem Partner.

5 Magazin

1.35

empfindungswörter

aha die deutschen
ei die deutschen
hurra die deutschen
pfui die deutschen
ach die deutschen
nanu die deutschen
oho die deutschen
hm die deutschen
nein die deutschen
ja ja die deutschen

Rudolf Otto Wiemer

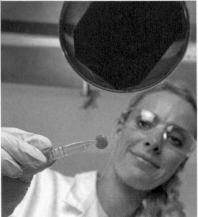

1.36

Konjugation
Ich gehe
du gehst
er geht
sie geht
es geht
Geht es?
Danke – es geht.

rudolf steinmetz

4 Menschen und Häuser

Hier lernen Sie

▶ Wohnungen und Häuser beschreiben und kommentieren
▶ Adressen schreiben
▶ über Wohnen in anderen Ländern sprechen
▶ Wörter zum Thema Wohnen und Möbel mit System lernen

Das Haus, - er

1 Wohnen in Deutschland, Österreich und der Schweiz

a das Zimmer im Studentenwohnheim   b das Bauernhaus

1 Wer wohnt wo? Lesen Sie die Texte und ordnen Sie die Fotos zu.

Ü1

1. Petra Galle (39) und ihr Mann Guido (41) wohnen in Olpe. Sie haben zwei Kinder: Mia (9) und Annika (5). Sie haben ein Haus mit Garten. Petra findet den Garten zu groß.

2. Uli Venitzelos (49) und seine Kinder David (22) und Lena (17) haben eine Altbauwohnung in der Goethestraße in Kassel. Sie leben gerne in der Stadt.

3. Hans-Jürgen und Eva Prohaska (beide 72) wohnen auf dem Land in der Nähe von Puchberg. Ihr Haus ist ziemlich alt, aber sehr groß. Sie sagen: „Unser Haus liegt sehr ruhig."

1. <-> laut

4. Anja Jungblut (24) studiert in Dresden. Sie hat ein Zimmer im Studentenwohnheim im Hochhaus in der Petersburger Straße. Ihr Zimmer ist 14 qm groß. Anja findet das Zimmer sehr klein und das Wohnheim zu laut.

5. Paolo Monetti (55) und Kateryna Guzieva (54) leben in Mainz. Sie haben ein Reihenhaus. Sie finden das Haus klein, aber gemütlich. Und die Nachbarn sind nett.

- klein (-) groß

 das Hochhaus    das Fachwerkhaus   der Altbau    auf dem Land    in der Stadt

e das Einfamilienhaus

d das Reihenhaus

c Altbauwohnungen

✶ **2** Adressen

🔊 **a) Welche Adresse ist richtig? Hören Sie und kreuzen Sie an.**

1.37
Ü2

1. ☐ Goethestraße 117
   34119 Kassel

2. ☐ Goethestraße 17
   34129 Kassel

3. ☐ Goethestraße 170
   43119 Kassel

b) Wie ist Ihre Adresse? Diktieren Sie.

✶ **3** **Und Sie? Wo wohnen Sie? Fragen Sie im Kurs.**

Ü3

Redemittel	über Wohnungen sprechen			
	Ich Wir	wohne wohnen	gern	auf dem Land / in der Stadt / auf dem Bauernhof. im Hochhaus. in der Goethestraße.
	Wir	haben		eine Altbauwohnung / ein Einfamilienhaus /...
	Meine Wohnung / Unser Haus	ist		klein/groß. modern/alt. sehr gemütlich.

ABC 📖

dreiundsiebzig

in einem Dorf

der Garten

die Garage

der Balkon

die Terrasse

2 Wohnungen beschreiben

1 Eine Wohnung zeigen

Ü4–6

a) Wie heißen die Zimmer? Die Wörterliste hilft.

1. wohnen: *das Wohnzimmer*
2. essen: ....
3. schlafen: ....
4. spielen: ....
5. arbeiten: ....
6. baden: ....
7. kochen: *die Küche*

b) Was zeigt der Makler? Lesen Sie und ordnen Sie die Fotos zu.

💬 Die Wohnung hat zwei Kinderzimmer.
👄 Schön! Hat die Wohnung auch einen Balkon?
☐ 💬 Ja, hier ist der Balkon.
👄 Hm ... ich finde den Balkon zu klein.
☐ 💬 Das Wohnzimmer ist gemütlich und hat zwei Fenster.
👄 Schön ... aber auch ziemlich dunkel. Hat die Wohnung einen Keller?
☐ 💬 Ja, aber ich habe keinen Schlüssel.

1

3

c) Üben Sie: ein anderes Haus, andere Zimmer.

– zwei Badezimmer
– der/einen Garten

– das Schlafzimmer
– ein Arbeitszimmer

2 Uli Venitzelos beschreibt seine Wohnung

1.38 Ü7

a) Hören Sie. Welche Zeichnung passt?   links  rechts

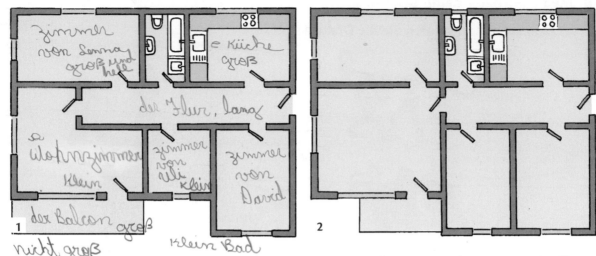

Handschriftliche Notizen in Zeichnung 1:
Zimmer von Lenna groß und hell
e Küche groß
der Flur, lang
e Wohnzimmer klein
Zimmer von Uli klein
Zimmer von David
der Balkon groß
nicht groß
klein Bad

1

2

b) Hören Sie noch einmal und lesen Sie. Schreiben Sie die Namen der Zimmer in die Zeichnung.

Unsere Wohnung hat vier Zimmer, eine Küche, ein Bad und einen Balkon. Hier links ist das Zimmer von David. Sein Zimmer ist groß, aber was für ein Chaos! Rechts ist die Küche. Unsere Küche ist wirklich schön – groß und hell. Das Bad hat kein Fenster und ist klein und dunkel. Unser Wohnzimmer hat nur 17 qm, aber es hat einen Balkon! Der Balkon ist groß. Hier rechts ist

Handschrift: aqui
Handschrift: hell = claro

das Zimmer von Lena. Ihr Zimmer ist auch groß und hell! Mein Zimmer ist sehr klein. Der Flur ist lang und meine Bücherregale haben hier viel Platz! Unsere Wohnung kostet 750 Euro, das ist billig!

Handschrift: Regal

3 Akkusativ

9.4

a) Ergänzen Sie die Artikel im Akkusativ.

groß

Grammatik	Nominativ	Akkusativ	
	Das ist	Ich habe	Ich finde
	der/ein Balkon.	(k) .... Balkon.	den Balkon zu klein.
	das/ein Haus.	(k) ein Haus.	das Haus zu groß.
	die/eine Küche.	(k) .... Küche.	die Küche zu klein.

hell   dunkel   lang   klein

b) Notieren Sie vier Räume. Fragen Sie Ihre Partnerin / Ihren Partner.

💬 Hast du einen Keller?   💬 Hast du eine Küche / einen Balkon / ...?
👉 Nein, ich habe keinen Keller.   👉 Ja, ich habe eine Küche / ...

ABC

3 Meine Wohnung – deine Wohnung

1 Meine Bücher – deine Taschen

9.5
1.39
Ü8

a) Hören Sie und spielen Sie die Dialoge.

Das ist meine Vase!

Deine Vase? Nein, das ist meine Vase!

Hier bitte, *deine* Vase!

Das ist unser Auto!

Nein, das ist unser Auto!

Aber nein, *das* ist unser Auto!

b) *Ist das dein ...?* Hören Sie und achten Sie auf die Intonation. Fragen und antworten Sie.

1.40

- Ist das dein Auto?
- Ist das deine Tasche?
- Ist das dein Kuli?
- Ist das dein Wörterbuch?

- Mein Auto? Ja, das ist mein Auto.
- Meine Tasche? Ja, das ist meine Tasche.
- Mein Kuli? Nein, das ist der Kuli von Hassan. Das ist sein Kuli.
- Mein Wörterbuch? Nein, das ist das Wörterbuch von Jenny. Das ist ihr Wörterbuch.

c) Hören Sie die Dialoge noch einmal. Markieren Sie die Kontrastakzente in b).

- Ist das ˈdein Auto?
- ˈMein Auto? Ja, das ist ˈmein Auto.

2 Kim-Spiel. Wem gehört ...?
Spielen Sie im Kurs.

Nein, das ist nicht mein Handy.

Ja, das ist mein Handy. Vielen Dank.

Ist das Ihr/dein Handy?

3 Possessivartikel. **Sammeln Sie die Possessivartikel auf den Seiten 72–76.**

	der	das	die	die (Plural)
ich	mein Kuli			meine Bücherregale
du				
...				

4 Eine Traumwohnung. **Lesen Sie und üben Sie die Dialoge.**

Ü9–12

Das ist die Küche.

Sehr schön!

... aber viel zu klein!

Hier ist das Arbeitszimmer.

Ich habe kein Arbeitszimmer!

Oh, sind das alle deine Bücher?

Unser Wohnzimmer ist ziemlich groß.

Ihr Wohnzimmer hat keinen Balkon!

Ja, und so hell!

Ich finde deine Wohnung sehr schön!

↳ de facto

Ja, wirklich? Danke!

... aber zu teuer.

Entschuldigung, wo ist eure Toilette?

5 Wohnungen beschreiben. **Zeichnen Sie eine Wohnung und geben Sie das Bild weiter.**

Ü13 **Ihre Partnerin / Ihr Partner beschreibt die Wohnung.**

Redemittel

Wohnungen beschreiben und kommentieren

Meine/Deine Wohnung Die Küche / Der Balkon Das Kinderzimmer	ist	zu teuer/dunkel/klein/laut. groß/hell/modern/alt. ein Traum.	
Das Rechts (daneben) / Links Hier	ist	das Zimmer von David. der Balkon / das Bad / die Küche.	
Unsere/Eure Wohnung Mein/Dein Haus Das Haus von Petra und Guido Galle	hat	drei Zimmer. (k)einen Garten. (k)ein Arbeitszimmer. (k)eine Küche.	
Ich	finde	den Garten das Haus die Kinderzimmer	schön, aber zu klein. zu groß. chaotisch.

ABC

4 Zimmer und Möbel

1 In welches Zimmer gehören die Möbel? **Ordnen Sie zu. Es gibt mehrere Möglichkeiten.**
Ü14–15

der Sessel

der Schrank

der Schreibtisch

der Küchenschrank

der Tisch

die Stehlampe   das Bücherregal

das Bett   der Teppich   der Spiegel   das Sofa

das Wohnzimmer	die Küche	das Arbeitszimmer	das Schlafzimmer
das Sofa			

2 Komposita
11   Ü16

a) Der, das, die? Ergänzen Sie.

.... Küchentisch   .... Schreibtischlampe   .... Bücherregal

b) Möbel zu Hause. Finden Sie mehr Beispiele.

Schreib

Ess

tisch, der

lampe, die

Küchen

Schreibtisch

stuhl, der

c) Ergänzen Sie die Regel.

das Bücherregal
die Bücher   das Regal

Regel Ein Bücherregal ist ein Regal. „Regal" ist das Grundwort.

Das Grundwort bestimmt den ....

3 Wortakzent. **Hören Sie und markieren Sie den Wortakzent. Ergänzen Sie die Regel.**
1.41

1. der Schreibtisch   3. das Bücherregal   5. der Küchenschrank
2. der Esstisch   4. die Küchenlampe   6. der Bürostuhl

Regel Die Betonung ist immer auf dem ☐ ersten / ☐ zweiten Wort.

5 Wörter lernen mit System

1 **Lerntipps. Lesen Sie und sprechen Sie über die Tipps im Kurs.**

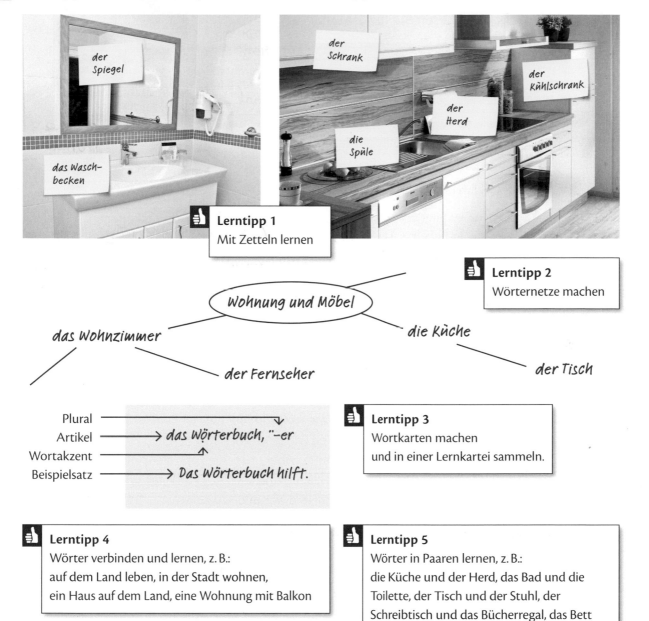

Lerntipp 1
Mit Zetteln lernen

Lerntipp 2
Wörternetze machen

Lerntipp 3
Wortkarten machen
und in einer Lernkartei sammeln.

Plural
Artikel → das Wörterbuch, ¨-er
Wortakzent ↗
Beispielsatz → Das Wörterbuch hilft.

Lerntipp 4
Wörter verbinden und lernen, z. B.:
auf dem Land leben, in der Stadt wohnen,
ein Haus auf dem Land, eine Wohnung mit Balkon

Lerntipp 5
Wörter in Paaren lernen, z. B.:
die Küche und der Herd, das Bad und die
Toilette, der Tisch und der Stuhl, der
Schreibtisch und das Bücherregal, das Bett
und der Schrank

2 **Kochen – Küche: Aussprache von *ch***

Ü17

a) Ordnen Sie die Wörter zu.

~~acht~~ – ~~Österreich~~ – richtig – auch – das Buch –
das Mädchen – östlich – welcher – das Gespräch –
gleich – doch – machen – München – suchen –
nicht – sprechen – die Sprache – die Bücher – ich –
möchten – die Technik

ch wie *kochen* $[x]$	*ch* wie *Küche* $[ç]$
acht	Österreich

b) Hören Sie die Wörter, kontrollieren Sie Ihre Tabelle und ergänzen Sie die Regel.

1.42

Regel *ch* nach den Vokalen .... wie in *kochen*, sonst wie in *Küche*.

ABC

6 Der Umzug

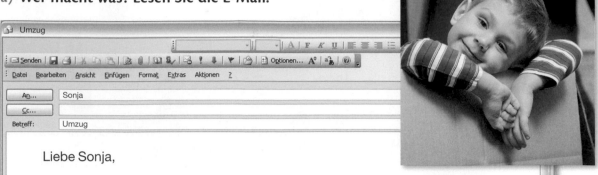

1 Umzugschaos

Ü18–19

a) Wer macht was? Lesen Sie die E-Mail.

Umzug	

Senden | Datei Bearbeiten Ansicht Einfügen Format Extras Aktionen ?

An...   Sonja
Cc...
Betreff: Umzug

Liebe Sonja,

unser Umzug ist ein Chaos! Meine Bücher sind schon in den Umzugskartons.
Bernd packt seine DVDs. Nils und Frauke packen ihre Bücher. Und ich? Ich
mache jetzt eine Pause, trinke Kaffee und schreibe E-Mails. Ein Glück – der
Computer funktioniert noch!
Nils fragt 15-mal pro Tag: „Ist mein Zimmer groß?" „Ja, Nils, dein Zimmer ist
groß." „Und das Zimmer von Frauke?" „Jaaaa, ihr Zimmer ist auch ziemlich
groß." Zwei Kinder – ein Kinderzimmer, das war hier immer ein Problem.
Mein Schreibtisch, die Waschmaschine und der Herd sind schon in der neuen
Wohnung in der Schillerstraße 23. Die Postleitzahl ist: 50122. Die Wohnung ist
120 qm groß, Altbau, sehr zentral in der Südstadt, im 3. Stock, 5 Zimmer (!!!),
Küche, Bad, Balkon und ein Garten. Das Wohnzimmer hat vier Fenster, es ist
hell und ca. 35 qm groß, der Flur ist breit und lang. Wir hatten einfach Glück –
die Wohnung ist ein Traum und nicht teuer. Aber unser Esstisch steht jetzt im
Wohnzimmer – die Küche ist leider zu klein! Armer Bernd! Er arbeitet zu viel,
und sein Rücken macht Probleme, der Herd war doch zu schwer …
Du siehst, wir brauchen deine Hilfe!!!

Viele Grüße und bis morgen
deine Kirsten

b) Was passt zusammen? Verbinden Sie.

		a	schreibt E-Mails.
		b	hat Rückenschmerzen.
Bernd	1	c	packt seine DVDs.
Kirsten	2	d	packen ihre Bücher.
Nils und Frauke	3	e	bekommt eine E-Mail.
Sonja	4	f	kommt morgen und hilft.
		g	macht eine Pause und trinkt Kaffee.
		h	bekommen zwei Kinderzimmer.

7 Wohnen interkulturell

1 **Wohnformen.** Sehen Sie die Fotos an und ordnen Sie die Sätze zu.

Ü 20

a

b

c

1. ☐ Wohnen auf einem Hausboot – cool!
2. ☐ Bitte keine Schuhe in der Wohnung!
3. ☐ Viele Familien haben ein Esszimmer.
4. ☐ Kein Bett, kein Stuhl – ich finde das schön!

d

2 **Und in Ihrem Land?** Sprechen Sie im Kurs.

> *Bei uns gibt es auch ein …*

> *Wir haben ein …*

> *Wir haben kein Esszimmer.*

> *Hausboote finde ich …*

ABC

1 Geräusche-Quiz

1.32

a) Hören Sie. Welches Foto passt? Notieren Sie die Nummer.

☐ ....

1 ....

☐ ....

☐ ....

☐ *das Einfamilienhaus* ....

☐ ....

b) Ordnen Sie in a) zu.

> ~~das Einfamilienhaus~~ – das Reihenhaus – auf dem Land –
> das Studentenwohnheim – die Altbauwohnung – in der Stadt

2 Adressen

1.33

a) Wer wohnt wo? Hören Sie und ergänzen Sie.

1

Deniz Gülmaz

Wiesenstraße ....

.... Berlin

2

Hannah Schmidt

An der 19

.... Jena

3

Benno Heller

.... 98

51817 ....

b) Notieren Sie Ihre eigene Adresse.

Uhr: quem
wo: onde

3 Wer wohnt wo? (Quem vive onde)

a) Wer sagt was? Lesen Sie die Aussagen und hören Sie.

1.34

Elisabeth (**E**)   Boris (**B**)

1. ___B___ arbeitet in Berlin.
2. ___E___ wohnt gern in der Stadt.
3. ___B___ wohnt in einem Haus mit Garten.
4. ___E___ findet Weimar klein und ruhig.
5. ___E___ hat eine Altbauwohnung.
6. ___B___ findet die Nachbarn nett.

b) Lesen Sie die Texte und kontrollieren Sie in a).

1. Wir sind die Familie Lustig, das sind Paul und Laura, mein Mann Peter und ich, Elisabeth. Wir wohnen gerne in der Stadt. Wir wohnen in Weimar. Die Stadt ist klein und ruhig. Wir haben eine Altbauwohnung. Unsere Wohnung ist sehr alt, groß und gemütlich.

2. Ich bin Boris Lomonossov. Ich arbeite in Berlin und wohne auf dem Land. Ich wohne in Oranienburg. Das ist nördlich von Berlin. Ich habe dort ein Haus mit Garten. Der Garten ist groß und die Nachbarn sind nett.

vizinhos   agradáveis

4 Was machen Sie wo? Ordnen Sie zu. Wie heißen die Zimmer?

trabalhar dormir cozinhar   jogar comer

arbeiten – schlafen – kochen – baden – ~~spielen~~ – essen

spielen, das Kinderzimmer

Arbeiten, das Büro

Baden, das Badezimmer

Kochen, die Küche

Schlafen, das schlafzimmer

Essen, das Esszimmer

5 Eine Wohnungsbesichtigung. Was ist richtig? Hören Sie und kreuzen Sie an.

1.35

1. Die Wohnung hat
   a ☐ zwei Zimmer.
   b ☐ drei Zimmer.
   c ☐ vier Zimmer.

2. Die Wohnung hat
   a ☐ einen Garten.
   b ☐ einen Keller.
   c ☐ einen Balkon.

3. Die Wohnung kostet
   a ☐ 450 Euro.
   b ☐ 550 Euro.
   c ☐ 650 Euro.

6 Flüssig sprechen. Hören Sie und sprechen Sie nach.

1.36

1. leben. – auf dem Land leben. – Ich möchte auf dem Land leben.
2. auf dem Land. – ein Haus auf dem Land. – Ich möchte ein Haus auf dem Land.
3. Fenster. – keine Fenster. – Das Bad hat keine Fenster.
4. mit Balkon. – eine Wohnung mit Balkon. – Ich habe eine Wohnung mit Balkon.

7 Wir haben ein Haus! **Ergänzen Sie den bestimmten oder unbestimmten Artikel im Akkusativ.**

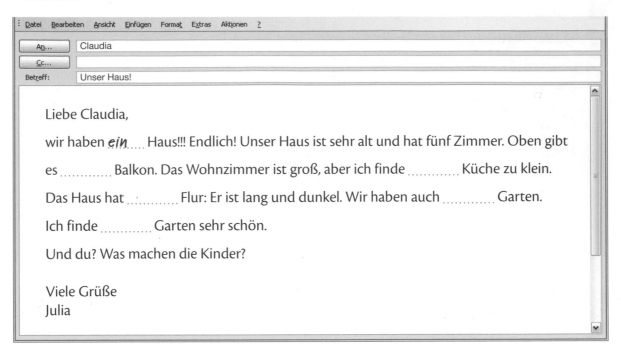

Datei Bearbeiten Ansicht Einfügen Format Extras Aktionen ?

An… Claudia
Cc…
Betreff: Unser Haus!

Liebe Claudia,

wir haben *ein*…. Haus!!! Endlich! Unser Haus ist sehr alt und hat fünf Zimmer. Oben gibt

es …………. Balkon. Das Wohnzimmer ist groß, aber ich finde …………. Küche zu klein.

Das Haus hat …………. Flur: Er ist lang und dunkel. Wir haben auch …………. Garten.

Ich finde …………. Garten sehr schön.

Und du? Was machen die Kinder?

Viele Grüße
Julia

8 Possessivartikel. **Was passt nicht? Streichen Sie.**

1. 💬 Ist das ~~dein~~/deine Tasche, Anna?   💬 Ja, danke, das ist ~~mein~~/meine Tasche.
2. 💬 Ist das Ihr/Ihre Auto, Herr Schröder?   💬 Ja, das ist mein/meine Auto. Ganz neu!
3. 💬 Sind das euer/eure Kinder, Maria und Lukas?   💬 Ja, das sind unser/unsere Kinder.
4. 💬 Ist das ~~dein~~/deine Buch, Tina?   💬 Nein, das ist das Buch von Lena.
              Es ist ihr/~~sein~~ Buch.

9 Die Wohnungsbesichtigung. **Ergänzen Sie die Possessivartikel.**

💬 Hallo, Antje und Thomas. Vielen Dank für

die Einladung!

💬 Ja, kommt rein!

💬 *Eure*…. Wohnung ist ja ganz neu!

Thomas, ist das *dein* Zimmer?

💬 Ja, das ist *mein* Arbeitszimmer.

Und hier links ist …………. Küche. (die)

💬 Oh, die ist aber groß. *meine* Küche ist sehr schön!

Ist das das Zimmer von Antje?

💬 Ja, das ist *ihre* Zimmer.

💬 Und wo ist …………. Schlafzimmer?

💬 Hier rechts. Und hier ist …………. Wohnzimmer. Möchtet ihr etwas trinken?

10 **Textkaraoke. Hören Sie und sprechen Sie die 👄-Rolle im Dialog.**

1.37

👂 ...

👄 Habt ihr ein Esszimmer?

👂 ...

👄 Hat die Wohnung auch einen Balkon?

👂 ...

👄 Wo ist denn euer Arbeitszimmer?

👂 ...

👄 Ist eure Wohnung teuer?

👂 ...

11 **Gegenteile. Ergänzen Sie.**

~~alto;~~ ~~barato~~ ~~sonoro~~ ~~curto~~

| klein – billig – viel – laut – neu – kurz – hell – rechts |

~~muito~~ ~~novo~~

1. groß *klein*   3. leise *laut*   5. teuer *billing*   7. wenig *viel*
2. dunkel *hell*   4. links *rechts*   6. alt *neu*   8. lang *kurz*

schön *hässlich*

12 **Adjektive. Was passt? Kreuzen Sie an.**

1. Die Wohnung kostet 900 Euro.
   Das finden Maria und Nils
   ☐ teuer.
   ☐ schön.
   ☐ klein.

2. Anja wohnt im Studentenwohnheim.
   Das Zimmer ist nur 14 qm
   ☐ ruhig.
   ☐ lang.
   ☐ groß.

3. Bruno und Heide wohnen in einem
   Bauernhaus. Es ist ziemlich
   ☐ modern.
   ☐ kurz.
   ☐ alt.

4. Familie Galle hat ein Haus mit Garten.
   Der Garten ist
   ☐ teuer.
   ☐ groß.
   ☐ leise.

5. Wir wohnen in der Stadt, im Zentrum.
   Es ist leider etwas
   ☐ laut.
   ☐ lang.
   ☐ alt.

6. Petra lebt in Köln. Ihre Wohnung ist klein,
   aber der Flur ist
   ☐ teuer.
   ☐ modern.
   ☐ lang.

13 **Das ist zu ... Ergänzen Sie.**

| laut – alt – lang – klein |

1. Der Stuhl ist ....

2. Das Haus ist ....

3. Die Musik ist ....

4. Das Auto ist ....

14 Ein Zimmer im Studentenwohnheim

a) **Wie heißen die Möbel und Gegenstände? Schreiben Sie.**

1. *das Bett*	5.	9.
2.	6.	10.
3.	7.	11.
4.	8.	12.

b) **Wie finden Sie das Zimmer? Schreiben Sie zwei Sätze.**

15 Wortpaare. Hören Sie und sprechen Sie nach.

1.38

16 Komposita

a) **Ergänzen Sie die Artikel.**

1. .... Arbeitszimmer   4. .... Bürostuhl   7. .... Schreibtischlampe

2. .... Küchentisch   5. .... Bücherregal   8. .... Esstisch

3. .... Kinderzimmer   6. .... Wohnzimmerschrank   9. .... Küchenstuhl

b) **Kontrollieren Sie mit der Wörterliste hinten im Buch.**

17 **Aussprache von** *ch*

1.39

a) Was hören Sie? Kreuzen Sie an.

1. ☐ die Küche ☐ kochen
2. ☐ die Bücher ☐ das Buch
3. ☐ die Nächte ☐ die Nacht
4. ☐ die Töchter ☐ die Tochter

b) Hören Sie noch einmal und sprechen Sie nach.

18 **Der Umzug. Ergänzen Sie die Sätze und lösen Sie das Rätsel.**

1. Die .... ist schon in der neuen Wohnung.

2. Der Schreibtisch und der .... stehen im Arbeitszimmer.

3. Armer Bernd! Sein Rücken macht Probleme. Der .... war sehr schwer.

4. In der Küche steht der .... Wir können jetzt essen.

5. Der .... ist breit und lang.

6. Der *Fernseher* .... steht im Wohnzimmer.

7. Die Bücher von Sonja kommen in das ....

	1	W	A			M	A				
2	C			P							
3					D						
4	K				T						
5		L									
6	F	E	R	N	S	E	H	E	R		
7	B										

Lösungswort: *die* ....

19 **Nach dem Umzug**

a) Was ist da? Was fehlt? Schreiben Sie Sätze.

1. einen Herd – keinen Kühlschrank: *Ich habe einen Herd, aber keinen Kühlschrank.* ....

2. ein Sofa – keine Lampe: ....

3. einen Schrank – keine Stühle: ....

4. einen Tisch – kein Bett: ....

5. einen Schreibtisch – keinen Fernseher: ....

6. einen Computer – keine Waschmaschine: ....

b) Was haben Sie? Was haben Sie nicht? Schreiben Sie zwei Sätze.

....

....

20 Die Wohngemeinschaft

Leben heute: Studenten

Wohnen in einer
Wohngemeinschaft

Paula (21), Julia (20), Viola (22) (von links nach rechts)

Das ist Julia. Sie lebt mit Paula und Viola zusammen in einer Wohnung. Sie sind Studentinnen und Freundinnen. Die Wohnung ist in der Nähe von der Universität. Sie ist 120 qm groß und hat vier Zimmer: die Zimmer von Julia, Paula und Viola, eine Küche, ein Wohnzimmer, ein Bad

In Deutschland leben Studenten oft in einer Wohngemeinschaft (WG). Eine Wohngemeinschaft hat zwei oder mehr Personen, man nennt sie Mitbewohner.

und eine extra Toilette. Die Küche ist groß – eine Wohnküche. Hier kochen Julia, Paula und Viola gerne. Sie essen sehr gerne zusammen.
Die Wohnung kostet 850 Euro. Für eine Studentin ist das zu teuer. Für drei Studentinnen ist es o.k.
Die drei Freundinnen finden die WG super!

a) Lesen Sie den Text. Sammeln Sie Informationen über die Wohnung.

120 qm,
....

....

b) Was passt? Verbinden Sie.

Studenten leben **1**	**a**	ein Bad und eine extra Toilette.
Julia, Paula und Viola **2**	**b**	120 qm groß.
Die Wohnung hat **3**	**c**	die WG super.
Die Wohnung ist zentral: **4**	**d**	und essen sie oft zusammen.
Die Wohnung ist **5**	**e**	Sie ist in der Nähe von der Universität.
In der Küche kochen **6**	**f**	850 Euro.
Die Wohnung kostet **7**	**g**	studieren und wohnen zusammen.
Die drei finden **8**	**h**	oft in Wohngemeinschaften.

Fit für Einheit 5? Testen Sie sich!

Mit Sprache handeln

Wohnungen und Häuser beschreiben

Wir haben eine ....

Ich finde die Wohnung ....

▸ KB 1.1, 1.3, 2.2, 3.5

Wortfelder

Wohnung 1. *das Wohnzimmer* .... 3. ....

2. .... 4. .... ▸ KB 2.1

Möbel *der Tisch* ⟍ ⟋ *das Bett*
  Möbel
  ⟋ ⟍ ▸ KB 4.1

Adjektive klein – *groß* .... ; modern – .... ; dunkel – .... ;

leise – .... ; billig – .... ; alt – .... ▸ KB 2.3

Grammatik

Artikel im Akkusativ

Unsere Wohnung hat .... Wohnzimmer, ... Arbeitszimmer,

.... Kinderzimmer, ... Küche, ... Bad und .... Garten.

Ich finde .... Garten schön. ▸ KB 2.3

Possessivartikel im Nominativ

💬 Ist das *deine* .... Tasche?

👄 .... Tasche? Nein, das ist die Tasche von Olga. Es ist .... Tasche. ▸ KB 3.1

Graduierung mit *zu*

Ich finde die Musik zu ....

Der Flur ist .... ▸ KB 2.3

Komposita

der .... Küchenschrank – .... Bürostuhl – .... Bücherregal ▸ KB 4.2

Aussprache

Konsonant *ch*

1.40

das Buch – die Küche – acht – sprechen – auch ▸ KB 5.2

5 Termine

Hier lernen Sie

- Zeitangaben machen (Uhrzeiten/Wochentage)
- Termine machen und sich verabreden
- sich für eine Verspätung entschuldigen
- über Tagesabläufe sprechen

1 Uhrzeiten

a

b

c

d

1 1.43 Die Zeit. **Hören Sie. Welche Fotos passen?**

2 Ü1 Nach Uhrzeiten fragen. **Üben Sie im Kurs.**

Redemittel

nach Uhrzeiten fragen

Wie spät ist es?	Es ist zwei.
Entschuldigung, wie spät ist es?	Es ist zwei Uhr.
Entschuldigung, wie viel Uhr ist es?	Punkt zwei.
	Es ist 14 Uhr.

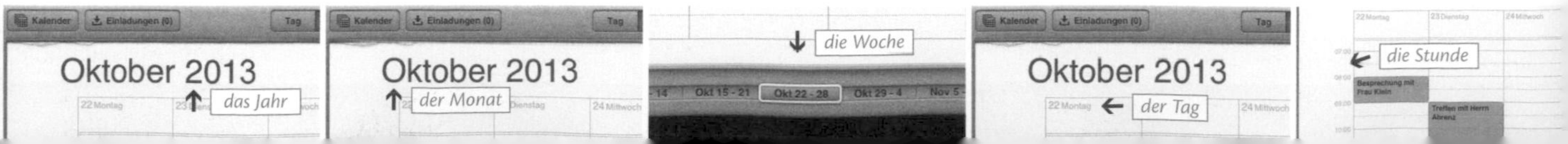

 3 **Ein Terminproblem. Hören Sie und lesen Sie den Dialog. Welches Foto passt?**

1.44

♀ Autohaus Kurz & Klein, Sie sprechen mit Herrn Becker.

♂ Guten Morgen, Herr Becker.

♀ Ach, Frau Ahrenz! Wir hatten einen Termin um neun Uhr. Wo sind Sie?

♂ Tut mir leid. Ich hatte eine Panne. Um 10 Uhr bin ich da.

♀ O. k., dann bis später. Gute Fahrt!

ABC 📖

einundneunzig

 _das Wochenende_

 ↓ _der Termin_   _der Kalender_

 _die Uhr_   _der Wecker_

2 Wochentage und Zeiten

1 Wochentage. **Hören Sie und sprechen Sie nach.**

1.45

2 Uhrzeiten – formell und informell

Ü2–3

a) Lesen Sie und vergleichen Sie.

das Frühstück   das Mittagessen   das Abendessen

Es ist ...

| 7 Uhr. | 12 Uhr 30. | 13 Uhr 45. | 20 Uhr 15. | 21 Uhr 55. | 22 Uhr 10. |
| sieben. | halb eins. | Viertel vor zwei. | Viertel nach acht. | fünf vor zehn. kurz vor zehn. | zehn nach zehn. kurz nach zehn. |

b) Hören Sie und markieren Sie die Uhrzeiten in a).

1.46

3 Über Tagesabläufe sprechen. **Arbeiten Sie zu zweit. Fragen Sie und antworten Sie.**

Ü4–6

aufstehen

frühstücken

arbeiten

Sport machen

ausgehen

ins Bett gehen

1. Wann stehst du am Sonntag auf?
2. Und wann stehst du am Montag auf?
3. Um wie viel Uhr frühstückst du?
4. Wann machst du Mittagspause?
5. Von wann bis wann arbeitest du?
6. Wann gehst du am Freitag aus?
7. Wann machst du Sport?
8. Wann gehst du ins Bett?

> Von Viertel nach zwölf bis Viertel vor zwei.

> Am Sonntag um neun.

> Um 23 Uhr.

> Zwischen eins und zwei.

Minimemo

am + Tag
um + Zeit
von ... bis ...
zwischen ... und ...

4 **Satzakzent. Hören Sie die Fragen. Markieren Sie die Melodie und sprechen Sie nach.**

1.47

1. Wann stehst du am Sonntag auf?
2. Von wann bis wann hattest du Urlaub?

3. Wann machst du Mittagspause?
4. Wann gehst du ins Bett?

 5 **Sprachschatten**

a) Ihre Partnerin / Ihr Partner erzählt. Spielen Sie Echo.

💬 Morgens stehe ich um sechs Uhr dreißig auf.
💬 Ich arbeite von neun bis fünf.
💬 Am Samstag arbeite ich auch.

👄 Aha, du stehst um sechs Uhr dreißig auf.
👄 Ach so, du arbeitest von neun bis fünf.
👄 Oh, du arbeitest auch am Samstag.

b) Berichten Sie.

> Sie steht um sechs Uhr dreißig auf.
> Sie arbeitet von neun bis …

6 **Wörter mit _k_ und _g_ am Ende**

1.48 Ü7

a) Hören Sie und lesen Sie. Vergleichen Sie.

Gladbeck – Luxemburg – Nürnberg – Glück – Sonntag – Lübeck

b) Hören Sie noch einmal und sprechen Sie nach.

7 **Im Bürgerbüro. Wann sind die Öffnungszeiten im Bürgerbüro Kassel?**

Ü8

Landeskunde

Öffnungszeiten in Deutschland

Supermärkte haben meistens von 9 bis 20 Uhr geöffnet. Banken haben am Samstag geschlossen. Am Sonntag haben alle Geschäfte geschlossen. Nur an Bahnhöfen und Tankstellen kann man einkaufen. Essen gibt es in Restaurants meistens nur bis 22 oder 23 Uhr. Die meisten Ärzte haben am Mittwochnachmittag geschlossen.

8 **Essenszeiten interkulturell. Wer isst wann? Vergleichen Sie und ergänzen Sie.**

Mittagessen
In Deutschland: zwischen 12 und 13 Uhr
In Frankreich: zwischen 13 und 15 Uhr
In …

Abendessen
In Deutschland: 18 – 20 Uhr
In Frankreich: 20 – 22 Uhr
In …

> Abendessen gibt es bei uns zwischen … und …

ABC

3 Termine und Verabredungen

1 Tageszeiten und Begrüßungen interkulturell.
Ü9 **Was sagt man wann? Und bei Ihnen?**

6 bis 10	10 bis 12	12 bis 14	14 bis 18	18 bis 22	22 bis 6
der Morgen	der Vormittag	der Mittag	der Nachmittag	der Abend	die Nacht

Guten Morgen! ◀——————— Guten Tag! ————————▶ Guten ....! Gute ....!

....

2 Beim Arzt

🔊 **a) Hören Sie. Wann ist der Termin?**
1.49 **Schreiben Sie.**

b) Lesen Sie und spielen Sie den Dialog.

Dr. Irina Kittelbach
Hausärztin
Telefon 03641/69 9999
Sprechzeiten: Di – Do 8.00 – 12.00 Uhr
Mo, Di, Do 13.00 – 18.00 Uhr

Datum	Uhrzeit

🗨 Praxis Dr. Kittelbach. Guten Morgen.
🗨 Guten Morgen, Albertini. Ich hätte gern einen Termin.
🗨 Waren Sie schon einmal hier?
🗨 Äh, nein.
🗨 Hm, Moment ... nächste Woche
  Montag um 9.30 Uhr?
🗨 Nein, da kann ich leider nicht,
  da arbeite ich. Geht es auch um 15 Uhr?
🗨 Ja, das geht auch. Also, am Montagnachmittag
  um drei. Auf Wiederhören!
🗨 Auf Wiederhören!

c) Üben Sie den Dialog:
  andere Namen, andere Termine.

3 Im Beruf

🔊 **a) Hören Sie und üben Sie zu zweit.**
1.50
Ü10 🗨 Bergmann & Co, mein Name ist Gomez.
  Was kann ich für Sie tun?
🗨 Morgen Frau Gomez, hier ist Andreas Kowalski.
  Ich komme etwas später, ich stehe im Stau.
🗨 Wo sind Sie denn?
🗨 Auf der Autobahn bei Leipzig. Ich bin in einer
  Stunde in Dresden, um zehn.
🗨 Gut, Herr Kowalski. Danke für den Anruf und gute Fahrt.

b) Üben Sie den Dialog: andere Namen, andere Termine.

Oktober 2013 | Oktober 2013

4 *p* oder *b*? **Hören Sie und sprechen Sie nach. Finden Sie andere Wörter.**

1.51

Papier – Büro   Beruf – Praxis   ab Bochum – ab Paris

5 **In der Freizeit. Sehen Sie die Fotos an**

Ü11 **und lesen Sie die Fragen. Was geht (nicht)?**

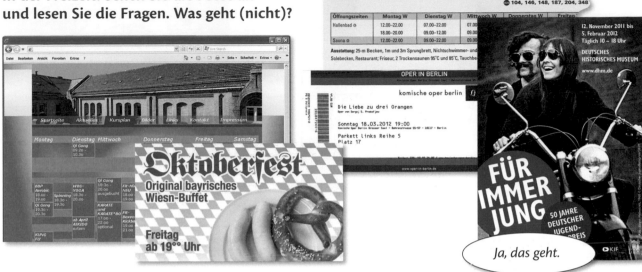

Ja, das geht.

1. Gehen wir am Dienstag um sechs schwimmen / ins Schwimmbad?
2. Gehen wir morgen Nachmittag zum Oktoberfest? Es gibt ein bayrisches Buffet.
3. Gehen wir am Samstagabend in die Oper? Ich möchte die Oper von Prokofjew sehen.
4. Gehen wir am Sonntag um drei ins Museum?
5. Gehen wir am Montag ins Fitness-Studio? Um halb sieben gibt es einen Yoga-Kurs.

Nein, das geht leider nicht.

6 **Anja ruft Hannah an**

Ü12

a) **Führen Sie den Dialog.**

◌ Hallo, Anja! Gehen wir zusammen ins Kino?
◌ Ja gern, wann denn?
◌ Morgen Abend? Der Film fängt um 20 Uhr an.

◌ Ja, das geht.   ◌ Nein, das geht nicht. Morgen kann ich nicht.
◌ Und am Freitag?
◌ Freitag ist gut.

◌ Um wie viel Uhr treffen wir uns?
◌ Um sieben?
◌ O.k., tschüss, bis dann!

 b) **Üben Sie zu zweit: andere Wochentage, andere Orte und Zeiten.**

| Minimemo | in die Disko · in den Zoo ins Fitness-Studio · ins Café in die Stadt · ins Stadion |

ABC

4 Keine Zeit!

1 Zu spät … **Üben Sie Entschuldigungen.**

*Ich hatte eine Panne …
Nein, der Zug hatte Verspätung …
Äh. Ich war beim Arzt!*

*Wo warst du?
Wir warten seit sieben!*

*Entschuldigung,
ich war beim Zahnarzt.*

 2 Ich hatte keine Zeit. Präteritum von *haben*.
16.2 Ü13–14 **Hören Sie das Gedicht und lesen Sie laut.**

1.52

*Ich hatte keine Zeit.
Du hattest viel Zeit.
Er hatte ein Auto.
Es hatte eine Panne.
Sie hatte kein Telefon.
Wir hatten ein Problem.
Ihr hattet keine Probleme.
Sie hatten kein Glück.*

3 Trennbare Verben. **Schreiben Sie Fragen und Antworten.**

4   Ü15–17

 an ‹‹ rufen   an ‹‹ fangen   auf ‹‹ stehen 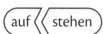   aus ‹‹ gehen

1. ◯ Wann **rufst** du **an**?
   ◔ Ich rufe morgen an.
   ◯ Rufst du morgen an?

2. ◯ Wann **fängt** das Kino **an**?
   ◔ …

4 Termine absagen

17   Ü18

a) **Wo steht *nicht*? Markieren Sie.**

1. Am Sonntag kann ich nicht.
2. Am Freitag? Nein, das geht nicht.
3. Um fünf kann ich nicht.
4. Ich gehe am Sonntag nicht aus.

Kommst du am Freitag?

*Nein, ich komme
am Freitag nicht!*

Kommst du nicht mit?

Nein, ich komme nicht mit.

 b) **Sagen Sie die Termine ab. Verwenden Sie die Sätze aus a).**

1. Gehen wir am Freitag schwimmen?
2. Kannst du am Sonntag?
3. Treffen wir uns um fünf Uhr?

4. Gehen wir am Sonntag ins Café?
5. Kommst du um fünf nach Hause?
6. Wir gehen am Freitag ins Theater. Kommst du mit?

5 Ein Rollenspiel: sich verabreden

a) Hören Sie die Fragen und Antworten. Sprechen Sie nach.

1.53

b) Wählen Sie eine Karte aus und üben Sie zu zweit den Dialog.

> **Machen Sie einen Termin beim Zahnarzt.**
> Sie können am Montagmorgen und am Dienstagabend.

> **Ein Kinobesuch. Machen Sie einen Termin.**
> Der Film beginnt um 19.45 Uhr.

> **Machen Sie einen Termin beim Friseur.**

Redemittel

um einen Termin bitten	**einen Termin vorschlagen**
Haben Sie einen Termin frei?	Geht es am Freitag um 9.30 Uhr?
Kann ich einen Termin bekommen?	Geht es in einer Stunde?
Ich hätte gern einen Termin.	Können Sie am Freitag um halb zehn?
Gehen wir am Freitag ins Kino?	Treffen wir uns am ... um ...?

ablehnen ☹

Tut mir leid,   das geht nicht. Da haben
             wir keine Termine frei.
             das passt mir nicht.

Da muss ich arbeiten.
Am Freitagabend kann ich leider nicht,   aber am Samstag.
Um neun geht es leider nicht,   aber um zehn.

zustimmen ☺

Ja, das passt gut.
Ja, das geht.

---

6 Pünktlichkeit interkulturell

> Das ist (noch) pünktlich /
> sehr unpünktlich.

a) Was ist für Sie „pünktlich"?

1. Die Party beginnt um acht. Sie kommen um halb neun.
2. Der Zug hat acht Minuten Verspätung.
3. Der Kurs beginnt um acht. Sie kommen um fünf nach acht.
4. Ihre Freunde kochen. Das Essen fängt um 19 Uhr an. Sie kommen 20 Minuten später.

b) Lesen Sie den Text. Was denken Sie?

Anni Fayolle studiert in Tübingen. Sie schreibt über die Deutschen und die Pünktlichkeit.

Sind die Deutschen wirklich so pünktlich?

Alle sagen, die Deutschen sind sehr pünktlich. Aber ich glaube das nicht. Ich fahre oft Bahn. Die Züge sind modern und meistens pünktlich, aber manchmal haben sie auch zwanzig Minuten Verspätung. In Frankreich sind die Züge nicht so modern, aber sie sind pünktlich. In Deutschland hast du um zwei einen Termin beim Zahnarzt und du wartest bis drei. Viele Partys beginnen um acht, aber die Leute kommen erst um halb neun oder neun. Ich glaube, die Deutschen sind genauso pünktlich oder unpünktlich wie die anderen Europäer auch.

ABC

1 Nach der Uhrzeit fragen. **Was sagen die Personen? Schreiben Sie.**

2 Termine

a) **Wie heißen die Wochentage? Schreiben Sie.**

Mo ....   Fr ....

Di ....   Sa ....

Mi ....   So *Sonntag* ....

Do ....

b) **Hören Sie und notieren Sie die Termine.**
1.41

16 228-137 ☽ Montag	**17** 229-136 Dienstag	**18** 230-135 Mittwoch	**19** 231-134 Donnerstag	**20** 232-133 Freitag
Termine 7	7	7	7	7
8 *8°° Zahnarzt*	8	8	8	8
9	9	9	9	9
10	10	10	10	10
11	11	11	11	11
12	12	12	12	12
13	13	13	13	13
14	14	14	14	14
15	15	15	15	15
16	16	16	16	16
17	17	17	17	17
18	18	18	18	18
19	19	19	19	19
20	20	20	20	20

3 Wie spät ist es?

a) **Zeichnen Sie die Uhrzeiten ein.**

 1. Es ist zwanzig nach eins.

 3. Es ist Viertel vor drei.

5. Es ist Punkt vier.

 2. Es ist halb sieben.

4. Es ist fünf nach fünf.

 6. Es ist zehn vor acht.

b) Schreiben Sie. Es gibt mehrere Möglichkeiten.

1 2 3 4 5 6 7 8

1. Es ist 8.30 Uhr / halb neun. .... 5. ....

2. .... 6. ....

3. .... 7. ....

4. .... 8. ....

c) Hören Sie und notieren Sie die Uhrzeiten.

1.42

1. .... 3. .... 5. ....

2. .... 4. .... 6. ....

4 **Der Tagesablauf. Ordnen Sie zu und schreiben Sie die Antworten.**

a   Um Viertel nach sechs. ....

Wann arbeitet Sascha?   1

Wann steht sie auf?   2   b   ....

Wann geht sie ins Bett?   3

Wann frühstückt sie?   4

c   ....

d   ....

5 Tagesabläufe international. **Lesen Sie und schreiben Sie Fragen und Antworten.**

José lebt in Malaga. Das ist in Spanien. Er steht jeden Tag um 8 Uhr auf, dann frühstückt er. Von 9.30 bis 19.30 Uhr arbeitet er. Zwischen 12 und 14 Uhr macht er eine Pause. Am Dienstag macht er Sport, er spielt Tennis. Um 21 Uhr geht er mit Freunden aus. Er geht um 24 Uhr ins Bett.

My kommt aus China. Sie steht jeden Tag um 5 Uhr auf. Von 5.15 bis 6 Uhr macht sie Yoga. Um 6.15 Uhr frühstückt sie. Von 7.30 bis 16 Uhr arbeitet My. Um 18 Uhr liest sie Zeitung. Sie geht um 22 Uhr ins Bett.

1. Wann steht José auf? _Um 8 Uhr._...

2. Von wann bis wann arbeitet er? ....

3. Wann macht er eine Pause? ....

4. .... My macht von 5.15 bis 6 Uhr Yoga.

5. .... Sie arbeitet von 7.30 bis 18 Uhr.

6. .... Sie geht um 22 Uhr ins Bett.

6 Flüssig sprechen

a) Was machen Sie wann? Ergänzen Sie.

1. Am .... frühstücke ich um .... Uhr.

2. Am .... arbeite ich von .... bis .... Uhr.

3. Um .... Uhr habe ich Mittagspause.

4. Am .... mache ich von .... bis .... Uhr Sport.

5. Ich gehe um .... Uhr ins Bett.

b) Hören Sie und sprechen Sie nach.
1.43

c) Und am Sonntag? Schreiben Sie.

7 *ck* oder *g?*

a) Was schreibt man am Ende? Ergänzen Sie.

1. der Vormitta........ – das Frühstü........

2. der Monta........ – Lübe........

3. das Glü........ – der Sonnta........

b) Hören Sie und sprechen Sie nach.
1.44

Oktober 2013   Oktober 2013

8 Ein Termin beim Finanzamt

a) Ergänzen Sie die Präpositionen.

| am – am – Am – um – um – von ... bis ... |

🗩 Finanzamt München, mein Name ist Brauer. Was kann ich für Sie tun?

🗩 Guten Tag, mein Name ist Prager. Ich hätte gern einen Termin. Haben Sie .... Dienstag Sprechzeiten?

🗩 .... Dienstag? Ja, da sind unsere Sprechzeiten .... 7.30 .... 12 Uhr.

🗩 Gut, geht es .... 10 Uhr?

🗩 Ja, 10 Uhr geht.

🗩 Schön, dann komme ich .... Dienstag .... 10 Uhr.

b) Hören Sie und kontrollieren Sie.

1.45

9 Tageszeiten

a) Was sagen Sie wann? Verbinden Sie.

6 bis 10 Uhr

10 bis 12 Uhr   Guten Abend!

12 bis 14 Uhr   Guten Morgen!

14 bis 18 Uhr   Gute Nacht!

18 bis 22 Uhr   Guten Tag!

22 bis 6 Uhr

b) Ergänzen Sie die Tageszeiten.

der Morgen

....

....

....

....

....

10 Textkaraoke

1.46

a) Hören Sie und sprechen Sie die 🗨-Rolle im Dialog.

🎧 ...

🗨 Guten Tag. Mein Name ist ... Ich hätte gern einen Termin.

🎧 ...

🗨 Nein.

🎧 ...

🗨 Um acht Uhr kann ich leider nicht. Geht es auch um 14 Uhr?

🎧 ...

🗨 Danke und auf Wiederhören!

🎧 ...

b) Hören Sie und lesen Sie noch einmal. Was ist richtig? Kreuzen Sie an.

Der Termin ist   ☐ am Mittwochmorgen.
                      ☐ am Mittwochnachmittag.

11 Nach der Uhrzeit fragen. **Schreiben Sie.**

1. 💬 *Um wie viel Uhr* ....?

   👂 Das Kulturfest fängt um eins an.

2. 💬 *Wann* ....?

   👂 Das Wasserfest ist am Freitagnachmittag von 12 bis 19 Uhr.

3. 💬 ....?

   👂 Die Sprechzeiten sind am Mittwoch zwischen 8 und 15 Uhr.

4. 💬 ....?

   👂 Der Yoga-Kurs für Männer ist am Mittwochabend um acht.

12 Gehen wir aus?

a) **Lesen Sie und ergänzen Sie den Dialog.**

> von 15 bis 17 Uhr – Gehen – bis Sonntag – Ja, gern – das geht

💬 Hallo, Thomas! .... wir zusammen ins Konzert?

👂 .... Wann denn?

💬 Am Sonntag. Das Konzert ist ....

👂 Ja, ... Um wie viel Uhr treffen wir uns?

💬 Um halb drei?

👂 Okay. Dann ....!

b) **Lesen Sie den Dialog noch einmal und ergänzen Sie den Notizzettel.**

> Konzert
>
> am .... (von .... bis .... Uhr)
>
> mit .... , treffen um .... Uhr

c) **Schreiben Sie einen Dialog wie in a).**

Hallo, ... Gehen wir ...? →

← Ja ... / Wann?

Am ... / ... von ... bis ... →

← Ja ... / Um wie viel Uhr?

Um ...? →

← Okay. Dann ...

Bis ...

> + Hallo, Julia. Gehen wir zusammen in die Disko?
>
> – ...

13 Gestern und heute. **Ergänzen Sie *haben* oder *hatten*.**

1. Gestern *hatte* ich keine Zeit,

   aber heute *habe* ich viel Zeit.

3. Gestern .... du kein Glück,

   aber heute .... du viel Glück.

2. Gestern .... wir eine Panne,

   aber heute .... wir keine Panne.

4. Gestern .... er kein Geld,

   aber heute .... er viel Geld.

14 Wir hatten eine Panne. **Ergänzen Sie das Präteritum von *haben* und *sein*.**

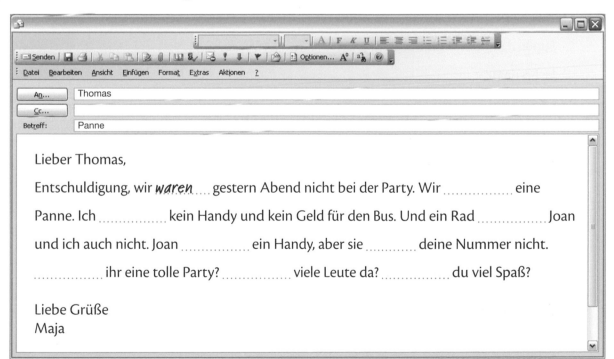

Lieber Thomas,

Entschuldigung, wir *waren* gestern Abend nicht bei der Party. Wir .... eine

Panne. Ich .... kein Handy und kein Geld für den Bus. Und ein Rad .... Joan

und ich auch nicht. Joan .... ein Handy, aber sie .... deine Nummer nicht.

.... ihr eine tolle Party? .... viele Leute da? .... du viel Spaß?

Liebe Grüße
Maja

15 Textkaraoke. **Hören Sie und sprechen Sie die 👄-Rolle im Dialog.**

1.47

🦻 …

👄 Ich stehe um sieben Uhr auf.

🦻 …

👄 Ich fange zwischen acht und neun Uhr an.

🦻 …

👄 Ich gehe um neun aus.

16 Ein Tag von Robert. **Schreiben Sie Sätze.**

1. um 7.30 Uhr aufstehen   *Robert* (*steht* ⟨ *um 7.30 Uhr* (*auf*)

2. um 9 Uhr im Büro anfangen   (⟨ ( )

3. am Nachmittag einkaufen   (⟨ ( )

4. dann eine Freundin anrufen   (⟨ ( )

5. mit Freunden ausgehen   (⟨ ( )

17 Eine Verabredung. **Ergänzen Sie.**

> kaufe … ein – fängt … an – Sehen … an –
> rufe … an – ~~gehen … aus~~

💬 Hi, Robert! Hier ist Gitte.

👆 Hallo, Gitte.

💬 Robert, wann *gehen* wir wieder zusammen *aus* ? Hast du heute Zeit?

👆 Ja, heute geht es. .... wir uns den Film von Woody Allen ....?

💬 Ja, gern. Ich .... auch noch Sabine .... Wann .... der Film ....?

👆 Um 20.45 Uhr. Ich .... schnell .... und wir kochen Spaghetti. Dann gehen wir ins Kino.

💬 Super, dann treffen wir uns um sechs?

👆 Ja. Bis dann!

18 Zwei Tage von Ulrike. **Schreiben Sie die Sätze mit** *nicht.*

Ich stehe um 5.45 Uhr auf und jogge um 6 Uhr.
Ich frühstücke um 6.45 Uhr.
Ich arbeite von 9 bis 18 Uhr. Von 12.30 bis
13.15 Uhr mache ich Mittagspause.
Ich habe viele Termine. Ich telefoniere oft.
Ich gehe um 23 Uhr ins Bett.
Ich lebe gesund.

Aber im Urlaub stehe ich nicht um 5.45 Uhr auf und jogge nicht
um 6 Uhr. Ich ....

....

....

....

....

Fit für Einheit 6? Testen Sie sich!

Mit Sprache handeln

Zeitangaben machen

💬 ....? 👄 .... ▸ KB 1.2, 2.2–2.3

Termine machen und sich verabreden

💬 Gehen wir zusammen ins Kino?
👄 Ja, gern. Am Dienstagabend?

☺ 💬 .... ↙   ☹ 💬 .... ↘   ▸ KB 3.2–3.6, 4.5

sich für eine Verspätung entschuldigen

💬 Wo warst du?   👄 Entschuldigung, ...   ▸ KB 4.1

Wortfelder

Wochentage, Tageszeiten und Uhrzeiten

Mo, 8.30 Uhr *Montagvormittag, halb neun*   Mi, 16.45 Uhr ....

Do, 19 Uhr ....   So, 10.30 Uhr ....

▸ KB 1.2, 2.1, 2.2, 3.1

Grammatik

Temporale Präpositionen

am Dienstag .... 20 Uhr, ... Sonntag .... 20.15 .... 21.45 Uhr   ▸ KB 2.3

Präteritum von *haben*

ich *hatte* ; du ....; er/es/sie ....; wir ....; ihr ....; sie/Sie ....   ▸ KB 4.2

Trennbare Verben

Wann stehst du morgen auf? *aufstehen*   Ich rufe dich am Dienstag an. ....

Der Film fängt um acht Uhr an. ....   Gehen wir heute Abend aus? ....   ▸ KB 4.3

Verneinung mit *nicht*

Am Freitag arbeite ich. ....   Ich gehe oft aus. ....   ▸ KB 4.4

Aussprache

1.48

Konsonanten *k, g* und *p, b*

das Frühstück – der Nachmittag   die Pause – der Beruf   ▸ KB 2.6, 3.4

6 Orientierung

Hier lernen Sie

▶ sagen, wo Leute wohnen und arbeiten
▶ sagen, wie Leute zur Arbeit kommen
▶ in einem Haus nach dem Weg / nach einer Person fragen
▶ einen Arbeitsplatz im Büro beschreiben
▶ Termine machen

1 Arbeiten in Leipzig

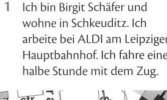

1 Ich bin Birgit Schäfer und wohne in Schkeuditz. Ich arbeite bei ALDI am Leipziger Hauptbahnhof. Ich fahre eine halbe Stunde mit dem Zug.

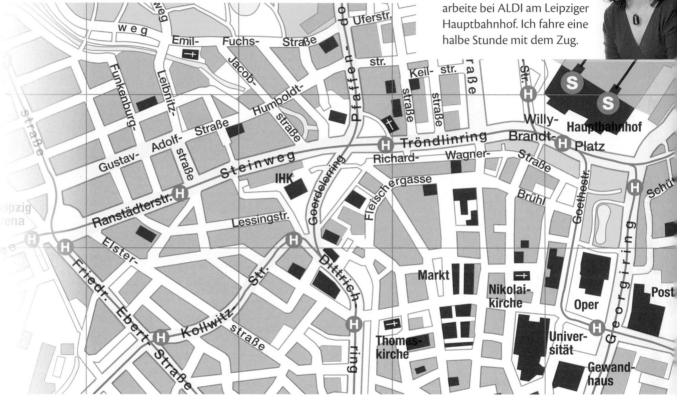

1 **Wortfeld Stadt. Sammeln Sie Wörter mit Artikel. Der Stadtplan hilft.**

die Bibliothek, das Hotel, die Oper, ...

2 **Informationen sammeln. Lesen Sie die Texte und ergänzen Sie die Tabelle.**
Ü1

Name	wohnt	arbeitet	braucht	fährt
Marco Sommer	in Markkleeberg	bei der	20 Minuten	mit der ....

 3 **Informationen hören und vergleichen. Welche Informationen sind neu?**
1.54

mit der U-Bahn

mit dem Bus

mit dem Moped

mit der Straßenbahn

mit dem Fahr...

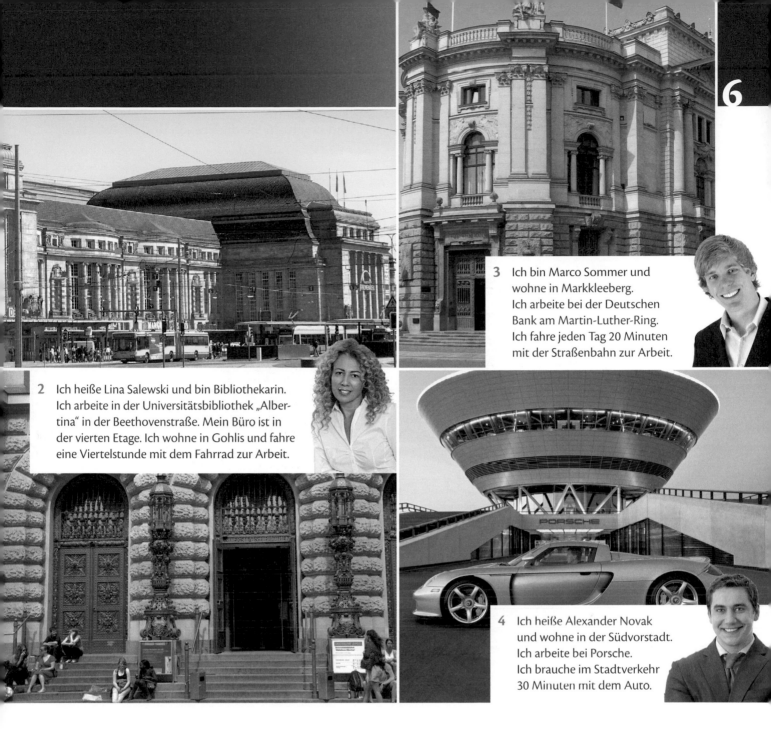

3 Ich bin Marco Sommer und wohne in Markkleeberg. Ich arbeite bei der Deutschen Bank am Martin-Luther-Ring. Ich fahre jeden Tag 20 Minuten mit der Straßenbahn zur Arbeit.

2 Ich heiße Lina Salewski und bin Bibliothekarin. Ich arbeite in der Universitätsbibliothek „Albertina" in der Beethovenstraße. Mein Büro ist in der vierten Etage. Ich wohne in Gohlis und fahre eine Viertelstunde mit dem Fahrrad zur Arbeit.

4 Ich heiße Alexander Novak und wohne in der Südvorstadt. Ich arbeite bei Porsche. Ich brauche im Stadtverkehr 30 Minuten mit dem Auto.

4 **Wo Leute arbeiten. Wie Leute zur Arbeit kommen. Fragen Sie und berichten Sie.**

Ü2–4

> Wo wohnen Sie und wo arbeiten Sie?

> Ich wohne in ... und arbeite bei ...

> Wie kommen Sie zum Deutschkurs?

> Ich komme mit der Straßenbahn. Und Sie?

Redemittel

sagen, wo man wohnt und wie man zur Arbeit kommt

Pavel	wohnt in ...		
Maria	arbeitet bei/in ...		
Er/Sie	kommt/fährt	mit dem Bus mit der U-Bahn mit dem Zug	zur Arbeit. zum Sprachkurs.

ABC

einhundertsieben

mit dem Zug

mit der Fähre

mit dem Motorrad

mit dem Auto

zu Fuß

2 In der Unibibliothek

1 Die Biblioteca Albertina. **Lesen Sie den Text und ergänzen Sie die Fragen und Antworten.**
Ü5

Die „Albertina" ist die Bibliothek der Universität Leipzig. Das Haus in der Beethovenstraße 6 ist alt, aber die Bibliothek ist sehr modern. Viele Studentinnen und Studenten arbeiten in den Lesesälen in der ersten Etage.

Die Bibliothek hat auch eine Internetseite. Der Katalog ist online. Unten in der „Cafébar" im Erdgeschoss kann man Kaffee trinken und Sandwiches oder Suppe essen.

Dort sind auch die Garderobe und der Ausgang. In der zweiten Etage findet man die Wörterbücher und die Zeitungen. In der dritten Etage gibt es Gruppenarbeitsräume. Oben in der vierten Etage ist die Verwaltung. Hier ist auch das Büro von Frau Salewski. Sie arbeitet von 7.30 bis 16.00 Uhr.

1. Entschuldigung, wo ist die Unibibliothek?   Die „Albertina" ist ...
2. Entschuldigung, wo sind hier die Wörterbücher?   In der ... Etage.
3. ... ist hier die Cafébar?   In ...
4. Entschuldigung, wo finde ich Frau Salewski?   Das Büro von ...
5. ... ist der Lesesaal?   ...
6. ... der Gruppenarbeitsraum A?   ...

2 *[f]* und *[v]*

a) **Hören Sie die Wörter und markieren Sie** *[f]* **wie** *fahren* **und** *[v]* **wie** *wohnen.*

1.55
Ü6   die Werbung – die Wohnung – zu Fuß – viele – die Verwaltung – vier – Dr. Weber – westlich – das Fahrrad – das Wörterbuch – die vierte Etage – der Füller – die Viertelstunde

b) **Suchen Sie weitere Beispiele.**

3 Orientierung in der Bibliothek

a) Hören Sie und üben Sie zu zweit.

1.56
Ü7–8

Guten Morgen, wo finde ich Frau Salewski?

Moment, das Büro von Frau Salewski ist in der vierten Etage, Zimmer 405.

Entschuldigung, wo ist der Lesesaal?

In der zweiten Etage, links und rechts.

Entschuldigung, wo sind hier die Toiletten?

Im Erdgeschoss und in der zweiten Etage.

Wo ist bitte die Garderobe?

Hier im Erdgeschoss rechts.

b) Üben Sie: andere Fragen, andere Antworten.

Redemittel	nach dem Weg / der Person fragen		so kann man antworten
	Wo ist/sind bitte ... In welcher Etage ist/sind ... Entschuldigung, wo finde ich ...	der/den Ausgang? die Verwaltung? die Gruppenräume? die Toiletten? der/den Lesesaal?	Im Erdgeschoss. In der ersten Etage. In der zweiten Etage links. In der dritten Etage rechts. In der vierten Etage. Vor/Hinter dem Haus.

4 Ein Spiel für zwei: In der Bibliothek

a) Notieren Sie zu zweit Räume in einer Bibliothek.

der Lesesaal, die Information, die Verwaltung, das Café, der Ausgang, ...

b) Zeichnen Sie zwei Bibliotheken (A und B). Schreiben Sie die Wörter aus a) hinein.

A

Lesesaal	Zeitungen
Toiletten	Verwaltung
Information	Gruppenräume
Café	Ausgang

B

	Information

c) Was ist wo? Fragen Sie Ihre Partnerin / Ihren Partner.

🗨 Sind die Gruppenräume B in der zweiten Etage? ☺ Nein.
🗨 Ist das Café im Erdgeschoss? ☺ Ja, das Café ist ...
🗨 Ist der Lesesaal in der dritten Etage links? ☺ ...

5 Orientierung in der Sprachschule. **Fragen und antworten Sie.**

Entschuldigung, wo ist das Sekretariat?

Das Sekretariat ist im Erdgeschoss links.

Wo sind bitte ...?

ABC

3 Wo ist mein Terminkalender?

1 Im Büro
Ü9

Lerntipp
Lernen Sie Wörter in Paaren:
die Tastatur und die Maus.

a) **Was ist was? Ordnen Sie zu.**

1. der Monitor
2. der Drucker
3. die Kaffeetasse
4. die Tastatur
5. die Maus
6. der Notizblock
7. der Ordner
8. die Pflanze
9. das Bild
10. die Zeitung
11. das Fenster
12. der Papierkorb

 b) **Hören Sie die Wörter und sprechen Sie nach.**
1.57

2 Was ist wo?
Ü 10

a) Sehen Sie die Fotos an und ordnen Sie zu.

auf dem Notizblock – unter der Zeitung – in der Tasche – neben der Tastatur –
an der Wand – vor den Wörterbüchern – hinter dem Schrank – über dem Schrank –
~~zwischen den Fenstern~~

1 3 5 7

zwischen den
Fenstern ....

2 4 6 8

....

b) Beschreiben Sie das Foto in 1. Die Tabelle hilft.
13

> *Das Bild hängt zwischen den Fenstern.*

> *Der Schlüssel liegt unter der Zeitung.*

Grammatik

Präpositionen + Dativ: Wo ...?

...	ist	auf/unter	der Zeitung.
	liegt	in/neben	dem Regal.
	steht	vor/hinter/an	der Tür.
	hängt	über	dem Tisch.
		zwischen	den Fenstern.

Minimemo

im	=	in dem
am	=	an dem
beim	=	bei dem

3 Wo ist das Buch? Spielen Sie im Kurs.

Eine/r fragt:

> *Ist das Buch unter dem Tisch?*

> *... neben ...*

> *... in der Tasche?*

Die Gruppe antwortet:

> *Kalt!* *Nein!*

> *Warm!* *Heiß!*

ABC

4 Termine machen

1 Terminangaben verstehen

Ü11–12

a) Lesen Sie den Terminkalender von Marco Sommer. Was macht er wann?

))) b) **Hören Sie und notieren Sie den Termin.**
1.58

))) c) **Hören Sie und korrigieren Sie den Arzttermin.**
1.59

2 Ordnungszahlen. **Ergänzen Sie.**

1.	der **erste** Fünfte	am **ersten** Fünften
2.	der zweite	am zweiten
3.	der **dritte**	am **dritten**
6.	der sechste	....
7.	der **siebte**	....
8.	der achte	....
10.	der zehnte	....
17.	der **siebzehnte**	....
20.	der zwanzigste	....
21.	der einundzwanzigste	....

> **Minimemo**
>
> **Nominativ: Zahl + -(s)te**
> Heute **ist** der zwei**te** Fünfte.
> **Dativ:**
> **Zahl + -(s)ten**
> Ich **habe am** zwei**ten**
> Fünften Geburtstag.

3 Geburtstage. **Wann sind Sie geboren? Machen Sie einen Geburtstagskalender.**

Ü13

Name	Geburtstag
Roberto Fabiani	22.8.1973

> Ich bin am zweiundzwanzigsten Achten neunzehnhundertdreiundsiebzig geboren.

> Ich habe am elften Elften Geburtstag.

5 Die Stadt Leipzig – zwischen Bach und Porsche

1 Informationen über Leipzig. **Sammeln Sie Wörter zu den Themen Musik und Wirtschaft.**

Ü14–15

1 Leipzig ist eine Großstadt mit Tradition. Seit 1497 finden hier Messen statt und seit 1409 gibt es die Leipziger Universität. Viele berühmte Leute waren in Leipzig:
5 Johann Wolfgang von Goethe war hier Student. Der Komponist Richard Wagner war Schüler in der Nikolaischule. Johann Sebastian Bach war Kantor an der Thomaskirche und war Leiter vom
10 Thomanerchor. Der Chor existiert auch heute noch und gibt international Konzerte.

Der Thomanerchor

Leipzig ist auch eine Industriestadt. Porsche und BMW produzieren hier
15 Autos. An der Universität studieren Studenten aus der ganzen Welt. Das Stadtzentrum mit Einkaufspassagen, alten Häusern und vielen Restaurants ist für Touristen attraktiv.

20 Musikfans besuchen die Oper und das Gewandhaus oder ein Konzert von den Prinzen.

Konzert mit den Prinzen

Bücherfreunde kommen jedes Jahr im März zur Leipziger Buchmesse.

A LEIPZIGER MESSE		📖 Leipziger Buchmesse

Ihr persönliches Online-Ticket | Your personal online ticket	Johannes Naumann	
Leipziger Buchmesse		
17.03.2011 - 20.03.2011	Weinböhla	
Tageskarte (Online-Ticket) · 10,00 EUR	Deutschland	

Eintrittskarte Leipziger Buchmesse

25 Und noch ein Tipp: Kommen Sie nach Leipzig mit der Bahn. Der Hauptbahnhof ist ein Shopping-Paradies!

Einkaufen im Hauptbahnhof

Musik	Wirtschaft
der Komponist	

2 Mein Tag in Leipzig. **Was interessiert Sie? Machen Sie einen Plan.**

9 – 11 Uhr: …
12 Uhr: Mittagessen im Restaurant

ABC

1 Verkehrsmittel

1.49 a) **Welche Verkehrsmittel hören Sie? Kreuzen Sie an.**

☐ ....

☐ ....

☐ ....

☐ ....

☐ das Motorrad ....

☐ ....

b) **Ordnen Sie die Verkehrsmittel zu.**

| das Auto – der Zug – die U-Bahn – ~~das Motorrad~~ – das Fahrrad – die Straßenbahn |

1.50 **2** **Interviews auf der Straße: „Wie kommen Sie zur Arbeit?" Hören Sie und ergänzen Sie.**

1
Ich arbeite ....
.... in Münster.
Münster ist klein. Ich stehe ....
.... auf. Ich fahre ....
.... zur Arbeit.

3
Ich lebe in Hamburg und
arbeite am Hamburger Hafen.
Ich stehe jeden Morgen ....
.... auf und fahre ....
.... zur Arbeit.

2
Ich arbeite am Max-Planck-
Institut in Jena und wohne
in Weimar. Ich stehe ....
.... auf. Ich fahre eine Viertelstunde ....
.... und ....
zum Institut am Beutenberg.

4
Ich arbeite in Berlin und
lebe in Potsdam. Von Mon-
tag bis Freitag stehe ich .....
.... auf. Potsdam ist südwestlich
von Berlin. Ich fahre ....
.... bis zum Hauptbahnhof und
.... bis zur Arbeit.

3 In der Stadt. Was kennen Sie? Schreiben Sie acht Wörter mit Artikel.

1. ....   5. ....

2. ....   6. ....

3. ....   7. ....

4. ....   8. ....

4 Wo wohnen Sie? Wie kommen Sie zur Arbeit?

a) Ergänzen Sie die Fragepronomen.

.... wohnen Sie? **1**	a	Ich fahre mit dem Fahrrad zum Deutschkurs.
.... fährt morgens Ihr Bus? **2**	b	Ich arbeite im Krankenhaus in Freiburg.
.... fahren Sie nach Hause? **3**	c	Ich wohne in Freiburg.
Wie fahren Sie zur Arbeit? **4**	d	Ich fahre um 17 Uhr nach Hause.
.... arbeiten Sie? **5**	e	Der Bus fährt um 6.55 Uhr.
.... kommen Sie zum Deutschkurs? **6**	f	Ich fahre mit dem Bus zur Arbeit.

b) Was passt zusammen? Verbinden Sie.

c) Und Sie? Wo wohnen Sie und wo arbeiten Sie? Wie kommen Sie zum Deutschkurs?

....

5 **In der Bibliothek**

🔊 **a) Was ist wo? Hören Sie und schreiben Sie.**
1.51

Wo?   Was?

....

....   *die Verwaltung*

....

....

....

das Erdgeschoss   ....

b) Was machen Sie wo? Ordnen Sie die Verben zu.

| lesen – trinken – schreiben – telefonieren – fragen – essen – arbeiten |

1   am Empfang

2   in der Caféteria

3   im Lesesaal

....

....

((• **6** *[f] und [v]*

1.52

a) **Hören Sie die Dialoge. Markieren Sie [f] und [v] .**

1. ♡ Hallo, entschuldigen Sie. Wo finde ich Frau Vierstein?
   ⟲ Sie finden Frau Vierstein in der vierten Etage. Sie arbeitet in der Verwaltung im Zimmer 44.

2. ♡ Frau Freud, wann ist Herr Fürstenfeld in Verden?
   ⟲ Herr Fürstenfeld ist vom 5. bis 15. 05. in Verden.

3. ♡ Hey, Friederike. Um wie viel Uhr fährt der Zug nach Freiburg?
   ⟲ Der Zug fährt um Viertel nach vier.

b) **Hören Sie noch einmal und sprechen Sie nach.**

7 Textkaraoke. **Hören Sie und sprechen Sie die ⟲-Rolle im Dialog.**

1.53

👂 ...
⟲ Ja, wo ist denn bitte die Caféteria?
👂 ...
⟲ In welcher Etage sind die Lesesäle?
👂 ...
⟲ Und die Gruppenarbeitsräume? Wo finde ich die Gruppenarbeitsräume?
👂 ...
⟲ Und ... Entschuldigung, wo sind die Toiletten bitte?
👂 ...
⟲ Vielen Dank!

8 Entschuldigung, wo finde ich ...? **Hier sind die Antworten. Schreiben Sie die Fragen.**

1. ....?

   Das Sekretariat ist in der ersten Etage links, Zimmer 103.

2. ....?

   Die Garderobe ist hier im Erdgeschoss links.

3. ....?

   Die Toiletten? Gleich hier rechts, neben dem Lesesaal.

4. ....?

   Der Ausgang ist hier vorne rechts und dann geradeaus.

5. ....?

   Die Verwaltung finden Sie in der vierten Etage.

6. ....?

   Das Büro von Frau Müller ist in der zweiten Etage, Zimmer 247.

9 Im Büro. **Sammeln Sie Wörter.**

der Monitor

das Büro

die Zeitung

10 Im Studentenwohnheim: vor und nach der Party. **Was ist wo?**

Vor der Party 15:00

Die Gitarre hängt an der Wand.

Nach der Party 4:00

11 Termine bei der Ärztin. **Hören Sie und ergänzen Sie die Termine. Heute ist Montag.**

1.54

Montag, 9. 8.	Dienstag, 10. 8.	Mittwoch, 11. 8.	Donnerstag, 12. 8.	
8	8 00	8 00	8 00 Schulze	
8 15	8 15	8 15 Köhler	8 15	
8 30	8 30 Beckmann	8 30	8 30 Franz	
8 45 Fröhlich	8 45	8 45	8 45	
9 00	9 00	9 00 Yildirim	9 00 Bauer	
9 15 Hermann	9 15	9 15	9 15	
9 30	9 30 Friedrich	9 30	9 30	
9 45 Wozniak	9 45	9 45	9 45	
10 00	10 00	10 00	10 00 Steiner	
10 15	10 15	10 15 Müller	10 15	10 15
10 30	10 30 Lopez	10 30	10 30	10 30
10 45 Finster	10 45	10 45	10 45 Ziegler	10 45
11 00	11 00	11 00 Schmidt	11 00	11 00
11 15	11 15	11 15	11 15	11 15 Schumann
11 30	11 30	11 30	11 30	11 30
11 45	11 45	11 45	11 45	11 45

12 Wann trifft Caroline ihre Freunde? **Lesen Sie und ergänzen Sie.**

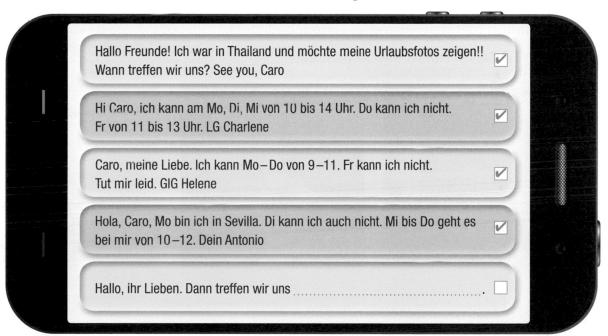

Hallo Freunde! Ich war in Thailand und möchte meine Urlaubsfotos zeigen!!
Wann treffen wir uns? See you, Caro ☑

Hi Caro, ich kann am Mo, Di, Mi von 10 bis 14 Uhr. Do kann ich nicht.
Fr von 11 bis 13 Uhr. LG Charlene ☑

Caro, meine Liebe. Ich kann Mo–Do von 9–11. Fr kann ich nicht.
Tut mir leid. GlG Helene ☑

Hola, Caro, Mo bin ich in Sevilla. Di kann ich auch nicht. Mi bis Do geht es
bei mir von 10–12. Dein Antonio ☑

Hallo, ihr Lieben. Dann treffen wir uns .... ☐

13 Geburtstage der Stars. **Hören Sie und schreiben Sie das Datum.**

1.55

Queen Elisabeth

George Clooney

Heidi Klum

Vitali Klitschko

1. ....   2. ....   3. ....   4. ....

14 **Leipzig. Lesen Sie den Text auf Seite 113 noch einmal. Was ist richtig? Kreuzen Sie an.**

1. Seit wann finden in Leipzig Messen statt?
   a ☐ 1444
   b ☐ 1497
   c ☐ 1494
   d ☐ 1947

2. Was war Richard Wagner in Leipzig?
   a ☐ Er war Schüler in der Nikolaischule.
   b ☐ Er war Sänger in der Nikolaischule.
   c ☐ Er war Komponist in der Nikolaischule.
   d ☐ Er war Student in der Nikolaischule.

3. Was machen BMW und Porsche in Leipzig?
   a ☐ BWM und Porsche informieren über Autos.
   b ☐ BMW und Porsche produzieren Autos.
   c ☐ BMW und Porsche sammeln Autos.
   d ☐ BMW und Porsche kaufen Autos.

4. Was besuchen Musikfans in Leipzig?
   a ☐ Sie besuchen die Oper und das Kino.
   b ☐ Sie besuchen das Theater und die Universität.
   c ☐ Sie besuchen die Oper und Konzerte.
   d ☐ Sie besuchen das Museum und den Bahnhof.

5. Wann ist die Leipziger Buchmesse?
   a ☐ Die Buchmesse ist jedes Jahr im Mai.
   b ☐ Die Buchmesse ist jedes Jahr im August.
   c ☐ Die Buchmesse ist jedes Jahr im März.
   d ☐ Die Buchmesse ist jeden Montag.

15 **Quiz online: Informationen über Leipzig finden**

> die Leipziger Buchmesse –
> das Gewandhaus –
> Johann Sebastian Bach

a) Wer ist das? Wann ist das? Was ist das?

....

b) Finden Sie im Internet drei ...

1. **Kinofilme:**

   ....
   ....

2. **Sehenswürdigkeiten:**

   ....
   ....

3. **Museen:**

   ....
   ....

Fit für Einheit 7? Testen Sie sich!

Mit Sprache handeln

sagen, wo Leute arbeiten und wohnen

Frau Petersen ...._t_ in einem Büro in Berlin und ....*t* in Potsdam. ► KB 1.2

sagen, wie Leute zur Arbeit kommen

mit dem Bus, mit der .... ► KB 1.2, 1.4

in einem Haus nach dem Weg / einer Person fragen

🗨 *Wo* ...., *bitte*? 🗨 Die Toiletten sind im Erdgeschoss.

🗨 *Entschuldigung* ....? 🗨 Das Sekretariat ist in der 2. Etage rechts.

► KB 2.1, 2.3, 2.5

1.56

Termine machen und Zeitangaben verstehen

☐ 10 und 14 Uhr ☐ 7 und 2 Uhr ☐ 10 und 12 Uhr ► KB 4.1

Wortfelder

Verkehrsmittel

die U-Bahn, das Auto, zu Fuß, ... ► KB 1.4

Büro

der Schreibtisch, das Regal, der Monitor, ... ► KB 3.1

Grammatik

Präpositionen mit Dativ

Das Bild hängt .... Wand.

Das Bild hängt .... Schrank.

Die Pflanze steht .... Schrank.

Der Drucker steht .... Schrank.

Die Ordner liegen .... Wörterbüchern. ► KB 3.2

Ordnungszahlen

Das Büro ist in der 3. (.............) Etage. Heute ist der vierundzwanzigste Zwölfte (.............).

► KB 4.2, 4.3

Aussprache

1.57

[ʃ] oder [v]?

vier – wir – waren – fahren ► KB 2.2

1 Berufsbilder

1 Beruf Sekretärin

a) **Wo arbeitet Frau Herbst? Kennen Sie die Firma? Sprechen Sie im Kurs.**

....

b) **Lesen Sie und markieren Sie internationale Wörter.**

Ich bin Sarah Herbst. Ich arbeite als Sekretärin bei der Firma Steiff in Giengen. Steiff produziert Teddybären und Stofftiere. Meine Arbeit ist sehr interessant und ich habe immer viel zu tun. Ich mache alle typischen Büroarbeiten: Texte am Computer schreiben, Telefonate führen, E-Mails schreiben und beantworten, Faxe senden, für meinen Chef Termine machen und viel organisieren. Unsere Firma kooperiert mit vielen nationalen und internationalen Partnern. Für die Geschäftsreisen muss ich Termine koordinieren und Flüge und Hotelzimmer buchen. Oft kommen die Geschäftspartner auch in unsere Firma. Ich organisiere dann die Besprechungen mit meinem Chef, begrüße und betreue die Gäste und schreibe die Protokolle. Kommunikation, Organisation und Fremdsprachenkenntnisse sind wichtig für die Karriere.

c) **Was machen Sekretärinnen? Lesen Sie noch einmal und schreiben Sie zu den Fotos.**

2 Frau Herbst am Telefon. **Machen Sie einen Termin. Hier sind die Stichwörter.**

Herr Schneider – Termin mit dem Chef – Freitag, neun Uhr? – geht nicht – 13 Uhr? – o.k.

3 Beruf Automechatroniker

a) Welche Wörter im Text passen zu den Fotos? Lesen Sie und markieren Sie.

Mein Name ist Klaus Stephan. Ich arbeite als Mechatroniker in einer Autowerkstatt in Emden. Wir sind fünf Kollegen: ein Meister, drei Azubis und ich. Unsere Arbeitszeit ist von 7.30 bis 17 Uhr. Mittagspause machen wir von 12 bis 13 Uhr. Oft arbeiten wir bis 18 Uhr. Am Samstag müssen drei Kollegen bis zum Mittag arbeiten. Wir können wechseln.
Wir machen den Service für alle Audi-Modelle. Meine Aufgaben sind: Diagnose, Termine machen, reparieren und Kunden beraten. Der Service ist wichtig! Die Kunden bringen am Morgen ihre Autos und am Abend können sie sie oft schon abholen. Aber: Guter Service ist nicht billig. Manchmal gibt es Diskussionen mit den Kunden über die Kosten.

b) Welche Informationen sind hier anders? Vergleichen Sie die Texte. Markieren Sie.

Ich bin Klaus Stephan und arbeite als Mechatroniker bei Audi. Wir sind fünf Kollegen: zwei Meister und drei Azubis. Wir arbeiten von Montag bis Freitag von 7.30 bis 17 Uhr mit einer Pause von 12 bis 13 Uhr. Der Samstag ist frei.
Wir machen den Service für alle Audi-Modelle. Meine Aufgaben sind: Diagnose, Termine machen, reparieren und Kunden beraten. Der Service ist wichtig! Die Kunden bringen am Morgen ihre Autos und am Abend können sie sie oft schon abholen. Aber: Guter Service ist teuer. Doch es gibt keine Diskussionen mit den Kunden über die Kosten.

4 In der Autowerkstatt. **Was fragen Kunden? Schreiben Sie die Fragen.**

1. Nein, die Reparatur ist nicht <u>teuer</u>, vielleicht 50 Euro.
2. Leider ist <u>der Motor</u> kaputt.
3. Ihr Auto ist <u>am Dienstagabend</u> fertig.
4. Das kostet <u>220 Euro</u>.
5. Nein, <u>am Samstag</u> geht es nicht.

1. Ist die Reparatur teuer?

2. Was ...

2 Wörter – Spiele – Training

1 Mit dem Auto ins Büro

a) Fragen und antworten Sie.

Ich fahre	mit dem Auto	ins Büro.
	mit dem Bus	zur Schule.
	mit der Straßenbahn	zur Arbeit.
	mit dem Fahrrad	in die Stadt.
	mit dem Zug	zum Einkaufen.
	mit der U-Bahn	zum Sport.
		ins Kino.

Wie kommst du ins Büro?

Ich fahre mit … ins Büro. Und du?

b) Berichten Sie im Kurs.

Carina fährt mit …

2 Eine Wortschatzübung selbst machen

a) Schreiben Sie drei Wörterreihen auf ein Blatt, ein Wort passt nicht in die Reihe.

1. die Tafel – der Computer – das Wörterbuch – die Wohnung
2. fragen – baden – antworten – schreiben
3. hell – alt – zwei – modern

b) Geben Sie das Blatt Ihrer Nachbarin / Ihrem Nachbarn. Welches Wort passt nicht? Sie/Er streicht durch.

3 Partnerwörter

a) Welche Wörter passen zusammen? Ergänzen Sie.

jung – Nacht – antworten – dunkel – Tastatur –
Toilette – Sonntag – lesen – Notizblock – Garage

1. fragen und ....
2. schreiben und ....
3. das Bad und die ....
4. der Samstag und der ....
5. die Maus und die ....
6. der Stift und der ....
7. der Tag und die ....
8. alt und ....
9. hell und ....
10. das Auto und die ....

b) Nomen und Verben. Ergänzen Sie.

1. einen Termin ....
2. eine E-Mail ....
3. im Stau ....
4. ins Bett ....
5. an der Universität ....
6. auf dem Land ....
7. in die Oper ....
8. mit dem Bus ....
9. zur Arbeit ....
10. bei Audi ....

4 Systematisch wiederholen – ein Selbsttest. **Wiederholen Sie die Übungen.**
Was meinen Sie: ☺ oder ☹?

Ich kann auf Deutsch ...	Einheit	Aufgabe	☺ gut	☹ noch nicht so gut
1. eine Wohnung beschreiben	4	3.5	☐	☐
2. acht Möbel nennen	4	4.1	☐	☐
3. Uhrzeiten sagen	5	2.2	☐	☐
4. meinen Tagesablauf beschreiben	5	2.3	☐	☐
5. einen Termin machen	5	3.6	☐	☐
6. sagen, wo etwas ist	6	3.2	☐	☐

5 Konsonantentraining. **Hören Sie und sprechen Sie nach.**

1.60

1. *p* und *b*

die Bahn und die Post – Passau und Bremen – Briefe beantworten und Post prüfen –
Paris besuchen – den Preis bezahlen – Probleme bearbeiten

halb acht – Gib Peter auch etwas. – gelb – Ich hab' dich lieb.

2. *d* und *t*

dreihundertdreiunddreißig – Dativ testen – Tee trinken – der Tisch und die Tür –
Deutsches Theater – tolle Türkei – Touristen dirigieren – danach telefonieren

3. *k* und *g*

im Garten Karten spielen – Kalender kontrollieren – kalte Getränke kaufen –
Grammatik korrigieren – großer Kurs – kommen und gehen

4. *[f]* und *[v]*

Wie viel? – Wohin fahren wir? – nach Wien fahren – in Frankfurt wohnen – viel Wein trinken –
vier Flaschen Wasser

5. *[f]*, *[v]* und *[b]*

viele Fernseher funktionieren nicht – wir wollen vier Bier – viele Berliner frühstücken Frankfurter –
Freunde in Warschau besuchen – viele Flüge finden

Ein Zungenbrecher:
Wenn Fliegen hinter Fliegen fliegen,
fliegen Fliegen Fliegen nach.

6 Scrabble mit Nomen

**a) Ergänzen Sie Nomen. Tauschen Sie dann Ihr Arbeitsblatt mit der Partnerin /
dem Partner und ergänzen Sie die Artikel bei ihren/seinen Nomen.**

```
    B
  U L
S A M S T A G
  N A
  D U
    S
```

b) Wählen Sie ein Wort. Die Partnerin / Der Partner ergänzt weitere Nomen.

3 Filmstation

1 Endlich zu Hause!

6

a) Welche Zimmer gibt es in der Wohnung? Sehen Sie die Szene und schreiben Sie.

1. ....   3. ....   5. ....

2. ....   4. ....

b) Welche Möbel gibt es in der Wohnung? Sehen Sie die Szene noch einmal und schreiben Sie.

> 1. *das Arbeitszimmer: der Schreibtisch,*
> *...*

> 3.

> 2.

> 4.

c) Sehen Sie die Szene noch einmal. Welche Komposita finden Sie? Schreiben Sie.

> *das Schlafzimmer, die Nachttischlampe, ...*

2 Termine im Fitness-Studio machen. **Sehen Sie die Szene und ergänzen Sie.**

7

○ Hallo, Janine. Eine Frage: Kann ich am

.... den neuen Computer-

Fitnesstest machen?

○ ....? Moment ... Nein,

.... geht nicht. ....

auch am Mittwoch? Sagen wir ....?

○ Ich habe .... einen Termin. Geht

das auch ....?

○ Ja, ... geht auch. Kein Problem.

○ Danke, dann ....

 3 Termine im Beruf: eine Gesprächsnotiz schreiben

9

a) **Sehen Sie die Szene und machen Sie Notizen.**

Wer?   *Herr Henning*

Was?

Wann?

Wo?

b) **Vergleichen Sie Ihre Notizen im Kurs.**

c) **Führen Sie den Dialog zu zweit.**

 4 Orientierung im Verlag. **Sehen Sie die Szene. Lesen Sie den Text. Was ist hier anders?**

10 **Schreiben Sie den Text neu.**

Aleksandra Kortmann hat einen Termin bei
Frau Dr. Garve. Sie geht in den Verlag und fragt
am Empfang: „Wo finde ich Frau Dr. Garve?"
Die Dame am Empfang telefoniert mit
Frau Kraft, der Sekretärin, und sagt dann zu
Frau Kortmann: „Das Büro von Frau Dr. Garve
ist im vierten Stock links, Nummer 414."

Alexandra Kortmann hat ...

4 Magazin

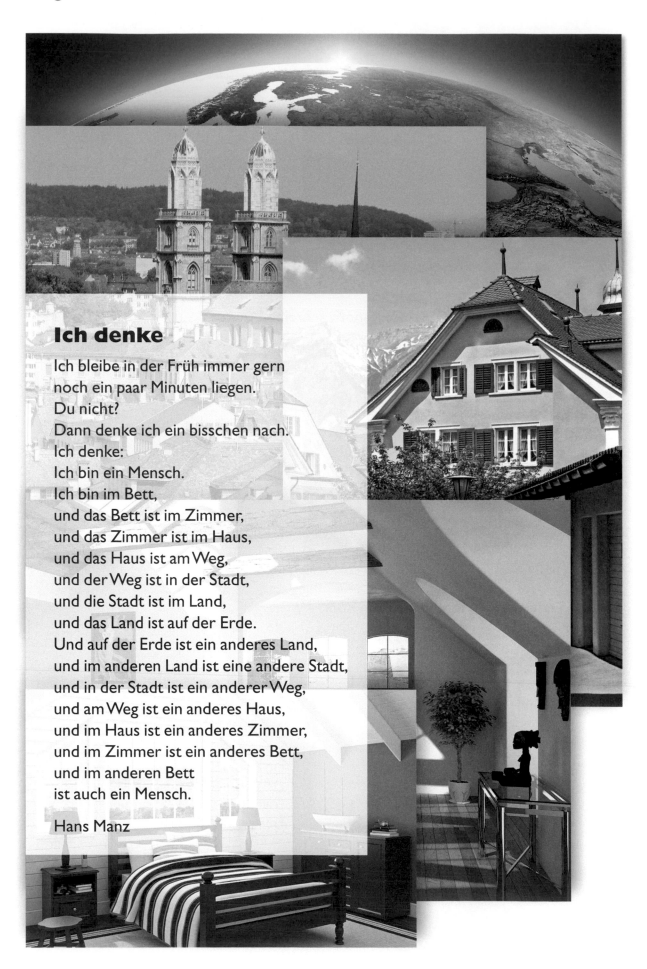

Ich denke

Ich bleibe in der Früh immer gern
noch ein paar Minuten liegen.
Du nicht?
Dann denke ich ein bisschen nach.
Ich denke:
Ich bin ein Mensch.
Ich bin im Bett,
und das Bett ist im Zimmer,
und das Zimmer ist im Haus,
und das Haus ist am Weg,
und der Weg ist in der Stadt,
und die Stadt ist im Land,
und das Land ist auf der Erde.
Und auf der Erde ist ein anderes Land,
und im anderen Land ist eine andere Stadt,
und in der Stadt ist ein anderer Weg,
und am Weg ist ein anderes Haus,
und im Haus ist ein anderes Zimmer,
und im Zimmer ist ein anderes Bett,
und im anderen Bett
ist auch ein Mensch.

Hans Manz

Wie leben die Deutschen?

An einem Tag ...

arbeiten sie
5 Stunden und 18 Minuten

schlafen und entspannen sie
10 Stunden und 24 Minuten

arbeiten sie
2 Stunden und 13 Minuten
im Haushalt

treffen sie
1 Stunde und 36 Minuten
Freunde

machen sie
29 Minuten
Sport

konsumieren sie
5 Stunden und 18 Minuten
Medien (fernsehen, Radio hören,
im Internet surfen, lesen)

spielen sie
14 Minuten
mit den Kindern

gehen sie
15 Minuten
ins Kino, Theater, Konzert,
Museum ...

(Quelle: Statistisches Bundesamt, Forum der Bundesstatistik, Bd. 43/2004)

... und Sie?

7 Berufe

Hier lernen Sie

▶ über Berufe sprechen
▶ Tagesabläufe und Tätigkeiten beschreiben
▶ jemanden vorstellen
▶ eine Statistik auswerten

1 Was machen Sie beruflich?

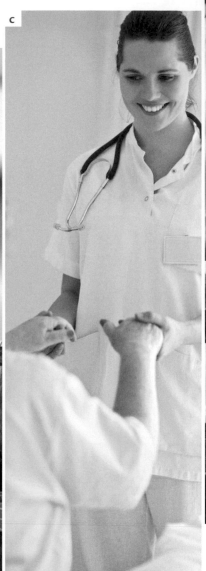

a
b
c
d

1 Berufe. Ordnen Sie die Fotos zu.

Ü1

1. ☐ der Ingenieur
2. ☐ der Programmierer
3. ☐ die Sekretärin
4. ☐ der Taxifahrer
5. ☐ die Krankenschwester
6. ☐ der Koch
7. ☐ die Friseurin
8. ☐ die Floristin

die Werkstatt

der Friseursalon

das Krankenhaus

das Restaurant

e

f

g

h

 2 **Fünf Interviews. Welchen Beruf haben die Personen?**
2.02 Ü2 **Hören Sie und ordnen Sie die Fotos den Namen zu.**

1. ☐ Sascha Romanov ist ...
2. ☐ Dr. Michael Götte arbeitet als ...
3. ☐ Sabine Reimann ist ... von Beruf.
4. ☐ Stefan Jankowski ...
5. ☐ Jan Hartmann ...

> *Sascha Romanov ist Koch.*

3 **Und Sie? Fragen Sie und antworten Sie im Kurs.**
Ü3

Redemittel	**nach dem Beruf fragen**	**seinen Beruf nennen**
	Was sind Sie von Beruf?	Ich bin Student/Köchin/...
	Was machen Sie beruflich?	Ich bin ... von Beruf.
	Was machst du beruflich?	Ich arbeite als ...
	Was ist dein/Ihr Beruf?	
	Und was machst du?	

ABC

einhunderteinunddreißig

das Blumengeschäft

die Baustelle

das Büro

die Firma

131

2 Berufe und Tätigkeiten

1 **Berufe, Tätigkeiten, Orte. Ordnen Sie zu, ergänzen Sie die feminine Form und berichten Sie.**

☑ d	repariert Autos		an einer Schule
☐	unterrichtet Schüler/innen		im Krankenhaus
☐	verkauft Schuhe		in einer Werkstatt
☐	schneidet Haare		im Schuhgeschäft
☐	schreibt Computerprogramme		im Büro
☐	untersucht Patienten		im Friseursalon

Plural

jemand

*Ein Kfz-Mechatroniker /
Eine Kfz-Mechatronikerin
repariert Autos in einer Werkstatt.*

a
Lehrer *der;* -s, -; j-d, der an einer Schule Schüler/innen unterrichtet

b
Verkäufer *der;* -s, -; j-d, der beruflich Dinge verkauft / **Auto-, Möbel-, Schuh-**

c **Arzt** *der;* -es, Ärzte; j-d, der Patienten untersucht / **-praxis**

d **KFZ-Mechatroniker** *der;* -s, -; j-d, der beruflich Maschinen repariert / **Auto-**

e **Friseur** *der;* -s, -e; j-d, der Haare schneidet / **-salon**

f
Programmierer *der;* -s, -; j-d, der beruflich Programme für Computer schreibt

2 **Berufsbezeichnungen. Ergänzen Sie. Wie ist die Regel?**

26 Ü4

🧍	🧍
der *Lehrer*	die ....
der	die *Taxifahrerin* ....
der	die *Studentin* ....

Regel Feminine Berufsbezeichnungen haben

meistens die Endung ....

Minimemo
der Krankenpfleger – die Krankenschwester
der Hausmann – die Hausfrau
der Arzt – die Ärztin

3 **Berufe raten. Lesen Sie laut und ordnen Sie**
Ü5–8 **einen Beruf zu. Achten Sie auf *ng* und *nk*.**

In die Theo-Brinkmann-Straße 43, bitte.

Die Heizung im Auto ist kaputt.

Möchten Sie die Haare lang oder kurz?

Machen Sie die Projektleitung?

Bringen Sie den Eistee in den Kühlschrank?

Das Programm funktioniert nicht!

Welche Krankenkasse haben Sie?

4 Visitenkarten. **Lesen Sie die Visitenkarten. Welche Informationen finden Sie?**

Ü9

Dagmar Garve
Redakteurin Deutsch als Fremdsprache

Cornelsen Verlag
Mecklenburgische Straße 53
14197 Berlin
www.cornelsen.de/daf

Telefon +49 (0) 30 897 85 85 11
Telefax +49 (0) 30 897 85 86 05

dagmar.garve@cornelsen.de

Wolfgang Grumme
Tischlerei

Werkstatt	Privat
Goethestraße 138	Bautzener Straße 11
13086 Berlin-Weissensee	10437 Berlin
tel 030/44 55 66	tel/fax 030/87 43 65
mobil 0179/765 43 21	
wolfgang@grumme.de	

5 Visitenkarten übergeben

a) **Sie haben keine Visitenkarte?**
Dann schreiben Sie eine.

b) **Tauschen Sie die Visitenkarten**
mit Ihrer Partnerin / Ihrem
Partner. Stellen Sie sich vor
(Name, Beruf) und übergeben
Sie die Karten.

Efes-Soft
Software und Systeme

Muhammad Al Thani
Programmierer
Herrenstr. 67
76133 Karlsruhe
Tel.: 0721/913 77 86
E-Mail: info@efes.de

Guten Tag, mein Name
ist Fatma Al Thani.
Ich bin Programmiererin bei Efes-Soft
in Karlsruhe. Hier ist meine Karte.

6 Visitenkarten interkulturell. **Vergleichen Sie.**

ABC

3 Neue Berufe

1 Hypothesen vor dem Lesen: Fotos helfen. **Wählen Sie ein Foto aus 2 oder 3 aus. Welche Verben passen?**

> im Büro arbeiten – trainieren – einen Kurs leiten – Kunden am Telefon beraten – Kurse planen – im Fitness-Studio arbeiten – am Wochenende arbeiten – Tickets reservieren

2 Lesen und Hypothesen prüfen: Beruf Call-Center-Agentin

a) Lesen Sie. Stimmen Ihre Hypothesen in 1?

Vera Klapilová,
31 Jahre, Call-Center-Agentin

Beruf: Call-Center-Agentin

Ich arbeite im Lufthansa-Call-Center in Brünn (Brno) in der Tschechischen Republik. Ich muss beruflich viel telefonieren. Ich kann Tschechisch, Deutsch und Englisch sprechen, also bekomme ich die Anrufe aus Großbritannien, den USA und Deutschland. Meine Kolleginnen und ich sitzen zusammen in einem Büro. Wir beraten unsere Kunden am Telefon, informieren sie über Flugzeiten und reservieren Flugtickets. Wir müssen am Telefon immer freundlich sein, das ist nicht leicht. Unsere Arbeitszeit ist flexibel und wir müssen manchmal auch am Wochenende arbeiten. Ich habe dann wenig Zeit für meine Familie. Meine Tochter ist leider keine Hilfe im Haushalt, sie kann stundenlang telefonieren, aber sie kann nicht kochen!

b) Welche Aussagen sind richtig? Kreuzen Sie an.

1. ☐ Vera Klapilová spricht zwei Fremdsprachen.
2. ☐ Sie arbeitet allein im Büro.
3. ☐ Sie informiert die Kunden über Flugzeiten.
4. ☐ Die Arbeitszeit ist flexibel.
5. ☐ Sie arbeitet am Wochenende nicht.
6. ☐ Ihre Tochter telefoniert lange.

3 Lesen und Hypothesen prüfen: Beruf Sport- und Fitnesskaufmann

Ü10–11

a) Lesen Sie. Stimmen Ihre Hypothesen in 1?

Beruf: Sport- und Fitnesskaufmann

Ich arbeite in einem Fitness-Studio in Berlin. Mein Beruf ist interessant. Ich bin Trainer und leite Aerobic-Kurse. Ich muss die Sportgeräte kontrollieren und unsere Mitglieder beraten. Ich plane die Sportkurse und organisiere Partys. Meine Arbeitszeit ist von 10 bis 20 Uhr mit zwei Stunden Mittagspause. Ich arbeite oft am Samstag, aber am Sonntag muss ich nicht arbeiten. Leider kann ich meine Freundin nicht oft treffen. Sie ist auch Aerobic-Trainerin. Im nächsten Jahr können wir zusammen als Animateure in einem Sportclub in Spanien arbeiten.

Martin Sacher,
26 Jahre, Sport- und Fitnesskaufmann

b) Sammeln Sie die Informationen aus beiden Texten in einer Tabelle.

	Vera Klapilová	Martin Sacher
Was? (Beruf und Tätigkeiten)	....	einen Aerobic-Kurs leiten, ...
Wo? (Arbeitsort)	....	....
Wann? (Arbeitszeit)	....	....

c) Vera (V) oder Martin (M)? Ergänzen Sie.

1. ☐ hat viel Arbeit im Haushalt.
2. ☐ organisiert Kurse.
3. ☐ informiert Kunden.

4. ☐ arbeitet manchmal auch am Sonntag.
5. ☐ arbeitet im nächsten Jahr im Ausland.
6. ☐ arbeitet am Computer.

4 Wer macht was? **Sammeln Sie.**

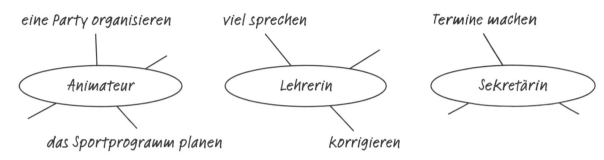

eine Party organisieren — Animateur — das Sportprogramm planen

viel sprechen — Lehrerin — korrigieren

Termine machen — Sekretärin

5 Mein Traumberuf. **Was ist wichtig für Sie? Schreiben Sie drei Aussagen und lesen Sie vor.**
Ü12 **Hier sind Ideen.**

Ich kann (oft)
Ich muss nie

im Büro / in der Fabrik / zu Hause arbeiten.
mit Kindern / mit Tieren arbeiten.
viele Leute treffen.
spät/früh anfangen.
Menschen helfen.
am Computer arbeiten.
mit den Händen arbeiten.
telefonieren.
E-Mails schreiben.
viel Geld verdienen.
in andere Länder fahren.
um sechs Uhr aufstehen.
mit Kolleginnen und Kollegen zusammenarbeiten.
allein arbeiten.
bis 22 Uhr arbeiten.

Ich kann viele Leute treffen.
Ich kann oft mit den Händen arbeiten.
Ich muss nie allein arbeiten.

Mein Traumberuf ist
Verkäufer!

Landeskunde

Die Arbeitslosigkeit ist weltweit ein Problem. Arbeitslos ist in Deutschland, wer keine Arbeit hat, eine Arbeit sucht und sich bei der Arbeitsagentur arbeitslos meldet. Arbeitslose bekommen einige Monate Geld von der Arbeitsagentur. Die Agentur hilft bei der Suche nach Arbeit. Informationen über Berufe und Ausbildungen findet man unter www. arbeitsagentur.de, www.planet-beruf.de und in den Berufsinformationszentren (BIZ).

Bundesagentur für Arbeit

ABC

4 Ich muss um sieben Uhr aufstehen. Und du?

1 „Autogrammjagd". **Sammeln Sie Unterschriften.**

Musst du um 7 Uhr aufstehen?	
Musst du um 8 Uhr zur Arbeit fahren?	
Kannst du am Sonntag lange schlafen?	
Hast du zwischen eins und zwei Mittagspause?	
Musst du vor 9 Uhr arbeiten?	
Musst du beruflich viel telefonieren?	
Kannst du zu Hause am Computer arbeiten?	

2 *können* und *müssen*.

20.2, Ü13
31

Lesen Sie die Sätze und sammeln Sie Beispiele auf Seite 134.

		Modalverb		Verb (Infinitiv)	
können	Sie	kann	stundenlang	telefonieren	.
müssen	Am Sonntag	muss	ich nicht	arbeiten	.

3 **Der Tagesablauf von Paula und Frank Rausch.**
Ü14–16 **Was tut Paula? Was tut Frank? Schreiben Sie.**

Um 6.15 Uhr muss Paula aufstehen.
Um 7.15 Uhr muss sie ...

Paula Rausch (35), Programmiererin

um 6.15 Uhr / aufstehen / müssen

um 7.15 Uhr / mit dem Bus zur Arbeit / fahren / müssen

von 7.30 bis 15 Uhr / arbeiten

um 16.30 Uhr / ihre Tochter / vom Kindergarten / abholen / müssen

um 18.30 Uhr / das Abendessen / machen

Frank Rausch (36), Lehrer, hat Ferien

bis 7 Uhr / schlafen / können

um 8.30 Uhr / die Tochter / in den Kindergarten / bringen / müssen

um 12.30 Uhr / das Auto in die Werkstatt / bringen

von 17 bis 18.30 Uhr / zum Fußballtraining / gehen

um 19 Uhr / die Tochter / ins Bett / bringen

Paula und Frank / von 20 bis 22 Uhr / fernsehen / können

4 **Und Ihr Tagesablauf?**
Fragen Sie und antworten Sie im Kurs.

Wann musst du zur Arbeit fahren?

Was machst du am Abend?

5 **Am Wochenende.**
Was machen Sie am Sonntag? Schreiben Sie einen Ich-Text.

Am Sonntag stehe ich um ... Uhr auf.
Ich muss (nicht) ...

5 Ich habe keinen Chef

1 Artikelwörter

23 Ü17–18

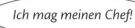
Ich mag meinen Chef!

a) **Lesen Sie die Tabelle. Markieren Sie die Artikelwörter im Akkusativ in den Texten auf Seite 134.**

Grammatik	**Akkusativ**					
	der	den	(k)einen	meinen	unseren	Brief
	das	das	(k)ein	mein	unser	Büro
	die	die	(k)eine	meine	unsere	Arbeit
	(Pl.) die	die	keine/–	meine	unsere	Computer

... interessant. Ich bin Trainer und leite Aerobic-Kurse. Ich muss die Sportgeräte kontrollieren und unsere Mitglieder beraten. Ich plane die Sportkurse und organisiere Partys. Meine Arbeitszeit ist von 10 bis ...

b) **Ergänzen Sie die Regel.**

Regel Die Akkusativendung im Maskulinum Singular ist immer ....

2 Aussagen über sich und andere. **Üben Sie Possessivartikel im Akkusativ.**

Ich	lesen/	mein/e/en	Buch/E-Mail(s).
Wir	brauchen/	unser/e/en	Tee/Kaffee.
Mein Bruder	kennen/suchen	sein/e/en	Chef.
Meine Freundin	haben/trinken	ihr/e/en	Auto/Brille/Computer.

Ich suche meine Brille.

3 Spiel: Koffer packen. **Spielen Sie im Kurs.**

🗩 Ich packe meinen Koffer. Ich packe mein Buch ein.
🖎 Ich packe meinen Koffer. Ich packe mein Buch und meine Brille ein.
🖎 Ich packe meinen Koffer. Ich packe mein Buch, meine Brille und meinen ...

4 Zufrieden im Job? **Sprechen Sie im Kurs über die Statistik.**

	USA	Kanada	Israel	Australien	Großbritannien	Deutschland	Japan
Ich liebe meine Arbeit.	30	24	20	18	17	12	9
Es ist nur ein Job.	54	60	65	63	63	70	72
Ich hasse meine Arbeit.	16	16	15	19	20	18	19

Angaben in Prozent

30 von 100 Berufstätigen in den USA sagen: „Ich liebe meine Arbeit."

Zwölf von 100 Berufstätigen in Deutschland lieben ihre Arbeit, 70 von 100 sagen: „Es ist nur ein Job."

ABC

1 Berufe

a) Welcher Beruf ist das? Ordnen Sie zu.

> die Krankenschwester – der Taxifahrer – der Koch –
> die Sekretärin – die Floristin – der Ingenieur

1. .... 3. .... 5. ....

2. .... 4. .... 6. ....

b) Welche weiteren Berufe kennen Sie? Schreiben Sie. Arbeiten Sie mit dem Wörterbuch.

1. .... 3. ....

2. .... 4. ....

2 Interviews über Berufe. Was ist richtig? Hören Sie und kreuzen Sie an.

2.02

1. Abbas Samet ist ...
- ☐ Taxifahrer in Düsseldorf und Bochum.
- ☐ Taxifahrer in Dortmund und Düsseldorf.
- ☐ Taxifahrer in Bochum und Dortmund.

2. Anna Zimmermann arbeitet als ...
- ☐ Floristin in Leonberg.
- ☐ Floristin in Stuttgart.
- ☐ Friseurin in Stuttgart.

3. Simon Winter ist ...
- ☐ Ingenieur in Freiburg.
- ☐ Ingenieur in Freiburg und Bern.
- ☐ Ingenieur in Bern.

4. Frieda Neumann arbeitet in ...
- ☐ Graz als Ärztin.
- ☐ Gießen als Floristin.
- ☐ Graz als Krankenschwester.

3 Nach dem Beruf fragen. Schreiben Sie die Fragen. Es gibt verschiedene Möglichkeiten.

1. ....? Ich bin Ärztin von Beruf.

2. ....? Sebastian arbeitet als Verkäufer in Leipzig.

3. ....? Ulrike und ich arbeiten als Lehrer in Erfurt.

4. ....? Beruflich? Ich bin Zahnarzt in Zürich.

4 Was machen die Personen?

a) Wie heißen die Berufe für Frauen? Ergänzen Sie.

1. der Florist ....
6. der Friseur ....

2. der Sekretär ....
7. der Mechatroniker ....

3. der Lehrer ....
8. der Arzt ....

4. der Koch ....
9. der Verkäufer ....

5. der Ingenieur ....
10. der Hausmann ....

b) Ergänzen Sie die Berufe.

1. Dunja Osman ist .... von Beruf. Sie plant und baut Straßen.

2. Katrin Brill hat vier Kinder und arbeitet gerade nicht. Sie ist ....

3. Angelina Brown kocht sehr gern. Sie arbeitet als ....

4. Hoa Minh arbeitet als .... Sie verkauft Schuhe.

5. Barbara Kube arbeitet als .... Sie repariert Autos.

6. Christiane Rauch untersucht Patienten. Sie ist .... von Beruf.

7. Ella Groß ist .... Sie schneidet Haare.

8. Marta Helbig verkauft Blumen. Sie arbeitet als .... in Göttingen.

9. Anne Miller ist .... Sie unterrichtet Deutsch.

10. Maja Heller telefoniert viel und schreibt E-Mails. Sie ist ....

c) Wo arbeiten die Personen in b)? Ergänzen Sie.

Preisknaller!

d) Wie heißt das Lösungswort?

Lösungswort:

Was ist er von Beruf? Er ist ....

5 Berufe im Internet

a) **Was ist Benjamin von Beruf? Lesen Sie den Text „Über mich" und ergänzen Sie den Beruf.**

b) **Benjamin stellt sich vor. Hören Sie und ergänzen Sie weitere Informationen.**

2.03

6 **Berufswörter. Sammeln Sie Wörter zu den Berufen.**

der Friseur: ....

die Sekretärin: ....

7 **Berufe raten**

2.04

a) **Welche Berufe sind das? Hören Sie und bringen Sie die Berufe in die richtige Reihenfolge.**

a ☐ die Taxifahrerin   d ☐ der Friseur
b ☑ der Kfz-Mechatroniker   e ☐ der Verkäufer
c ☐ die Sekretärin   f ☐ die Ärztin

b) **Hören Sie noch einmal und schreiben Sie zu den Berufen aus a) einen Satz.**

Die Taxifahrerin fährt in die Zillestraße 9.

8 *ng* oder *nk*?

2.05

a) **Hören Sie und ergänzen Sie.**

1. Kra....enpfleger   3. la....   5. Wohnu....

2. Süde....land   4. de....en   6. Ba....

b) **Hören Sie noch einmal und sprechen Sie nach.**

9 Visitenkarten im Gespräch

a) **Welche Informationen finden Sie? Ordnen Sie zu.**

die Adresse – der Arbeitsplatz – die E-Mail-Adresse – der Name –
der Beruf – die Telefonnummer – ~~der Titel~~ – die Handynummer

Städtische Kliniken Jena
Allgemeinmedizin

der Titel

Dr. med. Matthias Roth

Chefarzt

Eichplatz 32–34
07743 Jena
Tel.   036 41 / 123-65 44-0
Mobil   0178 / 123 654 45

E-Mail   roth@klinikenjena.de

b) **Welche Karte passt? Hören Sie und kreuzen Sie an.**

2.06

Martina Kaiser

Programmiererin

Brüder & Hansen
Otto-Brenner Straße 78
30159 Hannover
Tel.: 0511 / 906423
E-Mail: M.Kaiser@Programmiererin.de

☐

Maren Kaiser

Programmiererin

Brüder & Hansen
Jacobstraße 35
06110 Halle
0345 / 64381
Kaiser@bruederhansen.de

☐

Maren Kaiser

Computerexpertin

Breitung & Heller
Kieler Straße 145
22769 Hamburg
040/437621
maren-kaiser@b-h.de

☐

c) **Hören Sie noch einmal. Richtig oder falsch? Kreuzen Sie an und korrigieren Sie
die falschen Aussagen.**

	richtig	falsch
1. Frau Kaiser kommt aus Halle.	☐	☐
2. Sie hat drei Kinder.	☐	☐
3. Ihr Mann ist Programmierer.	☐	☐
4. Sie arbeitet seit sechs Jahren bei einer Firma.	☐	☐

10 Vera oder Martin? **Lesen Sie die Texte auf Seite 134 und schreiben Sie Sätze mit den Verben.**

1. telefonieren ....

2. informieren ....

3. reservieren ....

4. reparieren ....

5. kontrollieren ....

6. organisieren ....

11 **Wortschatz üben. Was passt nicht? Streichen Sie durch.**

1. im Büro	sitzen – arbeiten – ~~reparieren~~
2. eine Party	organisieren – kochen – machen
3. Kunden am Telefon	schreiben – beraten – informieren
4. einen Kurs	planen – treffen – leiten
5. ein Flugticket	reservieren – haben – hören
6. Freunde	treffen – sehen – korrigieren

12 **Traumberuf: Erzieherin. Ein Interview**

2.07 **a) Hören Sie und sprechen Sie die 👄-Rolle im Dialog.**

👂 ...

👄 Ja, sehr. Es ist mein Traumberuf.

👂 ...

👄 Ich kann jeden Tag mit Kindern arbeiten. Ich muss nicht im Büro am Computer sitzen. Das ist super!

👂 ...

👄 Ich kann gut Gitarre spielen und singen. Also singe ich oft mit den Kindern.

👂 ...

👄 Ich muss sehr früh aufstehen. Und ich kann nicht viel Geld verdienen.

👂 ...

b) Lesen Sie die Antworten noch einmal und sammeln Sie Vor- und Nachteile.

Vorteile: ....

....

....

Nachteile: ....

....

....

c) Was bedeuten die Verben? Ordnen Sie die Sätze mit *können* und *müssen* aus a) zu.

(nicht) können *ich mache etwas gut*	(nicht) können *es ist (nicht) möglich*	(nicht) müssen *es ist (nicht) meine Pflicht*
	Ich kann jeden Tag mit	

13 Traumberuf: Trainer im Fitness-Studio. **Ergänzen Sie** *müssen* **oder** *können*.

Ich bin Trainer in einem Fitness-Studio. Das ist mein Traumberuf. Da .... ich morgens lange schlafen, denn meine Arbeit beginnt erst um zehn Uhr. Ich .... die Sportgeräte kontrollieren und den Plan für die Sportkurse schreiben. Am Samstag .... ich auch arbeiten, aber am Sonntag und Montag habe ich frei. Am Sonntag .... ich meine Freundin treffen. Leider .... sie am Montag arbeiten. Wir .... uns nicht oft sehen. Nächstes Jahr arbeiten wir zusammen in Spanien. Wir .... dort auch viel privat zusammen machen.

14 Fragen an eine Call-Center-Agentin. **Schreiben Sie die Antworten.**

1. Kannst du viele Sprachen sprechen? (ja, drei Sprachen)

   Ja, ich .... (*kann*) drei Sprachen .... (*sprechen.*)

2. Musst du als Call-Center-Agentin am Wochenende arbeiten? (ja, am Samstag)

   .... ( ) .... ( )

3. Müsst ihr immer freundlich sein? (ja, am Telefon)

   .... ( ) .... ( )

4. Kann deine Tochter dir helfen? (nein, nicht kochen)

   .... ( ) .... ( )

5. Musst du früh aufstehen? (ja, um 6.30 Uhr)

   .... ( ) .... ( )

6. Müsst ihr viel mit dem Computer arbeiten? (nein, viel telefonieren)

   .... ( ) .... ( )

15 Was muss und kann eine Erzieherin machen? **Schreiben Sie Sätze.**

1. nicht viel am Computer arbeiten müssen — *Sie muss nicht viel am Computer arbeiten.*
2. mit Kindern arbeiten können — ....
3. nicht viel Geld verdienen können — ....
4. gern spielen und singen müssen — ....
5. viel draußen sein können — ....
6. nicht am Wochenende arbeiten müssen — ....

(((• **16** Flüssig sprechen. **Hören Sie und sprechen Sie nach.**

2.08

1. Kristina muss aufstehen. – Kristina muss um 7.30 Uhr aufstehen. – Kristina muss jeden Morgen um 7.30 Uhr aufstehen.
2. Sie kann gehen. – Sie kann zur Arbeit gehen. – Sie kann zu Fuß zur Arbeit gehen.
3. Sie muss arbeiten. – Sie muss bis 17 Uhr arbeiten. – Sie muss jeden Tag bis 17 Uhr arbeiten.
4. Sie kann lesen. – Sie kann ein Buch lesen. – Sie kann am Abend ein Buch lesen.

17 Meinungen über die Arbeit

a) **Lesen Sie den Text und markieren Sie die Artikelwörter im Akkusativ.**

Ich mag meinen Job und unsere Chefin. Ich bin Köchin in einem Restaurant in Düsseldorf. Mein Bruder Max arbeitet hier als Kellner. Ich finde unser Team super, die Atmosphäre ist gut. Nur meine Arbeitszeiten mag ich nicht. Ich muss in der Nacht arbeiten und habe keine Pausen. Aber am Wochenende habe ich frei. Dann räume ich meine Wohnung auf, lese ein Buch oder meine E-Mails.

Ute Heinze

b) **Ergänzen Sie die Possessivpronomen im Akkusativ.**

☐ 1. Ich mag .... Chefin.

☐ 2. Am Wochenende räume ich .... Wohnung auf.

☐ 3. Ute braucht .... Brille.

☐ 4. Ute mag .... Arbeitszeiten nicht.

☐ 5. Max findet .... Chefin gut.

☐ 6. In der Pause liest Max .... E-Mails.

c) **Was sagt Ute nicht im Text? Lesen Sie noch einmal und kreuzen Sie in b) an.**

18 Welchen Beruf hat sie/er? **Ergänzen Sie die Artikelwörter im Nominativ oder Akkusativ.**

1. Das ist Petra May. Bei ihrer Arbeit braucht sie ein*en*..

   Computer und ein........ großen Schreibtisch.

   Sie schreibt Computerprogramme. D........ Telefon

   ist wichtig für sie. Sie muss ihr........ Kunden oft

   anrufen. Sie arbeitet allein im Büro.

   Welchen Beruf hat sie? ....

Petra May

2. Mein Freund begrüßt sein........ Kunden in einem Geschäft.

   Er arbeitet von Dienstag bis Samstag, am Montag hat er frei.

   Bei der Arbeit braucht er kein........ Computer, aber ein........ Schere.

   Er berät sein........ Kunden. Dann schneidet er Haare.

   Welchen Beruf hat er? ....

Olaf Weinberg

Fit für Einheit 8? Testen Sie sich!

Mit Sprache handeln

über Berufe sprechen

Ich bin ....

(Florist/in – mit Händen arbeiten – viele Leute treffen – früh aufstehen) ▸ KB 1.3, 2.1, 3.2–3.5

Tagesabläufe und Tätigkeiten beschreiben

um 6.30 Uhr aufstehen *Ich muss* ....

bis 17 Uhr arbeiten ....

von 19 bis 20 Uhr Sport machen .... ▸ KB 4.1, 4.3

jemanden oder sich vorstellen

Guten Tag, mein Name ist ....

Ich bin ....

Hier ist meine Karte.

▸ KB 2.4, 2.5

Wortfelder

Berufe

die Köchin und der .... die .... und der Arzt

die Ingenieurin und der .... die .... und der Friseur ▸ KB 1.1, 2.1, 2.2

Grammatik

Modalverben *können* und *müssen*

mit Kindern arbeiten können *Ich kann* ....

früh aufstehen müssen .... ▸ KB 3.5, 4.2

Artikelwörter im Akkusativ

Ich habe ein.... Computer und ein.... Büro. Ich liebe mein.... Arbeit.

Meine Kollegin muss unser.... Kunden anrufen. Mein Kollege liest sein.... E-Mails. ▸ KB 5.1

Aussprache

2.09

***ng* oder *nk*?**

das Kra....enhaus – die Projektleitu.... – die Fu....tion – die Bezeichnu.... ▸ KB 2.3

8 Berlin sehen

Hier lernen Sie

▶ Sehenswürdigkeiten in Berlin kennen
▶ nach dem Weg fragen, einen Weg beschreiben
▶ von einer Reise erzählen
▶ eine Postkarte schreiben

1 Mit der Linie 100 durch Berlin

1 die Humboldt-Universität

2 das Brandenburger Tor

5 die Staatsoper

6 der Alexanderplatz

3 der Reichstag **4** das Bundeskanzleramt

1 Berlin. **Welche Sehenswürdigkeiten kennen Sie?**

2 Die Berlin-Exkursion

Ü1–3

a) **Lesen Sie den Text. Was wollen die Studenten machen?**

**Dr. Bettermann,
Exkursionsleiter**

„Die Berlin-Exkursion hat Tradition. Jedes Jahr fahren wir mit Studenten aus Jena nach Berlin. Im Programm ist immer ein Spaziergang durch das Regierungsviertel. Die Studenten wollen den Reichstag besichtigen, über einen Flohmarkt bummeln und am Abend wollen sie ins Theater gehen. Ein Hit ist die Fahrt mit dem Bus Linie 100. Man kann mit dem Bus vom Bahnhof Zoo bis zum Alexanderplatz fahren. Viele Sehenswürdigkeiten liegen an der Linie 100. Eine Stadtrundfahrt mit der Linie 100 ist billig. Aber der Bus ist oft sehr voll. Besonders beliebt ist die erste Reihe oben. Hier kann man gut fotografieren."

b) **Lesen Sie den Busplan. Zu welchen Fotos gibt es eine Haltestelle? Markieren Sie.**

BUS 100 Hertzallee · S + U Zoologischer Garten · Breitscheidplatz · Bayreuther Str. · Schillerstr. · Lützowplatz · Nord. Botschaften/Adenauer-Stiftg. · Großer Stern · Schloss Bellevue · Haus der Kulturen der W

der Bus Linie 100

7 der Berliner Bär

8 das Haus der Kulturen der Welt

Berlin-Exkursion vom 26. – 29. Juni

Programm

Donnerstag, 26. Juni

8.30 Uhr	Abfahrt Busbahnhof Jena
14.00 Uhr	Ankunft Berlin Comfort-Hotel Lichtenberg
15.30 Uhr	Abfahrt zum Deutschen Theater, Karten kaufen
bis 19.00 Uhr	frei, Stadtbummel, z.B. Friedrichstraße, Unter den Linden
19.30 Uhr	Deutsches Theater

Freitag, 27. Juni

die Teilnehmerinnen und Teilnehmer der Berlin-Exkursion

⁞))ꞏ⁞ c) Herr Dr. Bettermann leitet die Exkursion und erklärt die Route. Hören Sie und
2.03   bringen Sie die Sehenswürdigkeiten in die richtige Reihenfolge.

☐ das Brandenburger Tor
☐ das Schloss Bellevue
☐ das Bundeskanzleramt
☐ der Reichstag
☐ die Friedrichstraße
☐ die Humboldt-Universität

☐ der Berliner Dom
☐ die Staatsoper
☐ die Alte Nationalgalerie
☐ der Potsdamer Platz
☐ der Fernsehturm
☐ das Sony Center

3 Wortfeld Großstadt. **Sammeln Sie.**
Ü4

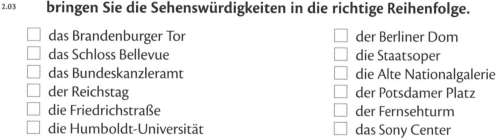

das Hotel

die Großstadt

ABC

einhundertsiebenundvierzig

Platz der Republik   Reichstag/Bundestag   S + U Brandenburger Tor   Unter den Linden/Friedrichstr.   Staatsoper   Lustgarten   Spandauer Str./Marienkirche   S + U Alexanderplatz   S + U Alexanderplatz/Memhardstr.

2   Wie komme ich zur Friedrichstraße?

1 Nadine und Steffi wollen einkaufen und suchen die Friedrichstraße. Sie sind am
Ü5 Brandenburger Tor.

a) Lesen Sie die Dialoge und finden Sie den Weg auf der Karte.

1

💬 Entschuldigung, wo geht's denn hier zur Friedrichstraße?

👤 Ich weiß nicht. Ich glaube, das ist ziemlich weit. Nehmen Sie doch den Bus.

💬 Hm. Vielen Dank.

2

💬 Entschuldigung, wir wollen zur Friedrichstraße. Können Sie uns helfen?

👤 Oh, keine Ahnung, ich bin auch Tourist.

3

💬 Entschuldigung, wo ist bitte die Friedrichstraße?

👤 Die Friedrichstraße? Das ist ganz einfach. Gehen Sie hier geradeaus durch das Brandenburger Tor, Unter den Linden entlang und dann die dritte Querstraße – das ist die Friedrichstraße.

💬 Vielen Dank!

👤 Gern!

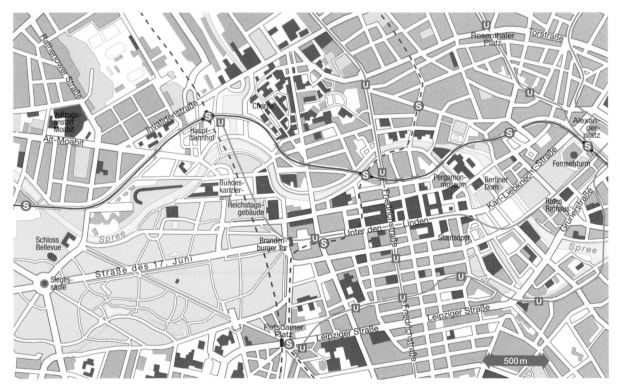

b) Üben Sie die Dialoge mit Ihrer Partnerin / Ihrem Partner.

🔊👂 **2** **Von hier nach da. Wo sind die Touristen? Wohin gehen sie? Hören Sie und zeichnen Sie**
2.04 Ü6 **den Weg auf der Karte ein.**

3 Aussprache *r*

 2.05
Ü7

a) *r* wie *Reichstag* oder *r* wie *Fernsehturm*? Hören Sie die Wörter und ordnen Sie zu.

man hört das r	man hört das r nicht
Reichstag..	Fernsehturm..
....	....

2.06

b) *r* am Silbenende. Hören Sie und sprechen Sie nach.

zur Friedrichstraße – Wo geht's hier zur Friedrichstraße?
hier geradeaus – Gehen Sie hier geradeaus.
das Brandenburger Tor – durch das Brandenburger Tor
die Querstraße – die zweite Querstraße – und dann die zweite Querstraße links

4 Eine Wegbeschreibung

Ü8–10

a) Machen Sie ein Lernplakat mit Orten in Ihrer Stadt.

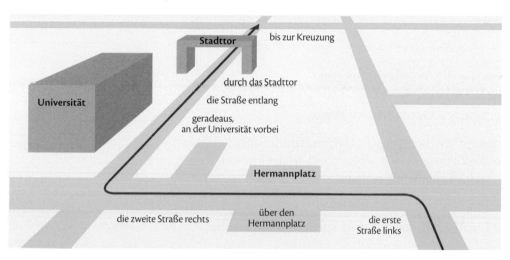

Stadttor
bis zur Kreuzung
durch das Stadttor
die Straße entlang
geradeaus,
an der Universität vorbei
Universität
Hermannplatz
die zweite Straße rechts
über den Hermannplatz
die erste Straße links

b) Wählen Sie Start- und Zielpunkte. Fragen Sie nach dem Weg und antworten Sie.

Redemittel

so kann man fragen

Entschuldigung,	wir suchen einen Flohmarkt / ein Café / eine Bank. wo ist die Friedrichstraße / der Reichstag? wie komme ich zum Alexanderplatz, bitte? wo geht es zur Schlossbrücke?

so kann man antworten

Zuerst	gehen Sie hier rechts/links / bis zur Kreuzung / zur Ampel. geradeaus die ... straße entlang.
Dann	die erste/zweite/... Straße links/rechts.
Danach	links, an der/dem ... vorbei. Dann sehen Sie den/das/die ...

jemandem danken und antworten

Danke! / Danke schön! / Vielen Dank! Bitte! / Gern! / Gern geschehen!

ABC

3 Wohin gehen die Touristen?

1 Nach dem Weg fragen

 a) Hören Sie und üben Sie den Dialog.

2.07
Ü11

💬 Entschuldigung, wie komme ich zum Bahnhof?

👆 Zum Bahnhof? Das ist ganz einfach. Gehen Sie hier geradeaus, die Kaiserstraße entlang und ...

💬 Moment, geradeaus, die Kaiserstraße entlang. Ja?

👆 Ja, und dann an der vierten Kreuzung rechts ...

💬 Also, an der vierten Kreuzung rechts?

👆 Genau, und dann bis zur Ampel geradeaus.

💬 Bis zur Ampel?

👆 Ja, bis zur Ampel. Links sehen Sie die Bahnhofstraße und den Bahnhof.

💬 Also, Moment ... ich gehe hier die Kaiserstraße entlang und dann an der vierten Kreuzung rechts bis zur Ampel. Dann komme ich zum Bahnhof.

👆 Ja, genau.

💬 Vielen Dank!

👆 Gerne!

b) Markieren Sie die Wiederholungen.

c) Üben Sie: andere Orte, andere Wege.

💬 Entschuldigung, wie komme ich zum Stadtmuseum?

👆 Gehen Sie die Kastanienallee entlang und an der zweiten Kreuzung links.

💬 Aha, also die Kastanienallee entlang ...

2 Aussprache *l* und *r*. **Hören Sie und sprechen Sie nach.**

2.08   Ü12

rechts und links	an der Kreuzung links
nach links fahren	die Straße entlang
an der Ampel rechts	über die Schlossbrücke
an der Ampel geradeaus	die Nationalgalerie

LICHTUNG

*manche meinen,
lechts und rinks
kann man nicht velwechsern,
werch ein illtum*

ernst jandl

3 Wortfeld Tourismus. **Sammeln Sie.**

Ü13

was Touristen sehen	was Touristen tun	was Touristen brauchen
die Kirche	etw. besichtigen	eine Kamera
die Oper	etw. suchen	den Bus
	Geschenke einkaufen	eine Bank

4 Touristen in Ihrer Stadt.
**Was besichtigen sie? Was fragen sie?
Was machen sie?**

 **Tourist-Information
Rathausplatz 3 · Neues Rathaus**
Mo–Fr 8:30–18 Uhr, Okt bis 17 Uhr
Sa, So, Feiertage 9–16 Uhr

5 **Wohin gehen die Touristen? Ergänzen Sie.**

29 Ü14–15
30

Die Touristen gehen ...

....

<table>
<tr><td rowspan="2">Grammatik</td></tr>
</table>

Minimemo

in das = ins
zu dem = zum
zu der = zur
an dem = am

in, durch, über + Akkusativ

Die Touristen	gehen	in den Park. / ins Museum. / in die Galerie.
	fahren	durch den Park. / durch das Stadttor. /
	laufen	durch die Fußgängerzone.
		über den Marktplatz. / über das Messegelände. /
		über die Schlossbrücke.

zu, an ... vorbei + Dativ

Die Touristen	gehen	zum Stadion. / zum Zoo. / zum Bahnhof.
	fahren	zur Touristeninformation. / zur Schlossbrücke.
	laufen	an der Universität vorbei. / am Bahnhof vorbei.

6 **Pläne für Berlin. Was wollen die Studenten tun? Sammeln Sie Beispiele im Text auf Seite 146.**

20   Ü16

Modalverb   Verb (Infinitiv)

Die Studenten (wollen) Sehenswürdigkeiten (besichtigen).

7 **Orientierungsspiel.**
Spielen Sie im Kurs.

Wie komme ich zur Sprachschule?

Die erste rechts, am Museum vorbei und dann wieder rechts.

8 **Mit einem Stadtplan üben. Markieren Sie Start und Ziel. Führen Sie Dialoge.**

Entschuldigung, wie komme ich zum Bahnhof?

Gehen Sie an der Ampel rechts und ...

ABC

4 Die Exkursion

1 **Gute Tipps für Berlin. Wer sagt was? Lesen Sie und ordnen Sie zu.**

Flohmarkt am Mauerpark

Tanja Cherbatova

Tanja findet Berlin super. Die Exkursion hat ihr Spaß gemacht: der Flohmarkt, die Disko, der Potsdamer Platz. „Berlin ist sehr modern", sagt sie. Das gefällt ihr. In der Gruppe war eine tolle Atmosphäre. Das ist auch gut für das Studium, man lernt die anderen Studenten gut kennen. Tanja sagt, sie kennt leider keine Berliner. Sie möchte bald wieder nach Berlin fahren.

Marcel Schreiber

Marcel findet die Berlin-Exkursion auch toll, aber zu kurz. Man braucht mehr Zeit für die Stadt. Er will wieder nach Berlin fahren. Er interessiert sich für Architektur. Modern, klassisch, alt, neu – hier gibt es alles. Er hat ein Fahrrad gemietet und war abends unterwegs. Marcel hat 200 Fotos gemacht.

Nordische Botschaft

☒ besichtigt gern Häuser.
☐ findet die Gruppe gut.
☐ hat viel fotografiert.

☐ mag das moderne Berlin.
☐ ist sportlich und gern unterwegs.
☐ mag Musik und Diskos.

2 **Eine Postkarte aus Berlin**

Ü17–19

a) Lesen Sie die Karte und vergleichen Sie mit dem Programm rechts. Welcher Tag ist das?

Hallo Carla,
Berlin ist cool! Heute wollen wir eine Stadtrundfahrt machen. Dann besuchen wir den Reichstag und besichtigen das Brandenburger Tor. Zum Schluss wollen wir bummeln, und abends im Club 21 feiern.

Liebe Grüße
dein Marcel

Carla Schmidt
Neugasse 22
07740 Jena

b) Lesen Sie die Strategien und schreiben Sie eine Postkarte. Die Informationen finden Sie im Programm.

1. Planen
   – Informationen sammeln und ordnen
   – Redemittel sammeln

2. Schreiben
   – Sätze schreiben und verbinden

3. Überarbeiten
   – kontrollieren, korrigieren, neu formulieren

Beispiel

> *Stadtrundfahrt, Theater, ...*
> *Heute wollen wir ... / Es war ... /*
> *Wir besuchen auch ...*

> *Gestern ... / Heute ... / Zuerst / ...*

> *Liebe/r ...,*
>
> *schöne Grüße aus Berlin. Heute*
>
> *wollen wir ...*

Berlin-Exkursion vom 26. – 29. Juni — Programm

Donnerstag, 26. Juni	
8.30 Uhr	Abfahrt Busbahnhof Jena
14.00 Uhr	Ankunft Berlin Comfort-Hotel Lichtenberg
15.30 Uhr	Abfahrt zum Deutschen Theater, Karten kaufen
bis 19.00 Uhr	frei, Stadtbummel, z.B. Friedrichstraße, Unter den Linden
19.30 Uhr	Deutsches Theater

Freitag, 27. Juni	
8.30 Uhr	Frühstück im Hotel
9.30 Uhr	Stadtrundfahrt: Mitte, Unter den Linden, Brandenburger Tor, Bundeskanzleramt, Museumsinsel, Schloss Bellevue, Reichstag
14.30 – 16.00 Uhr	Besuch im Reichstag
16.00 – 18.00 Uhr	Bummeln im Regierungsviertel
Abends	Freizeit

Samstag, 28. Juni	
8.30 Uhr	Frühstück im Hotel
9.30 Uhr	Thematische Stadtführung in Gruppen
	a) Bertolt Brecht in Berlin
	b) Jüdische Kultur in Berlin
	c) Die Berliner Mauer
14.30 – 18.00 Uhr	Christopher Street Day, Besuch der Parade
Abends	Freizeit

Sonntag, 29. Juni	
8.30 Uhr	Frühstück im Hotel
9.30 Uhr	Museumsbesuch: Museumsinsel
14.00 Uhr	Rückfahrt

3 Projekt: Internetrallye „Berlin sehen". **Machen Sie einen virtuellen Spaziergang.**

Wählen Sie drei Stadtviertel: Mitte, ...
– Was kommt heute im Kino?
– Finden Sie drei Theater. Vergleichen Sie das Programm. Was gefällt Ihnen heute?
– Was kosten die Karten?
– Gibt es diese Woche ein interessantes Konzert?

ABC

1 Wörterrätsel. **Finden Sie die Wörter. Der Text auf Seite 146 hilft.**
Wie heißt das Lösungswort?

1. Durch die Stadt laufen und Eis essen: der ...
2. mit viel Zeit zu Fuß gehen: der ...
3. Hier machen Menschen Politik: das ...
4. Hier verkauft man alte Sachen: der ...
5. Das gibt es schon lange, zum Beispiel die Berlin-Exkursion: die ...
6. Hier kommt man mit dem Zug an: der ...

1	S	T	A	D	T	B	U	M	M	E	L
2	S						G				
3			G					V				
4						H					
5							N				
6				H			F				

Lösungswort: ....

2 Der Bus Linie 100. **Welche Aussagen finden Sie im Text auf Seite 146?**
Kreuzen Sie an und ergänzen Sie die Zeile.

1. ☐ Die Linie 100 fährt an vielen Sehenswürdigkeiten vorbei.   Zeile ....
2. ☐ Das Ticket kostet nicht viel.   Zeile ....
3. ☐ Der Bus fährt zur Humboldt-Universität.   Zeile ....
4. ☐ Der Bus fährt täglich.   Zeile ....
5. ☐ In dem Bus sind oft viele Personen.   Zeile ....

3 Herr Dr. Bettermann und die Exkursion

🔊 **a) Welche Orte nennt Herr Dr. Bettermann? Hören Sie noch einmal und kreuzen Sie an.**

2.10
1. ☐ das Schloss Bellevue
2. ☐ das Haus der Kulturen der Welt
3. ☐ das Bundeskanzleramt
4. ☐ die Friedrichstraße
5. ☐ der Bahnhof Zoo
6. ☐ das Deutsche Theater
7. ☐ Unter den Linden
8. ☐ der Kurfürstendamm

das Schloss Bellevue

b) Welche Aussage ist von Herrn Dr. Bettermann? Kreuzen Sie an.

1. ☐ Der Bundespräsident sitzt im Schloss Bellevue.
2. ☐ Das Bundeskanzleramt nennen die Berliner auch „Waschmaschine".
3. ☐ Entlang der Straße „Unter den Linden" gibt es viele Sehenswürdigkeiten.
4. ☐ Der Fernsehturm ist auf dem Alexanderplatz.

4 Berlin kennenlernen

a) **Lesen Sie den Text und ordnen Sie die Fotos zu.**

Berlin in zwei Tagen

☐ Das Bundeskanzleramt – hier wird Politik gemacht! Scit 2001 arbeitet dort der Bundeskanzler bzw. die Bundeskanzlerin. Das Gebäude ist sehr groß und hat eine besondere Architektur.

☐ Musik im „Watergate". Der Club an der Spree ist beliebt. Es gibt internationale DJs und Musiker. Der Musikstil ist Techno und Elektro.

☐ Bummeln in der Friedrichstraße. Die bekannte Straße liegt im Zentrum von Berlin. In den Geschäften kann man gut einkaufen!

☐ Ein Spaziergang „Unter den Linden" – hier gibt es viele Sehenswürdigkeiten und Botschaften. Bekannt sind die Staatsbibliothek oder die Kaiserhöfe.

b) **Lesen Sie noch einmal. Richtig oder falsch? Kreuzen Sie an.**

	richtig	falsch
1. Der Bundespräsident arbeitet im Bundeskanzleramt.	☐	☐
2. Der Club „Watergate" ist am Wasser.	☐	☐
3. In der Friedrichstraße kaufen nur Touristen ein.	☐	☐
4. In der Straße „Unter den Linden" findet man viele Botschaften.	☐	☐

c) **Was ist Ihr Favorit? Schreiben Sie.**

....

5 Orientierung in der Stadt. **Ordnen Sie die Bilder zu.**

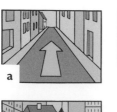 a

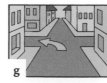 d

 g

 b

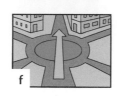 e

 h

c

 f

i

1. ☐ Gehen Sie hier rechts.
2. ☐ Gehen Sie hier links.
3. ☐ Gehen Sie geradeaus.
4. ☐ Gehen Sie die Straße entlang.
5. ☐ Gehen Sie bis zur Ampel.
6. ☐ Gehen Sie bis zur Kreuzung.
7. ☐ Gehen Sie die zweite Straße links.
8. ☐ Gehen Sie an der Kirche vorbei.
9. ☐ Gehen Sie über den Platz.

6 Wegbeschreibung

2.11

a) **Merle Schramm aus Jena will vom Museum zum Schloss. Welcher Dialog ist eingezeichnet? Hören Sie und kreuzen Sie an.**

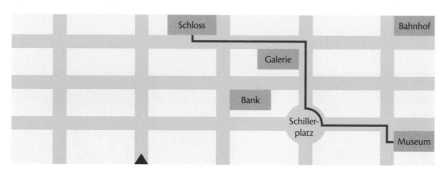

1. ☐ Dialog 1
2. ☐ Dialog 2

b) **Ergänzen Sie die Sätze. Hören Sie den Dialog 2 noch einmal und kontrollieren Sie.**

> zur dritten Kreuzung – rechten Seite – einfach – geradeaus

Ja, das ist ....! Gehen Sie geradeaus bis .... Dann gehen

Sie links und immer weiter .... Das Schloss ist das große Gebäude auf der

....

c) **Hören Sie noch einmal. Zeichnen Sie den zweiten Weg ein.**

7 Aussprache *r*

2.12

a) **[r]** wie *Reichstag* oder **[r]** wie *Fernsehturm*? **Hören Sie und markieren Sie.**

1. eine Route planen – vom Stadttor erzählen – Tourist auf dem Reuter-Platz
2. hier auf dem Alexanderplatz – die Regierung verstehen – eine Reihe rechts
3. eine Reise in die Großstadt machen – Kultur und Tradition erleben

b) **Hören Sie noch einmal und sprechen Sie nach.**

8 Textkaraoke. **Hören Sie und sprechen Sie die** **-Rolle im Dialog.**

2.13

    ...

    Ja, gehen Sie geradeaus und an der nächsten Kreuzung rechts.
    Dann die nächste Straße links.

    ...

    Nein, an der nächsten Kreuzung rechts.

    ...

    Die Bank ist das große moderne Haus auf der rechten Seite.

    ...

    Na ja, etwa fünf Minuten.

    ...

9 Orientierung mit dem Stadtplan

a) Schreiben Sie den Dialog.

   Entschuldigung – Ernst-Reuter-Platz? ....

   Zuerst – zur Ampel. ....

     Dann – geradeaus – Uhlandstraße entlang ....

     Danach links – Dann sehen ....

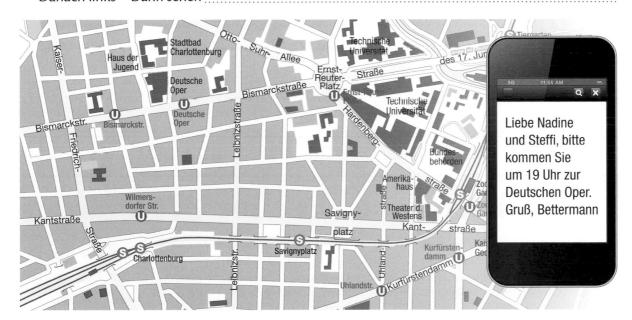

**b) Nadine und Steffi sind im Café am Savignyplatz. Herr Dr. Bettermann will sie an
der Deutschen Oper treffen. Wie gehen sie? Schreiben Sie.**

10 Flüssig sprechen. *r* am Silbenanfang. **Hören Sie und sprechen Sie nach.**

2.14

1. das Rote Rathaus. – wir suchen das Rote Rathaus. – Entschuldigung, wir suchen das Rote
Rathaus.
2. Oranienburgerstraße. – rechts in die Oranienburgerstraße. – Fahren Sie rechts in die
Oranienburgerstraße.
3. Botschaft. – geradeaus zur Russischen Botschaft. – Dann gehen Sie geradeaus zur Russischen
Botschaft.

11 Touristen fragen nach

a) Lesen Sie den Dialog und ergänzen Sie die Wiederholungen.

💬 Können Sie mir helfen? Wie komme ich zur Humboldt-Universität?

👄 *Zur Humboldt-Universität* ? Zuerst gehen Sie hier links.

💬 Also ?

👄 Genau, und dann gehen Sie bis zur dritten Kreuzung geradeaus.

💬 Ok, .

👄 Ja, genau. Auf der linken Seite sehen Sie dann die Humboldt-Universität.

💬 Dann sehe ich ?

👄 Genau!

b) Hören Sie und kontrollieren Sie.

2.15

12 Aussprache *l* und *r*. **Hören Sie und sprechen Sie schnell.**

2.16

1. Franzi läuft in den Park.
2. über den Marktplatz
3. rechts zur Schlossbrücke
4. an der Ampel vorbei
5. links durch den Garten

13 Touristen in Berlin. **Lesen Sie den Zeitungsartikel und stellen Sie drei Fragen zum Text.**

Touristen lieben Berlin

Berlin ist beliebt bei Jung und Alt, bei Deutschen und Ausländern. Die Touristen kommen aus Großbritannien, Spanien, Italien oder den USA. Berlin hat 20 Millionen Übernachtungen im Jahr. Rom hat 18,6 und Madrid 13,7. Nach Berlin kommen mehr Touristen als nach Rom und Madrid. Viele Touristen besuchen das Brandenburger Tor.

1. Woher ?

   Die Touristen kommen aus Großbritannien, Spanien, Italien und den USA.

2. Wie viele ?

   Im Jahr hat Berlin 20 Millionen Übernachtungen.

3. Was ?

   Viele Touristen besuchen das Brandenburger Tor.

14 Der Touristenführer Erkan. **Lesen Sie den Text und ergänzen Sie die Wörter.**

> Alexanderplatz – Museen – Regierungsviertel – Einkaufsstraßen

Ich arbeite seit drei Jahren als Touristenführer in Berlin.

Die Touristen gehen gern in ....,

sie lieben zum Beispiel das Pergamonmuseum und die

Alte Nationalgalerie. Viele wollen in Berlin einkaufen.

Sie laufen durch ....,

Erkan, 23, Student und Reiseführer

beliebt ist die Friedrichstraße. Die Touristen wollen auch die Sehenswürdigkeiten sehen. Mit dem Bus

fahren Sie zum .... Dort gehen Sie in den Reichstag oder ins Bundeskanzleramt.

Am Abend laufen sie oft über den .... Dort gibt es viele Bars und Diskos.

15 Besuch in Berlin

a) **Ergänzen Sie die Präpositionen.**

> in die – am – in den – über die – zum

Paula und Alejandro kommen aus Madrid.

Sie besuchen Freunde in Berlin. Sie gehen

.... Brandenburger Tor und machen

viele Fotos. Sie fahren mit dem Bus .... Bundeskanzleramt vorbei und laufen ....

Schlossbrücke. Am Nachmittag gehen sie .... Berliner Dom und hören ein Konzert.

Am Abend essen sie Pizza und gehen danach .... Disko „Wilde Renate".

2.17 b) **Hören Sie und kontrollieren Sie.**

2.18 c) **Was machen Paula und Alejandro am nächsten Tag?**
Hören Sie und nummerieren Sie.

- ☐ Freunde treffen
- ☐ durch den Park laufen
- ☐ über den Flohmarkt bummeln
- ☐ lange schlafen
- ☐ zur Museumsinsel fahren
- ☐ in den Zoo gehen
- ☐ ins Museum gehen
- ☐ in einem Restaurant essen

16 **Berlin ist super! Lesen Sie die SMS. Markieren Sie das Modalverb** *wollen* **und das Verb im Infinitiv.**

Hi Julia! Berlin ist super! Die Stadt ist echt klasse. Wir wollen gleich noch eine Stadtrundfahrt machen. Danach will ich in die Nationalgalerie gehen. Anschließend wollen Maria und ich auf der Friedrichstraße bummeln. Und heute Abend wollen wir noch ein Musical sehen! Ich muss los ...
LG Carla

17 **Wie war es in Berlin? Sammeln Sie Vor- und Nachteile der Exkursion aus dem Text auf Seite 152.**

	Vorteile	Nachteile
Tanja	....	....
Marcel	....	....

18 **Die Berlin-Exkursion**

a) **Was wollen die Studenten in Berlin machen? Lesen Sie noch einmal das Programm auf Seite 153 und die Aussagen. Richtig oder falsch? Kreuzen Sie an.**

	richtig	falsch
1. die Museumsinsel besuchen	☐	☐
2. zur Christopher Street Day Parade gehen	☐	☐
3. einen Stadtbummel in Kreuzberg machen	☐	☐
4. das Regierungsviertel besuchen	☐	☐
5. den Berliner Dom besichtigen	☐	☐
6. in den Botanischen Garten gehen	☐	☐

b) **Schreiben Sie Sätze mit** *wollen*. **Korrigieren Sie die falschen Aussagen.**

1. Die Studenten wollen die Museumsinsel besuchen.
2. Sie wollen ...

19 **Und Sie? Was wollen Sie in Berlin machen?**

a) **Lesen Sie und kreuzen Sie an.**

☐ Ich will im Regierungsviertel bummeln.   ☐ Ich will den Reichstag besuchen.
☐ Ich will ins Deutsche Theater gehen.   ☐ Ich will ins Jüdische Museum gehen.

b) **Schreiben Sie zwei weitere Sätze.**

....

....

Fit für Einheit 9? Testen Sie sich!

Mit Sprache handeln

nach dem Weg fragen, den Weg beschreiben

💬 Entschuldigung, ... der Flohmarkt?

👉 Zuerst gehen Sie ...., dann gehen Sie bis zur Kreuzung und

danach sehen Sie den Flohmarkt ....   ▸ KB 2.1, 2.4

von einer Reise erzählen / eine Postkarte schreiben

.... wollen wir eine Stadtrundfahrt .... Dann .... wir

in das Bodemuseum .... und am Abend ins Theater ....   ▸ KB 4.2

durch Wiederholungen memorisieren

💬 Wie komme ich zum Alexanderplatz?

👉 .... ? Das ist ganz einfach!   ▸ KB 3.1

Wortfelder

Wortfeld Großstadt

das Hotel, die Sehenswürdigkeit, das Museum, ...   ▸ KB 1.3

Tourismus systematisch

eine Kirche ...., nach dem Weg ...., ins Museum ....   ▸ KB 3.3

Grammatik

Präpositionen

in, durch, über + Akkusativ

Die Studenten gehen .... die Disko.

Sie laufen .... die Brücke.

Sie fahren .... das Stadttor.

zu, an ... vorbei + Dativ

Die Touristen gehen .... Touristeninformation.

Sie fahren .... Regierungsviertel ....

▸ KB 3.5

Aussprache

Konsonant *r* am Silbenanfang oder Silbenende?

hier – Tor – Rathaus – erklären – rechts – Kreuzung   ▸ KB 2.3

r und l

.....inks – Unte.....den .....inden – das Bundeskanz.....e.....amt   ▸ KB 3.2

Hier lernen Sie

▶ über Ferien und Urlaub sprechen
▶ Urlaubserlebnisse beschreiben
▶ einen Unfall beschreiben
▶ Notizen machen

1 Willkommen im Reiseland Deutschland

a

1. ☐
Für Stadturlauber ist Heidelberg immer ein Reiseziel. Viele Touristen kommen aus dem Ausland. Sie können die romantische Altstadt am Neckar und das Schloss besichtigen.

b

c

1 **Topreiseziele in Deutschland**
Ü1

a) **Sehen Sie die Fotos an. Was kennen Sie?**

b) **Lesen Sie die Texte und ordnen Sie die Fotos zu.**

c) **Lesen Sie noch einmal und sammeln Sie Wörter.**

Reiseziele	was man sehen/ machen kann
die Ostsee: Rügen	....
....	....

im Wald

in den Bergen

in der Altstadt

am Fluss

2. ☐

Sommer, Sonne, Strand und Meer – viele Urlauber machen im Juli und August Ferien an der Ostsee, zum Beispiel auf der Insel Rügen. Eine typisch deutsche Tradition: der Strandkorb.

3. ☐

Die Insel Sylt liegt in der Nordsee. Sie ist lang und schmal. Man kann mit dem Zug auf die Insel fahren. Die Autos müssen auch mit dem Zug fahren. Die Architektur ist interessant: Viele Häuser haben Dächer aus Stroh, die „Reetdach-Häuser".

4. ☐

Viele Urlauber fahren in die Alpen. In den Bergen kann man wandern. Das Schloss Neuschwanstein im Allgäu ist eine Touristenattraktion. Aber eine Besichtigung kostet viel Zeit. Es gibt fast immer Warteschlangen vor dem Schloss.

2 Über Urlaub sprechen

🔊 **a) Wo waren die Leute?**
2.09
Ü2–5   **Hören Sie und notieren Sie die Orte.**

im Allgäu,

b) Fragen und antworten Sie.

Redemittel	so kann man fragen	so kann man antworten	
	Wo waren Sie / warst du / wart ihr im Urlaub / in den Ferien?	Ich war / Wir waren	an der Nordsee / am Bodensee / in den Bergen / in Heidelberg / auf (der Insel) Rügen / im Allgäu.
	Und wie war es?	Es war	toll / super / sehr schön / langweilig / nicht so schön.
	Wie war das Wetter / Essen / Hotel?	Das Wetter / Essen / Hotel war	prima / gut / nicht so gut / schlecht.

Wo waren Sie im Urlaub?

Ich war auf Sylt. Es war super!

ABC

am See

am Strand

auf der Insel

im Hafen

2 Familie Mertens im Urlaub

☑ **1. Tag: 29. Juni**
Vormittags Ankunft in Passau. Unsere Radtour beginnt.
Die erste Etappe ist kurz, 27 km.

☐ **2. Tag: 30. Juni**
Heute haben wir 71,5 km geschafft – von Engelhartszell
nach Linz. Mittags haben wir eingekauft und dann an
der Donau ein Picknick gemacht. In Linz haben wir in einer
Pension übernachtet. Meine Eltern waren sehr müde!

☐ **3. Tag: 1. Juli**
Vormittags haben wir einen Bummel durch Linz
gemacht. Ich habe Linzer Torte probiert, sehr gut!
Mittags Weiterfahrt Richtung Melk. Dort haben
wir das Kloster besucht.

c

☐ **7. Tag: 5. Juli**
Nach 326 km: Wien! Das Riesenrad im Prater haben
wir schon angeschaut und fotografiert. Morgen
machen wir einen Tag Pause und besichtigen
die Stadt.

d

☐ **20. Tag: 18. Juli**
660 km: Wir haben Budapest erreicht und die Stadt
besichtigt. Die Tour war toll! Budapest ist super!

a

b

e

Meine Eltern und meine
Schwester beim Picknick.

1 **Der Donau-Radweg. Durch welche Länder geht er? Arbeiten Sie mit einer Europakarte.**

2 **Aus dem Tagebuch von Silvia Mertens (12). Lesen Sie und ordnen Sie die Fotos den**
Ü6 **Tagen zu.**

3 Ferienwörter. **Finden Sie zwölf Kombinationen.**
Ü7

eine Pause
eine Radtour
ein Picknick   besichtigen
ein Schloss   kaufen
einen Reiseführer machen
Fotos   planen
Ferien
eine Stadt

1. *eine Pause machen* ....   7. ....
2. ....   8. ....
3. ....   9. ....
4. ....   10. ....
5. ....   11. ....
6. ....   12. ....

4 **Haben Sie schon mal ...? Fragen und antworten Sie.**

Haben Sie schon mal

> *Haben Sie schon mal Urlaub in Deutschland gemacht?*

eine Radtour gemacht?
in der Ostsee gebadet?
am Meer gezeltet?
Budapest besucht?
eine Städtereise geplant?
eine Wanderung in den Bergen gemacht?

> *Ja, das habe ich schon gemacht.*

> *Ja, na klar!*

> *Nein, noch nie.*

5 **Das Perfekt mit** *haben*
20.1, Ü8–10
33.1

a) **Lesen Sie die Beispiele. Markieren Sie die Partizip-II-Formen im Tagebuch und**
   machen Sie eine Tabelle.

ge...(e)t	...ge...(e)t	...(e)t
geschafft	eingekauft	übernachtet

Minimemo
Verben mit der Endung *-ieren* (z. B. *probieren*) bilden das Partizip II ohne *ge-*: „Bei Verben mit *-ieren* kann nichts passieren."

b) **Ergänzen Sie die Regel.**

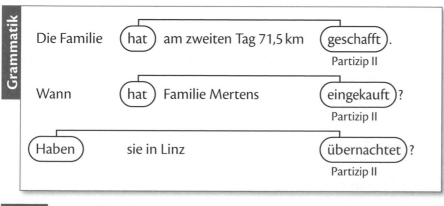

Grammatik

Die Familie (hat) am zweiten Tag 71,5 km (geschafft).
                                              Partizip II

Wann (hat) Familie Mertens (eingekauft)?
                                  Partizip II

(Haben) sie in Linz (übernachtet)?
                          Partizip II

Regel Im Perfekt mit *haben* steht .... auf Position 2.

Das .... steht am Satzende.

ABC

3 Was ist passiert?

1 Ein Unfall. **Bringen Sie die Zeichnungen in die richtige Reihenfolge.**

a

c

e

b

d

f

2 Eintrag im Tagebuch von Silvia Mertens.
Ü11–12 **Lesen Sie und kontrollieren Sie die Reihenfolge in 1.**

> 6. Tag: 4. Juli
> Was für ein Tag! Heute ist meine Mutter vom Rad gefallen.
> Kurz vor Wien haben Kinder auf der Straße Ball gespielt.
> Plötzlich ist der Ball in ihr Rad geflogen, aber es ist nicht viel
> passiert und sie ist gleich wieder aufgestanden. Mein Vater
> hat die Polizei angerufen. Sie ist schnell gekommen, wir haben
> also nicht viel Zeit verloren. Sie haben ein Protokoll geschrie-
> ben und uns geholfen. Dann haben wir eine Pause gemacht.
> Nach einer Stunde sind wir weitergefahren.

3 Lange und kurze Vokale. **Sammeln Sie die Partizip-II-Formen in 2 und markieren Sie**
2.10 **den Wortakzent. Hören Sie und sprechen Sie nach.**

4 Silvia ruft abends ihre Freundin Britta an. **Was antwortet sie auf Brittas Fragen?**
Ergänzen Sie und üben Sie mit Ihrer Partnerin / Ihrem Partner.

💬 Hallo Britta, hier ist Silvia.
📞 Hallo, Silvia, wie geht's auf eurer Radtour?
💬 Ganz gut, aber heute ...
📞 Oh je, ist dir etwas passiert?
💬 ...
📞 Wie ist es denn passiert?
💬 ...

📞 Habt ihr die Polizei angerufen?
💬 ...
📞 Und was habt ihr dann gemacht?
💬 ...
📞 Wann seid ihr denn weitergefahren?
💬 ...
📞 Na, dann viel Spaß noch!
💬 Danke, tschüss, bis bald!

5 Das Perfekt mit unregelmäßigen Verben

20.1, Ü13–14
33.2

a) Markieren Sie die Perfektformen in 2. Was ist neu?

> 6. Tag: 4. Juli
> Was für ein Tag! Heute ist meine Mutter vom Rad gefallen.
> Kurz vor Wien haben Kinder auf der Straße Ball gespielt.

b) Ergänzen Sie die Partizip-II-Formen.

ge...en	...ge...en	...en
fallen –	aufstehen – aufgestanden	verlieren – ....
fliegen –	anrufen –	....
kommen –	weiterfahren –	
schreiben –		
helfen –		

Minimemo

Die meisten Verben bilden das Perfekt mit *haben*.
Lernen Sie das Perfekt mit *sein*:
🚲 fahren – ist gefahren, 🏃 laufen – ist gelaufen,
✈ fliegen – ist geflogen, bleiben – ist geblieben,
passieren – ist passiert, sein – ist gewesen

6 Eine Umfrage: Was haben Sie im Urlaub gemacht?

a) Hören Sie und sammeln Sie Informationen.

2.11
Ü15

Frau Biechele (53)

Herr Demme (41)

Manja (23)

	Frau Biechele	Herr Demme	Manja
Orte (wo?)	....	....	....
Aktivitäten (was?)	....	....	....

b) Machen Sie eine Umfrage im Kurs und berichten Sie.

> Erkan war in ... und hat ...

7 **Mein Urlaub.** Schreiben Sie einen kurzen Ich-Text.

Ü16

Wann? – Wo? – Wie war das Wetter / Hotel / Essen? – Was haben Sie gemacht?

Ich war vom ... bis zum ... im Urlaub.   Ich war ...
Das Wetter war ...   Ich habe viel ... und ich bin oft ...

ABC

4 Urlaubsplanung und Ferientermine

1 Die Monate. Ergänzen Sie die Monatsnamen im Text. Die Informationen finden Sie im Kalender.

Ü17–18

Januar	Februar	März	April	Mai	Juni	Juli	August	September	Oktober	November	Dezember

Land [1]	Sommer	Herbst	Weihnachten	Winter	Ostern	Pfingsten	Sommer
Baden-Württ. (5)	26.7.–8.9.	29.10.–2.11.	24.12.–5.1.	—	25.3.–5.4.	21.5.–1.6.	25.7.–7.9.
Bayern (–)	1.8.–12.9.	29.10.–3.11.	24.12.–5.1.	11.2.–15.2.	25.3.–6.4.	21.5.–31.5.	31.7.–11.9.
Berlin (–)	20./21.6.–3.8.	1.10.–13.10.	24.12.–4.1.	4.2.–9.2.	25.3.–6.4.	10.5./21.5.	19./20.6.–2.8.
Brandenburg (3)	21.6.–3.8.	1.10.–13.10.	24.12.–4.1.	4.2.–9.2.	27.3.–6.4.	10.5.	20.6.–2.8.
Bremen (1)	23.7.–31.8.	22.10.–3.11.	24.12.–5.1.	31.1.–1.2.	16.3.–2.4.	21.5.	27.6.–7.8.
Hamburg (–)	21.6.–1.8.	1.10.–12.10.	21.12.–4.1.	1.2.	4.3.–15.3.	2.5.–10.5.	20.6.–31.7.
Hessen.[2] (–)	2.7.–10.8.	15.10.–27.10.	24.12.–12.1.	—	25.3.–6.4.	—	8.7.–16.8.
Meckl.-Vorp.[2] (3)	23.6.–4.8.	1.10.–5.10.	21.12.–4.1.	4.2.–15.2.	25.3.–3.4.	17.5.–21.5.	22.6.–3.8.
Niedersachsen (–)	23.7.–31.8.	22.10.–3.11.	24.12.–5.1.	31.1.–1.2.	16.3.–2.4.	10.5./21.5.	27.6.–7.8.
Nordr.-Westf. (4)	9.7.–21.8.	8.10.–20.10.	21.12.–4.1.	—	25.3.–6.4.	21.5.	22.7.–3.9.
Rheinland-Pfalz (4)	2.7.–10.8.	1.10.–12.10.	20.12.–4.1.	—	20.3.–5.4.	10.5./31.5.	8.7.–16.8.
Saarland (2)	2.7.–14.8.	22.10.–3.11.	24.12.–5.1.	11.2.–16.2.	25.3.–6.4.	—	8.7.–17.8.
Sachsen (2)	23.7.–31.8.	22.10.–2.11.	22.12.–2.1.	4.2.–15.2.	29.3.–6.4.	10.5./18.5–22.5.	15.7.–23.8.
Sachsen-Anhalt (–)	23.7.–5.9.	29.10.–2.11.	19.12.–4.1.	1.2.–8.2.	25.3.–30.3.	10.5.–18.5.	15.7.–28.8.
Schlesw.-Holst.[3] (3)	25.6.–4.8.	4.10.–19.10.	24.12.–5.1.	—	25.3.–9.4.	10.5.	24.6.–3.8.
Thüringen (1)	23.7.–31.8.	22.10.–3.11.	24.12.–5.1.	18.2.–23.2.	25.3.–6.4.	10.5.	15.7.–23.8.

[1/2/3] siehe Rückseite — Quelle: www.kmk.org/ferienkalender.html

Familie Mertens aus Brandenburg hat zwei Kinder. Sie muss bei ihrer Urlaubsplanung die Ferientermine beachten. Im .... gibt es zwei Wochen Herbstferien. Im .... und .... haben die Kinder Weihnachtsferien und im .... gibt es Winterferien. Die Osterferien sind im Frühling, im .... und .... Die Sommerferien liegen in den Monaten ...., ... und ....

2 Monatsnamen üben. **Fragen und antworten Sie.**

Wann machen Sie Ferien? Wann hast du Geburtstag?
Wann ist der Deutschkurs zu Ende?
Was ist dein Lieblingsmonat?

3 Ab in den Süden – ein Sommerhit. **Hören Sie das Lied und lesen Sie den Text. Welche Wörter sind für Sie Urlaubswörter? Markieren Sie.**

2.12

Ab in den Süden

OHHH Willkommen, willkommen, willkommen Sonnenschein.
Wir packen unsre sieben Sachen in den Flieger rein.
Ja, wir kommen, wir kommen, wir kommen, macht euch bereit,
reif für die Insel, Sommer, Sonne, Strand und Zärtlichkeit.

Raus aus dem Regen ins Leben,
ab in den Süden der Sonne entgegen, was erleben ...

4 Urlaub. **Machen Sie ein Wörternetz.**

wandern
die Sonne
die Berge — der Urlaub

5 Urlaub mit dem Auto

1 Urlaubsziele. **Was ist richtig? Lesen Sie und kreuzen Sie an.**
Ü19

1. ☒ Italien ist als Urlaubsland sehr beliebt.
2. ☐ Österreich ist der Urlaubsfavorit.
3. ☐ Viele deutsche Autourlauber fahren an die Ostsee.
4. ☐ Österreich hat den vierten Platz in den Top Ten.
5. ☐ Die Toskana, Venetien und Südtirol sind Attraktionen in Italien.
6. ☐ Auf Platz 1 bei den deutschen Autourlaubern liegt Deutschland.
7. ☐ Kroatien liegt als Urlaubsziel auf Platz 2.

reise + urlaub 07/2012

Wohin fahren die deutschen Autourlauber?

Deutsche Autourlauber und ihre Ziele

Deutschland	40,2
Italien	16,8
Österreich	7,2
Frankreich	5,7
Kroatien	5,4

Angaben in %

© 05/2012 ADAC e.V.

Viele deutsche Urlauber fahren gern mit dem Auto in die Ferien. Italien, Österreich und Frankreich sind Topreiseziele. Mit rund einer Million Urlaubsreisen liegt Deutschland bei den Autourlaubern aber auf Platz 1. Besonders gern fahren die Deutschen an die Ostsee und die Mecklenburgische Seenplatte, nach Oberbayern und ins Allgäu. In Italien sind die Toskana, Venetien und Südtirol *die* Attraktionen. Viele Autourlauber entscheiden sich auch für Kroatien und fahren z. B. nach Istrien.

27

2 **Wohin fahren Sie am liebsten?**
Erzählen Sie im Kurs.

Minimemo
Deutschland / nach Deutschland
die Türkei / in die Türkei
die Schweiz / in die Schweiz

ABC

1 Urlaub. **Ordnen Sie die Wörter den Fotos zu.**

die Altstadt – das Meer – Ski fahren – der Stadtbummel – wandern – lesen – die Berge –
besichtigen – der Strandkorb – die Natur – die Sonne – das Schloss – baden – der Wald –
einkaufen – das Café – der Strand

1

2

3

....

....

....

....

....

die Altstadt, ...

....

....

....

....

2 Vier Frauen – vier Urlaubsorte

2.19

a) Welche Hörtexte passen? Hören Sie und ordnen Sie zu. Ein Hörtext passt nicht.

1 Allgäu ☐

2 Sylt ☐

3 Heidelberg ☐

b) Wo waren die Frauen im Urlaub? Hören Sie noch einmal und ergänzen Sie.

1. Carina war bei ihrer Tante in ....

2. Julia war mit ihrer Klasse in den .... , sie waren im ....

3. Cora und ihre Freundin waren auf .... Und sie waren auch an

   der ....

4. Lena war mit ihrer Familie auf ....

3 Textkaraoke. Hören Sie und sprechen Sie die 👄-Rolle im Dialog.

2.20

👂 ...

👄 Guten Tag, Herr Marquardt.
 Waren Sie im Urlaub?

👂 ...

👄 Wo waren Sie denn?

👂 ...

👄 Und wie war es?

👂 ...

👄 Und wie war das Wetter?

👂 ...

4 Wo waren Sie im Urlaub?

a) Lesen Sie und ergänzen Sie das Interview.

> Das Wetter war in den ersten Tagen gut. In Marseille hat es einen Tag geregnet. – Ich war mit meinem Freund zwei Wochen in Südfrankreich. – Mein Mann und ich waren zehn Tage in der Schweiz, nur unsere Tochter Sophie nicht. – Es war sehr schön. In Marseille war es toll.

💬 Wo waren Sie im Urlaub, Frau Abt?　　👌 *Mein Mann* ....

💬 Und wo warst du, Sophie?　　👌 ....

💬 Und wie war es in Südfrankreich?　　👌 ....

💬 Und wie war das Wetter?　　👌 ....

b) Unterstreichen Sie die Präteritum-Formen von *sein* und ergänzen Sie die Tabelle.

sein		
ich	*wir*	
du	*ihr*	
er / es / sie	*sie / Sie*	

5 Und wie war der Urlaub? Hören Sie die Wörter und markieren Sie: langer oder kurzer Vokal?

2.21

Der Urlaub war ...

schlecht　langweilig　gut　schön　toll　prima　super!

))⊚ **6** **Ab nach Linz**

2.22

a) Hören Sie den Text und bringen Sie die Fotos in die richtige Reihenfolge.

Linzfest ☐

Linz an der Donau 1

Botanischer Garten ☐

Mariendom ☐

b) Was ist richtig? Hören Sie noch einmal und kreuzen Sie an.

1. Linz
   a ☐ ist die Hauptstadt von Österreich.
   b ☐ liegt nördlich von Wien.
   c ☐ liegt im Nordosten von Österreich.

2. Linz war Kulturhauptstadt
   a ☐ 2007.
   b ☐ 2009.
   c ☐ 2012.

3. Das Linzfest
   a ☐ ist ein Musikfestival.
   b ☐ ist im Sommer.
   c ☐ spielt Musik nur aus Österreich.

4. Seit 1653 gibt es schon
   a ☐ den Botanischen Garten.
   b ☐ die Linzer Torte.
   c ☐ das Linzfest.

7 Eslem und Stefan in Linz

a) Was wollen sie machen? Ergänzen Sie die Verben.

☐ – einen Bummel durch Linz ....
☐ – die Linzer Torte ....
☐ – das Linzfest ....
☐ – eine Schiffstour ....
☐ – den Mariendom ....
☐ – Geschenke ....

kaufen –
probieren –
machen –
machen –
fotografieren –
besuchen

b) Was haben sie gemacht? Lesen Sie und kreuzen Sie in a) an.

Linz war super! Wir waren dort zwei Tage. Wir haben in einem Hotel im Zentrum übernachtet. Wir haben eine Schiffstour gemacht und den Mariendom und das Rathaus fotografiert. Wir haben die Altstadt angeschaut. Und wir haben Linzer Torte probiert – hm, sehr lecker! Das war alles.

Nein, wir haben auch noch viele Geschenke gekauft!

c) Unterstreichen Sie die Partizip-II-Formen in b) und ergänzen Sie die Tabelle.

ge...(e)t	...ge...(e)t	...(e)t
		übernachtet

8 Der Urlaub von Familie Mertens

a) **Ergänzen Sie die Partizip-II-Formen.**

1. ☐ Familie Mertens hat eine Radtour von Passau nach Linz .... (machen).

2. ☐ Am zweiten Tag haben sie .... (einkaufen) und an der Donau ein

   Picknick .... (machen).

3. ☐ In Linz haben sie in einer Pension .... (übernachten).

4. ☐ In Linz haben sie ein Kloster .... (besichtigen).

5. ☐ In Wien haben sie das Rathaus .... (besuchen) und ....
   (fotografieren).

6. ☐ In Budapest hat die Familie ihr Ziel .... (erreichen).

b) **Lesen Sie das Tagebuch von Silvia auf Seite 164 noch einmal. Welche Sätze in a) sind
   richtig? Kreuzen Sie an und korrigieren Sie die falschen Sätze.**

9 Flüssig sprechen. **Hören Sie und sprechen Sie nach.**

2.23

1. gemacht. – Urlaub in Wien gemacht. – Verena hat Urlaub in Wien gemacht.
2. telefoniert. – mit ihren Eltern telefoniert. – Sie hat mit ihren Eltern telefoniert.
3. übernachtet. – in einem Hotel übernachtet. – Sie hat in einem Hotel übernachtet.
4. angeschaut. – den Stephansdom angeschaut. – am ersten Tag den Stephansdom angeschaut. –
   Sie hat am ersten Tag den Stephansdom angeschaut.

10 Was hat Peter im Sommer gemacht? **Schreiben Sie Sätze.**

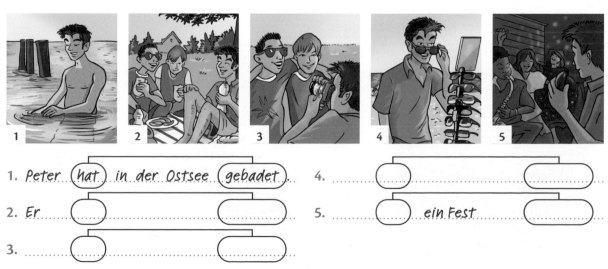

1 2 3 4 5

1. Peter (hat) in der Ostsee (gebadet). 4. ....( )............( )...............

2. Er ....( )...............( )............... 5. ....( ) ein Fest ....( )...............

3. ....( )............( )...............

11 Der Unfall von Frau Mertens. **Ergänzen Sie.**

1. Entschuldigung, ist Ihnen etwas
............................? (*passieren*)

2. Ich bin vom Rad
.... (*fallen*)

3. Der Ball ist ins Rad
....
(*fliegen*)

4. Wie ist das genau
............................? (*passieren*)

5. Ich habe Sie
.... (*anrufen*)

12 Familienwörter. **Was passt? Ordnen Sie zu.**

der Großvater

der Vater

die Großmutter   der Bruder

die Mutter

die Schwester

die Großeltern: ....

+ ....

die Eltern: ....

+ ....

die Geschwister: ....

+ ....

13 Das Perfekt

a) **Wie heißt der Infinitiv? Schreiben Sie.**

1. Die Kinder haben Ball gespielt. *spielen*........   5. Der Vater hat angerufen. ....

2. Der Ball ist ins Rad geflogen. ....   6. Die Polizei ist gekommen. ....

3. Es ist nicht viel passiert. ....   7. Sie haben uns geholfen. ....

4. Die Mutter ist aufgestanden. ....   8. Wir sind weitergefahren. ....

b) **Sein oder haben? Sammeln Sie Verben aus 11 und 13 und machen Sie eine Tabelle.**

Perfekt mit haben	Perfekt mit sein
sie haben gespielt	

14 Mit dem Fahrrad durch Frankreich.
Ergänzen Sie die Perfektformen.

> fahren (2 x) – bleiben – schreiben – arbeiten –
> besichtigen – passieren – helfen – fallen

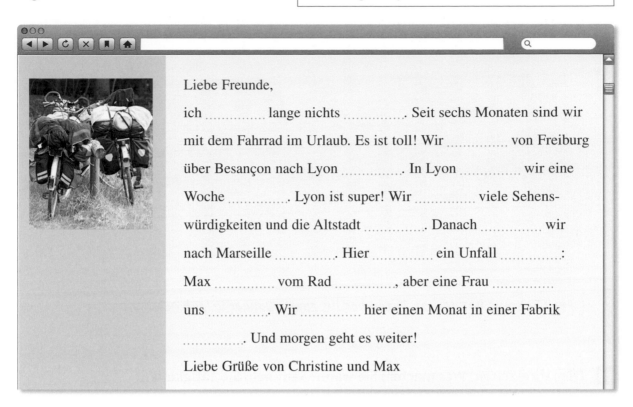

Liebe Freunde,

ich .... lange nichts .... Seit sechs Monaten sind wir

mit dem Fahrrad im Urlaub. Es ist toll! Wir .... von Freiburg

über Besançon nach Lyon .... In Lyon .... wir eine

Woche .... Lyon ist super! Wir .... viele Sehens-

würdigkeiten und die Altstadt .... Danach .... wir

nach Marseille .... Hier .... ein Unfall ....:

Max .... vom Rad ...., aber eine Frau ....

uns .... Wir .... hier einen Monat in einer Fabrik

.... Und morgen geht es weiter!

Liebe Grüße von Christine und Max

15 Urlaubstypen

a) **Wer macht wo Urlaub? Vermuten Sie und ordnen Sie zu.**

> **Wo?** in der Stadt – im Wald – am Meer – in den Bergen – am Strand
> **Was?** Rad fahren – baden – wandern – feiern – in Cafés gehen – lesen – Museen besuchen
> **Mit wem?** allein – mit Freunden – mit der Freundin

*Sven Hesse
(27)*

Wo? ....

Was? ....

Mit wem? ....

*Marcel Lindner
(30)*

Wo? ....

Was? ....

Mit wem? ....

*Gregor Bayer
(25)*

Wo? ....

Was? ....

Mit wem? ....

))🔊 b) **Welcher Steckbrief passt? Hören Sie die drei Interviews und ordnen Sie zu.**
2.24

16 Und welcher Urlaubstyp sind Sie? **Schreiben Sie einen Steckbrief.**

> Wo?
> Was?
> Mit wem?

17 Urlaubsplanung in der Firma. **Wer hat wann Urlaub gemacht? Schreiben Sie.**

Claudia Behrens

Jörg Werner

Hanna Weber

> Frau Behrens hat vom 21. Dezember bis zum 2. Januar Urlaub gemacht ...

18 Die Jahreszeiten. **Was machen Sie wann? Sammeln Sie Tätigkeiten.**

im Garten arbeiten — **im Frühling** — spazieren gehen — Fahrrad fahren

lesen — **im Winter** — Ski fahren — in den Süden fliegen

19 Was hat Familie Grunwald im Urlaub gemacht? **Schreiben Sie.**

> nach Österreich fahren – alle Sachen ins Auto packen – ein Picknick machen – falsch fahren – nach dem Weg fragen – helfen – auf der Autobahn im Stau stehen – im Hotel anrufen – spät ankommen – müde sein

> Familie Grunwald ist nach Österreich gefahren.
> Zuerst haben sie alle Sachen ...

Fit für Einheit 10? Testen Sie sich!

über Ferien und Urlaub sprechen

Wo waren Sie im Urlaub? .... (Dresden)

Und wie war es? .... (sehr schön)

Wie war das Wetter? .... (nicht so gut)

▸ KB 1.2, 2.4, 3.6, 5.1

einen Unfall beschreiben

☐ 1 Wir haben eine Radtour gemacht.	☐ Dann sind wir weitergefahren.
☐ Sie haben ein Protokoll geschrieben.	☐ Ich bin vom Rad gefallen.
☐ Meine Schwester hat die Polizei angerufen.	☐ Die Polizei ist gekommen. ▸ KB 3.2, 3.4

Urlaub

ein Picknick   wandern
die Altstadt   planen
in den Bergen   besichtigen
in der Ostsee   machen
eine Städtereise   baden   ▸ KB 1.1, 2.3

Jahreszeiten und Monatsnamen

der Winter: *der Dezember, der Januar* ....

der Frühling: ....

der Sommer: ....

der Herbst: .... ▸ KB 4.1

Das Perfekt

passieren: *es ist passiert* ....   helfen: ....

machen: *er hat* ....   aufstehen: ....

kommen: ....   einkaufen: ....

▸ KB 2.5, 3.5

Langer oder kurzer Vokal?

gesp<u>ie</u>lt – gem<u>a</u>cht – gepl<u>a</u>nt – gefallen – geholfen – geflogen – verloren – aufgestanden   ▸ KB 3.3

1 Berufsbilder

1 Beruf Reiseverkehrskauffrau

a) Sehen Sie die Fotos an. Was machen Reiseverkehrskaufleute?

b) Lesen Sie den Text und sammeln Sie Informationen im Wörternetz.

Jenny Manteufel, Reiseverkehrskauffrau

Jenny Manteufel arbeitet im Reisebüro Ikarus in Kassel. Sie ist Reiseverkehrskauffrau und organisiert Urlaubs- und Geschäftsreisen. Reiseverkehrskaufleute
reservieren Zimmer in Hotels und informieren Kunden über Reiseziele.
Frau Manteufel muss viele Länder sehr gut kennen. Sie ist Spezialistin für Reisen
nach Kanada. Mit dem Computer recherchiert sie Reiseziele, Preise oder
Fahrpläne. Sie muss viel organisieren, z. B. Exkursionen planen und dann die
Hotels buchen. Manchmal macht sie auch eine Qualitätskontrolle in Hotels oder
sie informiert sich über neue Reisetrends auf einer Messe. Letzte Woche war sie
in Friedrichshafen zur Internationalen Touristikmesse „Reisen und Freizeit". Im
Trend sind Trekking-Touren und Städte-Trips.

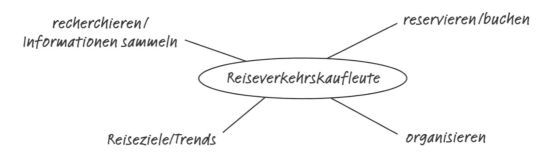

recherchieren/
Informationen sammeln

reservieren/buchen

Reiseverkehrskaufleute

Reiseziele/Trends

organisieren

■))◉ **c) Was erzählt Jenny Manteufel noch? Hören Sie das Interview**
2.13 **und ergänzen Sie das Wörternetz.**

2 **Beruf Fachangestellte/r für Bäderbetriebe. Lesen Sie die Berufsbeschreibung. Welches Foto passt am besten zum Beruf? Kreuzen Sie an.**

Sie arbeiten, wo andere ihre Freizeit verbringen. Badegäste nennen die „Fachangestellten für Bäderbetriebe" meistens „Schwimmmeister" oder „Bademeister". Bademeister/innen stehen nicht nur cool am Beckenrand, sie haben auch viele Aufgaben. Sie kontrollieren die Wasserqualität, betreuen die Badegäste, geben Schwimmunterricht und überwachen die Technik und die Sauberkeit in Schwimmbädern. Sie haben eine Ausbildung in Erste Hilfe und als Rettungsschwimmer. Bademeister/innen arbeiten oft in Frei- und Hallenbädern, an Seen und am Strand, in Fitnesszentren oder in Wellness-Hotels.

 3 **Interview mit Schwimmmeister Kevin Landefeld (34)**

2.14

a) **Hören Sie das Interview und kreuzen Sie die richtigen Aussagen an. Wozu sagt er nichts?**

	richtig	falsch
1. Kevin muss oft die Wasserqualität und die Technik kontrollieren.	☐	☐
2. Er muss oft Schwimmunterricht geben.	☐	☐
3. Er muss nie Sachen reparieren.	☐	☐
4. Er muss oft Badegäste retten.	☐	☐
5. Er muss nie ins Schwimmtraining gehen.	☐	☐
6. Er kann nie im Sommer Urlaub machen.	☐	☐
7. Er kann oft um 18 Uhr zu Hause sein.	☐	☐

b) **Hören Sie noch einmal und korrigieren Sie die falschen Aussagen.**

4 **Portrait. Schreiben Sie eine Kurzbeschreibung für den Beruf „Bademeister/in":
Arbeitsorte, Aufgaben, Ausbildung.**

2 Wörter – Spiele – Training

1 **Berufe raten. Welche Berufe aus studio [21] sind das?**

Kursbuch, Tafel, Wörter erklären, ... – die Lehrerin / der Lehrer

1. Computer, Software, Programme schreiben ....

2. Büro, Telefon, Termine machen ....

3. Speisekarte, Getränke, kassieren ....

4. Sport, Aerobic, Kurse planen ....

5. Maschine, Technik, reparieren ....

6. Praxis, Patienten untersuchen ....

7. Hotels, Flugtickets, telefonieren ....

2 **Im Labyrinth. Hören Sie die Beschreibung und zeichnen Sie den Weg ein.**

2.15

💬 Entschuldigung, ich suche den Ausgang, bitte ganz, ganz schnell!

👂 ...

3 Wortschatz wiederholen

a) Ordnen Sie die Wörter in die Tabelle. Schreiben Sie die Nomen mit Artikel.

> arbeiten – Bus – Computer – Berge – Drucker – Monitor – Sonne – notieren – Fahrrad –
> Picknick – schreiben – Taxi – baden – wandern – U-Bahn – Verkehr – telefonieren – Insel –
> E-Mail – Museum – Ampel – fliegen – Pause machen – Stau

Verkehr	Büro	Urlaub
der Bus	....	....
....	....	....
....	....	....
....	....	....
....	....	....

b) Wählen Sie ein Wortfeld aus. Machen Sie ein Lernplakat.
Vergleichen Sie die Plakate im Kurs.

1. mein Tagesablauf
2. mein Arbeitsplatz
3. in Berlin als Tourist

4 Übungen in Gruppen selbst machen

a) Schreiben Sie zehn Übungen zu den Einheiten 7 bis 9.

1. Beruf Arzt. Wie heißt die feminine Form?
2. Was macht ein Programmierer? Nennen Sie zwei Tätigkeiten.
3. Herr Sacher organisiert Sportkurse. Welchen Beruf hat er?
4. Artikelwörter im Akkusativ, maskulin, Singular – wie heißt die Endung?
5. Nennen Sie drei Informationen auf Visitenkarten.
6. ...

b) Gruppe 1 spielt „Fußball" gegen Gruppe 2.

Gruppe 1 fragt, Gruppe 2
antwortet falsch. Der Ball
geht ein Feld nach rechts.
Gruppe 2 fragt, Gruppe 1
antwortet richtig.
Der Ball geht ins Tor:
„1 zu 0" für Gruppe 1. usw.

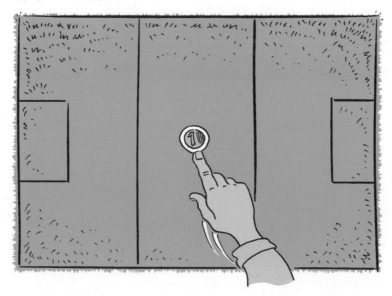

3 Filmstation

1 Aufgaben im Praktikum. **Sehen Sie die Szene und ergänzen Sie die Verben.**

14

Bitte .... Sie Platz!

Aleksandra hat nicht viel Erfahrung in der Verlagsarbeit, aber sie hat schon ein Praktikum bei einem

Wörterbuchverlag .... Sie .... sich sehr für das Praktikum.

Sie .... drei Sprachen. Sie .... mit Autoren zusammen.

Frau Garve sagt: „Sie .... und .... Texte der Autoren und

.... Konferenzen." Die Konferenzen sind auch am Wochenende. Aleksandra muss

auch Reisen .... und am Computer ....

2 Orientierung in Berlin. **Nach dem Weg fragen und antworten.**
Sammeln Sie wichtige Wörter und Sätze aus dem Film.

15

Fragen	Antworten
....	....
....	....
....	....

3 Aleksandra am Arbeitsplatz

16

a) **Im Büro. Welche Dinge kennen Sie auf Deutsch?**

1. ....
2. ....
3. ....
4. ....
5. ....
6. ....

b) **Sehen Sie die Szene, ordnen Sie die Tätigkeiten und schreiben Sie.**
   Was macht Aleksandra wann?

- ☐ Tom kommt und will 40 Kopien.
- ☐ Sie bittet Erkan um Hilfe.
- ☐ Sie telefoniert mit Frau Garve.
- ☐ Frau Garve braucht eine Stadtführung für einen Kollegen aus Barcelona.
- ☐ Erkan fragt: „Wir können mal zusammen kochen. Hast du Lust?"
- ☐ 1 Sie sucht eine Information auf der Internetseite der Deutschen Bahn.

c) **Aleksandra muss eine Stadtführung organisieren. Sie ruft Erkan an. Sehen Sie die Szene. Was sagt Erkan? Ergänzen Sie den Dialog und üben Sie mit Ihrer Partnerin / Ihrem Partner.**

💬 Hi Erkan, du, kannst du mir helfen? Ich brauche eine Stadtführung.

👄 ....

💬 Das ist ja super. Du kannst mir die Infos mailen.

👄 ....

💬 Das ist eine Riesenhilfe. Du hast was gut bei mir. Wie kann ich dir danken?

👄 ....

💬 Kochen? Bei dir?

👄 ....

💬 Ja gern, warum nicht?

👄 ....

💬 Ok., dann bis morgen Abend.

4 Magazin

Produkte aus Deutschland,

Nivea – eine Creme geht um die Welt

Wer kennt sie nicht, die blaue Cremedose mit der weißen Schrift? Nivea-Creme ist seit 1911 auf dem Markt. Der Apotheker Dr. Oscar Troplowitz hat sie schon um 1900 in seinem Labor in Hamburg entwickelt. Troplowitz hat Öl und Wasser mit Eucerit gemischt und so die Hautcreme erfunden. Der Name Nivea kommt von „nivis", lateinisch für Schnee. Die blaue Dose gibt es seit 1924. Sie symbolisiert Frische und Sauberkeit. Nivea – das ist heute nicht nur Creme und Body Lotion, es ist die größte Kosmetik- und Körperpflegemarke der Welt.

Energie aus Österreich - Red Bull

1982 hat Dietrich Mateschitz eine Dienstreise nach Hongkong gemacht und an einer Hotelbar ein isotonisches Getränk probiert. Die Idee war gut. Mateschitz hat einen Energy Drink entwickelt, und seit 1987 ist Red Bull in Österreich auf den Markt. Heute verkauft die Firma jedes Jahr ca. vier Milliarden Dosen in über 160 Ländern. Red Bull ist Sponsor im Motorsport. 2010 und 2012 hat das Red Bull Racing-Team mit dem Formel-1-Piloten Sebastian Vettel den WM-Titel gewonnen. Red Bull unterstützt Extremsportler in Disziplinen wie Base-Jumping, Kitesurfen, Snow- und Skateboarden oder Mountainbiking. Das Eishockeyteam EC Red Bull Salzburg war 2007, 2008 und 2010 Meister in der ersten Liga. Außerdem hat Red Bull Fußballclubs in Österreich, Ghana, den USA, Brasilien und Deutschland.

Österreich und der Schweiz

Milka – manche Kühe sind lila

1825 gründet der Bäcker Philippe Suchard eine Schokoladenfabrik in Neuenburg (Schweiz) und seit 1901 gibt es den Markennamen „Milka". Er ist eine Abkürzung aus den Wörtern „Milch" und „Kakao". Für die Schokolade sind das lila Papier, die Kuh und das Alpenfoto typisch. Seit 1973 ist auch die Milka-Kuh lila. Heute produziert Milka 120.000 Tonnen Schokolade in Lörrach (Deutschland) und an anderen Produktionsorten wie z.B. in Straßburg (Frankreich), Bratislava (Slowakei) und Posen (Polen). Aber nur in Lörrach heißt eine Straße „Milkastraße". Milka ist Sponsor für den Ski-Sport. In den 1990er Jahren hat Peter Steiner in einem Milka-Werbespot sein Lied „It's cool man" gesungen. Steiner war schon über 70 Jahre alt und sein Lied war in der deutschen, österreichischen und schweizerischen Hitparade. Milka ist sehr bekannt. Manche Kinder denken: Kühe sind lila.

Drei Streifen – Adidas

Die Adidas AG produziert Sportartikel für den internationalen Markt. Die Firmengeschichte ist lang. 1920 entwickelt Adolf Dassler in Herzogenaurach bei Nürnberg einen Trainingsschuh für Läufer. Er kostet zwei Reichsmark und ist optimal für den Sport. Fünf Jahre später produziert Dassler Spezialschuhe für den Fußball und bei den Olympischen Spielen 1936 gewinnt Jesse Owens vier Goldmedaillen in den Schuhen von Adi Dassler. Die Adidas AG gründet Adolf Dassler am 18. August 1949. Der Sieg der deutschen Fußball-Nationalmannschaft 1954 in Bern (Schweiz) macht die Firma Adidas weltbekannt. Heute gehört auch die Marke Reebok zu Adidas. Weltweit arbeiten mehr als 38.000 Mitarbeiter und Mitarbeiterinnen für die Marke mit den drei Streifen. Firmensitz ist aber immer noch Herzogenaurach.

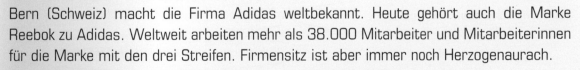

10 Essen und trinken

Hier lernen Sie

▶ einkaufen: fragen und sagen, was man möchte
▶ nach dem Preis fragen und antworten
▶ sagen, was man (nicht) gern mag/isst/trinkt
▶ ein Rezept verstehen und erklären

1 Lebensmittel auf dem Markt und im Supermarkt

Sie wünschen, bitte?

Oh, die Möhren sind billig, das Bund nur 1,29 Euro!

1 **Auf dem Markt oder im Supermarkt?**

a) Welche Lebensmittel kennen Sie? Sammeln Sie im Kurs.

> Bananen, Kaffee, Milch, ...

b) Welche Lebensmittel kaufen Sie wo? Machen Sie eine Tabelle.

auf dem Markt	im Supermarkt	beim Bäcker	in der Fleischerei
Äpfel		Brot	

Auf dem Markt kaufe ich Äpfel und Orangen.

Fleisch und Wurst kaufe ich in der Fleischerei.

einhundertsechsundachtzig

das Brot

die Butter

die Kartoffeln (Pl.)

das Hähnchen

die Tomate

3,49 Euro für 500 g Erdbeeren – das ist aber teuer!

Ich hätte gern 100 g Salami.

2 **Einkaufen. Was kaufen Sie jeden Tag? Was kaufen Sie manchmal und was nie?**
Ü1–2 **Vergleichen Sie im Kurs.**

jeden Tag	manchmal	nie
Milch	Fleisch	Fisch ....

Ich kaufe jeden Tag Milch.
Manchmal kaufe ich Fleisch.
Fisch kaufe ich nie.

3 **Fünf wichtige Lebensmittel in Ihrem Land. Machen Sie eine Liste. Arbeiten Sie mit dem Wörterbuch. Wie heißen die Lebensmittel auf Deutsch?**

4 **Einkaufen in Deutschland, Österreich und der Schweiz – Einkaufen in Ihren Ländern.**
Ü3 **Was kaufen Sie ein? Was gibt es nicht?**

Bei uns zu Hause kaufe ich Weißbrot.

Sauerkraut kenne ich nicht. Was ist das?

Gibt es in Deutschland auch ...?

In Deutschland gibt es keine ...

ABC

einhundertsiebenundachtzig

 der Joghurt

 der Käse

 die Eier (Pl.)

 der Kuchen

 die Schokolade

2 Einkaufen

 1 **Was haben die Leute gekauft?**

2.16

a) Hören Sie und kreuzen Sie an.

☐ .... Erdbeeren   ☐ .... Eier

☐ .... Kartoffeln   ☐ .... Brötchen

☐ .... Äpfel   ☐ .... Bananen

☐ .... Sauerkraut   ☐ .... Milch

b) Hören Sie noch einmal und notieren Sie die Menge.

> **Minimemo**
> 500 g = 500 Gramm = 1 Pfund
> 1 kg = 1 Kilogramm (Kilo)
> 1 l = 1 Liter
> St = 1 Stück

2 **Wochenendeinkauf. Was kaufen Sie ein? Schreiben Sie einen Einkaufszettel.**

Ü4

Lerntipp

Wartezeit = Lernzeit

Sie warten an der Kasse? Nennen Sie alle Sachen in Ihrem Wagen auf Deutsch! Was kaufen die anderen?

3 **Einkaufsdialoge. Fragen und sagen, was man möchte. Üben Sie.**

Ü5

Was darf es sein?	Ich hätte gern	2 Kilo Kartoffeln / 5 Äpfel /
Sie wünschen?	Geben Sie mir bitte	einen Liter Milch /
Bitte schön?	Ich möchte	200 g Käse / 4 Brötchen /
	Ich nehme	eine Flasche Ketchup.

4 **Aussprache -e und -en oder -el am Wortende. Hören Sie und sprechen Sie nach.**

2.17   Ü6

1. bitte – bitte schön – ich hätte gern – ich hätte lieber – ich möchte – ich nehme – der Käse – eine Flasche – welche Flasche?

2. wünschen – Sie wünschen? – welchen Käse wünschen Sie? – geben – geben Sie mir bitte – der Apfel – die Äpfel – ein Brötchen – die Tomaten – kosten – was kosten die Lebensmittel?

5 Preise

Ü7

a) Fragen und antworten Sie.

💬 Was kosten die Gurken?　　　　　　🗨 Wie viel kosten die Tomaten?
🗨 Eine Gurke kostet 1,50 Euro.　　　　💬 3 Euro das Kilo.
💬 Was kosten ...?

b) Kommentieren Sie die Preise.

Eine Gurke für 1,50 Euro – das ist aber teuer!

Die Möhren sind billig.

6 Wortschatz systematisch

a) Sammeln Sie Wörter zum Thema Lebensmittel in einem Wörternetz.

👍 **Lerntipp**
Machen Sie Wörternetze!

b) Sammeln Sie Wörter und Redemittel in Wortfeldern.

Obst und Gemüse

Äpfel und Birnen

👍 **Lerntipp**
Wörter zusammen lernen

fragen und sagen,
was man möchte

Ich hätte gern ...

((•)) **c) Trainieren Sie Wörter zusammen mit ihrer Aussprache. Hören Sie und sprechen Sie nach.**
2.18

7 Einkaufen spielen. **Üben Sie im Kurs.**
Ü8–9

fragen, was jemand möchte	**sagen, was man möchte**
Bitte schön? / Sie wünschen bitte?	Ein Kilo / Einen Liter ..., bitte.
Was darf es sein? / Noch etwas?	Ich hätte gern ... / Ich möchte ... /
Welchen Käse möchten Sie?	Ich nehme ...
Welche Wurst ...	Haben Sie ...? Gibt es (heute) ...?
Darf es sonst noch etwas sein?	Danke, das ist alles.
Möchten Sie eine Tüte?	Ja, bitte. / Nein, danke.
nach dem Preis fragen	**Preise nennen**
Was kostet ... / Wie viel kosten ...?	100 g kosten 2,99. / 98 Cent das Kilo.
Was macht das?	Das macht zusammen 23,76 Euro. / 3,80 bitte.

Redemittel

ABC 📖

3 Über Essen sprechen

1 Was essen die Deutschen gern zu Mittag?

Ü10

a) Lesen Sie die Überschrift. Worum geht es im Text? Kreuzen Sie an.

1. ☐ ein Rezept für Currywurst
2. ☐ eine Umfrage zum Thema Lieblingsessen
3. ☐ Sport in der Mittagspause

b) Lesen Sie den Zeitungsartikel und sammeln Sie alle Lebensmittel.

Currywurst oder Schnitzel mit Pommes – welches Gericht macht das Rennen?

Jeden Tag essen ca. 6 Mio. Deutsche in einer Kantine zu Mittag. Markt-Info hat 1000 Gäste in einer Kantine in Frankfurt/Main gefragt: Was ist Ihr Lieblingsessen? Das Ergebnis überrascht nicht: Pizza, Nudeln und Fleischgerichte sind sehr beliebt. 29 Prozent erklären die Currywurst zu ihrem Lieblingsessen. Spaghetti mit Tomatensoße landen mit 22 Prozent auf dem zweiten Platz. Danach folgt Pizza mit 16 Prozent. Mit 13 Prozent ist das Schnitzel mit Pommes nicht mehr so beliebt wie früher (2007: 20 Prozent). Kalorien sind beim Lieblingsessen nicht wichtig: Kantinenbesucher essen lieber Hamburger (9 Prozent) als Fisch (7 Prozent). Gemüse und Salat sind auch nicht sehr beliebt. Nur 4 Prozent essen mittags am liebsten einen Salat. Das Umfrage-Ergebnis: Kantinenessen muss lecker, aber nicht gesund sein.

c) Was ist in Kantinen „in"? Machen Sie eine „Hitliste".

Platz	Essen	Prozent
1		29
2		

d) Was bedeutet das? Ordnen Sie zu.

das Rennen machen **1**   **a** zu ihrem Lieblingsessen erklären
auf dem zweiten Platz landen **2**   **b** auf dem 1. Platz sein
sagen, was man am liebsten isst **3**   **c** nicht so gut oder beliebt sein wie Platz 1

2 Textzusammenfassung. **Ergänzen Sie die Lebensmittel.**

Kantinengäste essen gern ...., ... und

.... Sie mögen *Spaghetti* lieber als .... und

.... lieber als *Fisch* . Am liebsten essen sie

....

> **Minimemo**
> Ich mag Pommes genauso gern wie Pizza. Ich mag Döner lieber als Hamburger.

3 Mittagspause in Ihrem Land – was isst man am liebsten? **Vergleichen Sie.**

4 Welches Ei ist frisch? **Lesen Sie den Haushaltstipp.**
Was passiert? Wie alt sind die Eier? Ordnen Sie zu.

a   b   c

1. ☐ Das Ei ist frisch.
2. ☐ Das Ei ist mehr als zwei Wochen alt.
3. ☐ Das Ei ist mehr als drei Wochen alt.

Haushaltstipp

Eier-Test

*Im Ei ist Luft. Ist das Ei frisch,
ist wenig Luft im Ei. In einem
alten Ei ist mehr Luft. Geben
Sie das Ei in ein Glas mit Wasser.*

5 Komparation: *viel – gut – gern*

27 Ü11–14

a) *Viel.* **Ordnen Sie die Fotos zu.**

a   b   c

1. ☐ viel   2. ☐ mehr   3. ☐ am meisten

b) *Gut und gern.* **Diskutieren Sie im Kurs.**

> Ich finde, Fisch mit Reis schmeckt gut.

> Ich finde, Currywurst mit Pommes schmeckt besser als Fisch.

> Ich finde, Schokoladentorte mit Sahne schmeckt am besten, oder?

> Ich esse gern Fisch mit Reis.

> Ich esse lieber Currywurst mit Pommes als Fisch.

> Ich esse am liebsten Schokoladentorte.

6 Fragewort *welch-*. **Sammeln Sie Beispiele in der Einheit. Ergänzen Sie die Tabelle.**

24   Ü15

Grammatik		der Käse	das Ei	die Wurst
	Nominativ	welcher Käse	welch…… Ei	………… Wurst
	Akkusativ	………… Käse	………… Ei	welche Wurst
	Plural	Welche Äpfel/Eier/Bananen kaufst du?		

> Ich kaufe Bio-Eier.

7 Ausssprache *-er* am Wortende. **Hören Sie und sprechen Sie nach.**

2.19

lieber – Hamburger – Döner – Eier – welcher – Hamburger esse ich lieber als Döner.

Regel Am Wortende spricht man *-er* wie ein schwaches *a*.

ABC

4 Was ich gern mag

1 Ein Menü. **Was passt (nicht) zusammen?**
Ü16

> Ich finde, Milch passt nicht zu Pizza.

> Das finde ich gar nicht.

> Das finde ich auch.

Fleisch	Kartoffeln	Salat	Käse	Wein
Fisch	Reis	Sauerkraut	Schinken	Bier
Pizza	Nudeln	Tomaten	Ketchup	Wasser
Brot	Pommes	Paprika	Schokolade	Orangensaft

2 Magst du ...? **Üben Sie.**
Ü17

🗩 Magst du Nudeln?
🗩 Ja, am liebsten mit Ketchup.

🗩 Magst du ...?
🗩 Ja, am liebsten mit ... / Nein, ... mag ich nicht.

3 Smalltalk. **Fragen Sie, was Ihre Partnerin / Ihr Partner gern isst. Machen Sie Notizen und**
Ü18 **berichten Sie.**

> Björn isst gern Döner. Er mag keine Kartoffeln.
> Natalia isst lieber Salat als Fleisch. Am liebsten isst sie Tomaten.

Redemittel

fragen, was jemand gern isst/trinkt

Mögen Sie ... / Magst du ...	Spaghetti?/Kartoffeln?
Essen Sie / Isst du gern ...	Salat?/Eis?/Kuchen?
Trinken Sie / Trinkst du gern ...	Milch? Bier?/Eiskaffee?
Was mögen Sie / magst du lieber?	Äpfel oder Bananen?
Was ist Ihr/dein Lieblingsessen?	Gemüse, Fleisch oder Pommes?
	Fleisch mag ich am liebsten.

sagen, was man (nicht) gern mag/isst/trinkt

Bratwurst	mag/esse/trinke ich gern / ist mein Lieblingsessen.
Tomatensaft	schmeckt/schmecken super.
Pommes frites	mag ich gar nicht / schmeckt/schmecken mir nicht.
	kenne ich nicht. Was ist das?

Ist das Schweinefleisch? / Ist das Ananas aus der Dose? Ist da Zucker drin?
Apfelkuchen, lecker! Sind da Rosinen drin?
Ich bin Vegetarierin/Vegetarier. Ich esse kein Fleisch.

5 Ein Rezept

1 **Nudelauflauf. Lesen Sie das Rezept und bringen Sie die Fotos in die richtige Reihenfolge.**
Ü19–21

Zutaten (für 4 Personen)

250 g Nudeln
150 g Schinken
1–2 Zwiebeln
300 g Tomaten
150 g Bergkäse
1 Becher süße Sahne
Pfeffer, Salz

Nudelauflauf

Nudeln kochen. Schinken in Streifen schneiden, Zwiebel und Tomaten in Würfel schneiden. Zwiebeln in einer Pfanne anbraten. Drei Viertel (¾) der Nudeln in eine Form geben, dann Schinken, Zwiebeln und Tomaten dazu geben (ohne Schinken ist es vegetarisch). Mit etwas Käse bestreuen. Den Rest Nudeln darauf geben. Sahne, Salz und Pfeffer und den Käse verrühren und auf den Auflauf geben. Im Backofen bei 200 Grad ca. 30 Minuten backen.

Guten Appetit!

☐ backen

☐ anbraten

☐ verrühren

☐ schneiden

☐ kochen

Internettipp
www.chefkoch.de
www.kochecke.at
www.gutekueche.ch

Essenszeiten in Deutschland

Landeskunde

In Deutschland gibt es drei Hauptmahlzeiten: *das Frühstück* zwischen 6 und 10 Uhr, *das Mittagessen* zwischen 12 und 14 Uhr und *das Abendessen* zwischen 18 und 20 Uhr. Zum Frühstück gibt es Kaffee oder Tee, Müsli, Brot oder Brötchen, Butter, Marmelade, Käse und Wurst. Wer früh aufsteht

und zur Arbeit geht, macht oft ein zweites Frühstück zwischen 9 und 10 Uhr am Arbeitsplatz. Mittags isst man gern warm, zum Beispiel Fleisch mit Kartoffeln und Gemüse. Abends essen viele lieber kalt. Dann gibt es Brot, Butter, Käse oder Wurst und Tee, Saft oder ein Bier. In vielen Familien gibt es am Sonntag zwischen 15 und 17 Uhr Kaffee oder Tee und Kuchen. Zum Essen in einem Restaurant oder bei Freunden zu Hause trifft man sich meistens zwischen 19 und 20 Uhr.

ABC

1 Lebensmittel. Machen Sie eine Tabelle und ordnen Sie zu.

Milchprodukte	Obst und Gemüse	Fleisch und Wurst
	die Tomaten	

2 Wortreihen

a) **Ergänzen Sie die Artikel.**

1. .... Apfel – .... Banane – .... Erdbeere – .... Ei

2. .... Reis – .... Wasser – .... Kartoffel – .... Nudel

3. .... Joghurt – .... Milch – .... Wurst – .... Butter

4. .... Kuchen – .... Schokolade – .... Fisch – .... Eis

b) **Welches Wort passt nicht? Streichen Sie durch.**

3 Frau Meier kauft ein

a) Was kauft sie wo? Schreiben Sie Sätze.

| Obst und Gemüse – Fleisch und Wurst – Brot und Kuchen – Butter und Käse | auf dem Markt – im Supermarkt – beim Bäcker – in der Fleischerei |

1. *Sie kauft* .... 2. .... 3. .... 4. ....

   ....

   ....

   ....

 b) Wie viel hat sie gekauft? Hören Sie und notieren Sie die Menge.
2.25

1. .... Butter   3. .... Bananen   5. .... Salami   7. .... Brot

2. .... Milch   4. .... Brötchen   6. .... Käse   8. .... Paprika

4 Der Einkaufszettel. **Hören Sie und schreiben Sie.**
2.26

1 l Milch

◝◝🔊 **5** Textkaraoke. **Hören Sie und sprechen Sie die 〰-Rolle im Dialog.**

2.27

👂 ...

〰 Guten Tag. Ich hätte gern fünf Äpfel.

👂 ...

〰 Ja, ich nehme noch zwei Paprika.

👂 ...

〰 Was kosten denn die Tomaten?

👂 ...

〰 Dann nehme ich bitte ein Pfund.

👂 ...

〰 Danke, das ist alles.

6 *-e*, *-en* und *-el* am Wortende

a) Lesen Sie und markieren Sie *-e*, *-en* und *-el* am Wortende.

1. 💬 Hallo, was darf es sein?
   👄 Guten Tag, ich hätte gern sechs Äpfel und 1 kg Orangen.
   💬 Noch etwas?
   👄 Ja, ich nehme noch eine Banane.

2. 💬 Guten Tag, bitte schön?
   👄 Guten Tag. Ich möchte vier Brötchen und ein Weißbrot.
   💬 Noch etwas?
   👄 Haben Sie Schokoladentorte? Ich hätte gern vier Stück.

◝◝🔊 **b) Hören Sie und sprechen Sie nach.**

2.28

◝◝🔊 **7** Was kosten denn ...? **Hören Sie und schreiben Sie die Preise.**

2.29

1 kg Tomaten

....

1 Bund Möhren

....

1 kg Kartoffeln

....

1 kg Äpfel

....

500 g Erdbeeren

....

1 Gurke

....

8 Ich hätte gern ... **Wer sagt was? Ordnen Sie zu.**

> Ich nehme ein Kilo Kartoffeln. – Danke, das ist alles. – Darf es sonst noch etwas sein? – Was kosten die Äpfel? – Das macht zusammen 18,75 €. – Sie wünschen, bitte? – Ich hätte gern vier Brötchen. – Noch etwas? – Haben Sie Birnen?

Verkäufer / Verkäuferin	Kunde / Kundin
....	....
....	....

9 **Auf dem Markt. Lesen Sie und bringen Sie den Dialog in die richtige Reihenfolge.**

1 🗩 Guten Tag, was darf es sein?
☐ 🗩 Gern, sonst noch etwas?
☐ 🗩 Nur 1,20 Euro.
☐ 🗩 Das macht zusammen 3,75 Euro.
☐ 🗩 Bitte.

☐ 🗩 Wie viel kostet der Salat?
2 🗩 Ich hätte gern ein Kilo Kartoffeln.
☐ 🗩 Dann nehme ich noch einen Salat und zwei Orangen. Das ist dann alles.

10 **Was essen Mian und Alok gern? Was ist richtig? Lesen Sie und kreuzen Sie an.**

🗩 Was esst ihr am liebsten in der Mensa? Was esst ihr lieber als in eurer Heimat?

Ich bin Mian und komme aus China. Ich esse lieber Kartoffeln als Reis. In Deutschland esse ich am liebsten Currywurst mit Pommes. Ich trinke sehr gern und sehr viel Tee mit viel Zucker.

Mein Name ist Alok. Ich esse kein Fleisch. Ich bin Vegetarier. Ich esse viel Obst und Gemüse. Am liebsten esse ich Tofu, Reis und Gemüse. Dazu trinke ich gern Saft oder Wasser.

Mian

1. Was isst Mian lieber?
   a ☐ Kartoffeln.
   b ☐ Eis.
   c ☐ Reis.

2. Was isst sie am liebsten?
   a ☐ Bratwurst mit Pommes.
   b ☐ Currywurst mit Pommes.
   c ☐ Tomaten mit Pommes.

3. Was trinkt sie gern?
   a ☐ Wasser.
   b ☐ Saft.
   c ☐ Tee.

Alok

1. Was isst Alok?
   a ☐ Wenig Fleisch.
   b ☐ Kein Fleisch.
   c ☐ Viel Fleisch.

2. Was isst er am liebsten?
   a ☐ Tofu und Reis.
   b ☐ Fleisch und Kartoffeln.
   c ☐ Tofu und Nudeln.

3. Was trinkt er gern?
   a ☐ Cola.
   b ☐ Saft.
   c ☐ Kaffee.

11 **Landeskunde: Essen in Deutschland, Österreich und in der Schweiz. Ergänzen Sie *viel*, *mehr* oder *mehr ... als*.**

1. Die Deutschen essen gern Döner. In Berlin gibt es .... Döner-Lokale .... in Istanbul.

2. In Deutschland und Österreich isst man .... Wurst, in der Schweiz .... Käse.

3. Die Menschen in Deutschland, Österreich und in der Schweiz essen .... Kartoffeln .... die Menschen in Südeuropa.

4. In Österreich gibt es .... Dessertvariationen .... in Deutschland.

5. In Deutschland, Österreich und in der Schweiz kocht man .... zu Hause.

12 **Und was denken Sie? Schreiben Sie sechs Sätze und vergleichen Sie im Kurs.**

Ich esse/trinke
 Die Deutschen/Schweizer/
   Österreicher essen/trinken
 In meinem Land essen/
   trinken die Menschen
	viel / mehr ... als
	 gern / lieber ... als /
	 am liebsten / kein(en)
		Fisch/Schweinefleisch.
		 Currywurst mit Pommes.
		 Kartoffeln/Reis/Nudeln.
		 Schokoladentorte.
		 Bier/Wein/Wasser.

1. ....

2. ....

3. ....

4. ....

5. ....

6. ....

13 **Vanille, Schokolade oder Erdbeere? Lesen Sie den Dialog und ergänzen Sie die Sätze.**

 ♡ Ich mag gern Schokolade und Vanille. Und du, Laura?
 ♤ Vanille? Nein, ich mag gern Schokolade, aber noch
     lieber mag ich Erdbeere. Und du, Lukas?
 ♡ Ich mag am liebsten Vanille!
 ♡ Und jetzt? Ich kann nur eine Kugel Eis kaufen.
     Lukas, magst du auch gern Schokolade?
 ♡ Nein, ich mag lieber Erdbeere.
 ♤ Ja, Erdbeere!
 ♡ O.k. Bitte eine Kugel – Erdbeere.

Lukas   **Laura**   Tim

1. Tim mag gern .... und ....

2. Laura mag lieber .... als Schokolade.

3. Lukas mag am liebsten ....

4. Lukas mag lieber .... als Schokolade.

14 *gern, lieber, am liebsten.* **Ergänzen Sie.**

gern – gern – lieber – lieber – lieber – am liebsten – besser – am besten

1. Reis esse ich nicht so ...., ich esse .... Nudeln.

2. Möchtest du .... Tee oder Kaffee?

3. Ich esse .... Obst und .... esse ich Bananen.

4. Ich mag keinen Tee, ich trinke .... Wasser.

5. Ich finde Apfelsaft schmeckt .... als Wasser.

6. Was schmeckt dir ....? Pizza oder Nudeln?

15 Das Fragewort *welch-*. **Ergänzen Sie.**

1. 💬 .... Käse möchten Sie?

   👄 Den Camembert, bitte.

2. 💬 .... Lebensmittel kaufen Sie oft ein?

   👄 Brot, Milch und Obst.

3. 💬 .... Marmelade isst du lieber: Erdbeere oder Aprikose?

   👄 Ich esse am liebsten Erdbeermarmelade.

4. 💬 .... Obst kaufst du?

   👄 Ich nehme Äpfel und Bananen.

5. 💬 .... Gemüse ist heute billig?

   👄 Gurken und Salat.

16 Beruf Kellner. **Lesen Sie und beantworten Sie die Fragen.**

Andreas Stein ist Kellner und arbeitet im Restaurant „Am Schloss" in Köln.
Er arbeitet von Dienstag bis Sonntag von 17 bis 24 Uhr. Am Montag hat er frei.
Er bringt den Gästen zuerst die Speisekarte und berät sie. Er erklärt die Zutaten
oder empfiehlt einen Wein. Dann schreibt er die Bestellungen auf. Am liebsten
bestellen die Gäste „Fisch im Gemüsebett", das ist eine Spezialität im
Restaurant „Am Schloss". Herr Stein bringt das Essen und die Getränke und am
Ende die Rechnung. Nach dem Essen trinken die Gäste gern noch einen Kaffee.

Andreas Stein (26)

1. Wie ist die Arbeitszeit von Andreas Stein? ....

2. Was macht er? ....

3. Was essen die Gäste am liebsten? ....

4. Was machen die Gäste oft nach dem Essen? ....

17 Flüssig sprechen. **Hören Sie und sprechen Sie nach.**

2.30

1. keine Wurst. – Käse, aber keine Wurst. – Ich mag Käse, aber keine Wurst.
2. nicht so gern. – Fisch nicht so gern. – Robert isst Fisch nicht so gern.
3. gern Kaffee. – Ich trinke gern Kaffee. – Ich mag keinen Tee, ich trinke gern Kaffee.
4. als Orangen. – lieber Äpfel als Orangen. – Nora isst lieber Äpfel als Orangen.

18 Gern oder nicht gern? **Was essen und trinken Sie gern oder nicht gern?**
Schreiben Sie sechs Sätze.

1. *Ich* ....

2. ....

3. ....

4. ....

5. ....

6. ....

19 In der Küche. **Ordnen Sie die Wörter zu. Manche Wörter passen mehr als einmal.**

> Wasser – Fleisch – Nudeln – Zwiebel – Fisch – Eier – Kuchen – Kartoffeln – Auflauf – Reis – Pizza

kochen

braten

backen

....
....
....
....

20 Frühstück in Deutschland. **Wer isst und trinkt was? Hören Sie und schreiben Sie.**

2.31

Susanne,
25 Jahre

Jan,
18 Jahre

Herr Becker,
63 Jahre

Frau Weigmann,
55 Jahre

....
....
....
....

21 Frühstück – Mittagessen – Abendessen. **Was essen und trinken Sie gern?**

1. *Zum Frühstück esse ich* ....

   ....

2. *Zum Mittagessen* ....

   ....

3. *Zum Abendessen* ....

   ....

Fit für Einheit 11? Testen Sie sich!

Mit Sprache handeln

einkaufen

💬 Sie .... bitte? 🗨 Ich .... 1 kg Bananen. ▸ KB 2.3, 2.7

nach dem Preis fragen und antworten

💬 Was .... 1 kg Tomaten? 🗨 .... 2,99 Euro. ▸ KB 2.5

sagen, was man (nicht) gern mag

💬 Was trinkst du gern? 🗨 Ich trinke gern ....

💬 Welches Obst magst du am liebsten? 🗨 .... ▸ KB 4.2, 4.3

Wortfelder

Lebensmittel, Maße und Gewichte

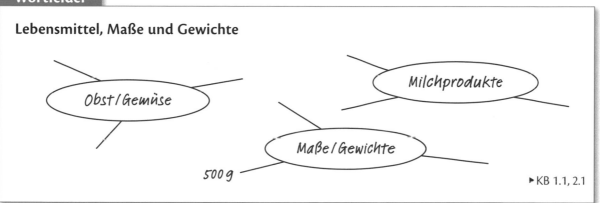

Obst / Gemüse

Milchprodukte

Maße / Gewichte

500 g

▸ KB 1.1, 2.1

Grammatik

Komparation: *viel, gut, gern*

viel – mehr – .... ; gut – .... – am besten; .... – lieber – am liebsten

▸ KB 3.5

das Fragewort *welch-*
Nominativ:

💬 .... Käse ist aus der Schweiz? 🗨 Der Bergkäse.

Akkusativ:

💬 .... Eis isst du am liebsten? 🗨 Schokolade! ▸ KB 3.6

das Verb *mögen*

💬 .... du Nudeln? 🗨 Ja, ich .... Nudeln sehr gern. ▸ KB 4.2

Aussprache

2.32

die Endungen *-e, -en, -el* **und** *-er*

der Käse – die Äpfel – der Kuchen – die Eier – das Brötchen – die Banane –
die Kartoffel – die Tomaten ▸ KB 2.4, 3.7

Hier lernen Sie

▶ über Kleidung und Farben sprechen
▶ Kleidung kaufen
▶ Farben und Größen nennen
▶ Wetterinformationen verstehen; über Wetter sprechen

Der Sommer kann kommen!

Sonne, Wärme, Natur – wir haben wieder Lust auf coole Mode in vielen Farben.
Blau, Gelb und Pink sind in.

24

1 Modetrends im Frühling und Sommer

1 **Aus einer Modezeitschrift**

Ü1–3

a) **Welche Wörter zum Thema Kleidung kennen Sie? Lesen Sie und markieren Sie die Wörter im Text.**
b) **Wer ist wer? Lesen Sie noch einmal und notieren Sie die Namen der Personen.**

hellblau *rosa/pink* *grün* *orange* w

Modetrends

Trends kommen und gehen, Jeans bleiben. Denise kombiniert eine gelbe Jacke, ein weißes T-Shirt und enge, dunkelblaue Jeans. Jöran trägt eine blaue Jeans, eine dunkelblaue Kapuzenjacke und einen bunten Schal. Paula mag den Lagen-Look und trägt zur Jeans ein weißes und ein rotes T-Shirt. Mut zum Hut haben Doria und Chantal. Chantal mag hellblaue Jeans und pinke T-Shirts, Doria kombiniert zum Hut braune Stiefel, dunkelblaue Jeans und einen grauen Mantel. Omar mag beige Hosen und Kapuzenpullover in Orange. Grün ist die Hoffnung – Sarah hofft auf gutes Wetter und trägt einen grünen Rock und eine graue Bluse. Die Mode in der Arbeitswelt bleibt klassisch: Jan trägt einen dunklen Anzug und ein blaues Hemd, Natalia ein weißes Kleid und eine schwarze Jacke – Schwarz und Weiß kommen nie aus der Mode!

25

2 Über Kleidung sprechen. **Fragen und antworten Sie.**

Ü4–6

Redemittel

nach Kleidung fragen

Tragen Sie gern / Trägst du gern Mögen Sie / Magst du	Blusen / Jeans / T-Shirts / Mäntel / Röcke?	Ja, sehr gern. Nein, ich trage lieber T-Shirts. Nein, ich mag lieber Hosen.

zweihundertdrei

gelb · grau · schwarz · rot · braun · blau

2 Kleidung und Farben

1 Kleidung und Farben im Kurs

Ü7

a) Nennen Sie eine Farbe und ein passendes Kleidungsstück.

> Rot!

> Das T-Shirt von Marina.

> Schwarz!

> Die Hose von Jannek!

b) Ich sehe was, was du nicht siehst, und das ist ... Spielen Sie.

> Ich sehe was, was du nicht siehst, und das ist grün.

> Die Pflanze?

> Der Stuhl?

> Richtig, der Stuhl.

> Das Wörterbuch?

2 Über Farben und Kleidung sprechen

a) Fragen Sie und antworten Sie im Kurs.

> ☺ Trägst du / Tragen Sie gern Blau?

☺ Ja, Blau mag ich.   ☺ Nein, lieber Rot.

b) Fragen Sie und antworten Sie im Kurs.

> ☺ Ziehst du / Ziehen Sie gern Hemden an?

☺ Nein, lieber T-Shirts.   ☺ Ja, Hemden ziehe ich gern an. /
Hemden? Ja, die ziehe ich gern an.

> die Anzüge – die Pullover –
> die Hosen – die Blusen –
> die Röcke – die Kleider –
> die Jacken – die Mäntel –
> die Schals – die Stiefel

3 Umlaut im Plural. **Hören Sie und sprechen Sie nach.**

2.20

der Anzug – die Anzüge   der Mantel – die Mäntel   der Rock – die Röcke

4 Über Kleidung sprechen. **Fragen und antworten Sie.**

Ü8–9

fragen, was gefällt / nicht gefällt	**so kann man antworten**
Wie gefällt Ihnen/dir das T-Shirt?	Das gefällt mir (sehr) gut. / Das gefällt mir (gar) nicht / überhaupt nicht.
Wie finden Sie / findest du den Mantel?	Den finde ich schön/schick/altmodisch/ hässlich/cool.
Was ziehen Sie / ziehst du gern an?	Ich ziehe gern Hosen an. / Ich trage gern ... Ich ziehe am liebsten Röcke an.

Redemittel

5 Was tragen Sie gern? **Kombinieren Sie.**

Ich mag	weiße	Röcke		blaue	Hemden.
	braune	Hosen		graue	Pullover.
Ich trage gern	schwarze	Jeans	und	bunte	T-Shirts.
	helle	Schuhe		schwarze	Mäntel.

6 Farben im Fußball. **Lesen Sie und vergleichen Sie.**

Das ist Cristiano Ronaldo.
Sein T-Shirt ist rot.
Er trägt **ein rotes** T-Shirt.
Seine Hose ist auch rot.
Er trägt **eine rote** Hose.

Das ist der Trainer.
Sein Trainingsanzug
ist schwarz.
Er trägt **einen
schwarzen** Trainings-
anzug.

Das ist die Frauen-Nationalmannschaft aus Deutschland.
Ihre T-Shirts sind weiß.
Die Spielerinnen tragen **weiße** T-Shirts.
Ihre Hosen sind schwarz.
Sie tragen **schwarze** Hosen.

7 Adjektive im Akkusativ mit unbestimmtem Artikel

28 Ü10–11

a) **Ergänzen Sie die Tabelle mit Beispielen aus der Einheit.**

Grammatik		*den*	*das*	*die*
	Singular	einen schwarzen Trainingsanzug	ein gelbes T-Shirt	eine blaue Hose
		…	…	…
	Plural	schwarze Anzüge/T-Shirts/Hosen		

rot
blau
gelb
grün
braun
orange
türkis
beige
lila
rosa
grau
weiß
schwarz
bunt

b) **Welche Farben trägt Ihre Lieblingsmannschaft? Ergänzen Sie.**

Meine Lieblingsmannschaft ist ....

Die Spieler/innen tragen .... T-Shirts und .... Hosen.

8 Ein Spiel im Kurs.
Wer ist das?

Sie trägt eine grüne Bluse und einen schwarzen Rock.

Das ist Juliette!

9 *ie – u – ü* und *e – o – ö*. **Hören Sie und sprechen Sie nach.**

2.21

Ich trage lieber grün. – Ich ziehe gern grüne Blusen an. – Ich liebe bunte Anzüge.
Die Hose ist sehr schön. – Ich trage gern gelbe Röcke. – Nein, ich trage lieber rote Röcke.

ABC

3 Einkaufsbummel

1 Shoppen gehen

a) Was passt? Hören Sie und ordnen Sie die Dialoge den Bildern zu.

2.22
Ü12

a

1. 💬 Entschuldigung, ich suche Jacken und Mäntel.
   Wo finde ich die?
   👤 Für Herren?
   💬 Ja, für mich.
   👤 In der ersten Etage oder in der dritten Etage,
   in der Sportabteilung.
   💬 Vielen Dank.

b

2. 💬 Hallo, ich suche ein blaues Hemd.
   👤 Welche Größe denn?
   💬 Äh, 50?
   👤 Einen Moment, bitte. Wie gefällt Ihnen dieses?
   Wollen Sie das anprobieren?
   💬 Ja, das ist schön. Aber sind die Ärmel nicht zu lang?
   👤 Nein, das trägt man jetzt so. Das ist voll im Trend.
   💬 Na, ich weiß nicht ...

c

3. 👤 Guten Tag, kann ich Ihnen helfen?
   💬 Ja, ich suche eine schwarze Jeans.
   👤 Eine bestimmte Marke?
   💬 Das ist egal, aber nicht so teuer.
   👤 Welche Größe denn?
   💬 Diese hier ist 34/32.
   👤 Gut. Wie gefällt Ihnen diese Jeans?
   💬 Die ist aber dunkelgrau, nicht schwarz.
   👤 Ja, aber die ist im Angebot. Nur 19,99 €!
   💬 Oh, super! Ich probiere sie an.
   👤 Die Jeans passt, oder?
   💬 Ja, sehr gut. Die nehme ich.

b) Lesen Sie die Dialoge mit verteilten Rollen.

c) Üben Sie:
andere Kleidung,
andere Farben,
andere Größen.

2 Fragen üben. **Wie fragen Sie?**

Sie denken: – Dunkelgraue Jeans gefallen mir nicht.
   – Die Bluse ist zu klein.
   – Das blaue Hemd steht mir nicht.
   – Ich möchte einen Anzug anprobieren.

Sie sagen:

*Haben Sie die Jeans
auch in Blau?*

3 Einkaufsdialoge

Ü13–14

a) Kundin/Kunde oder Verkäufer/in? Wer sagt was? Ordnen Sie zu.

> Ich suche ein Kleid / einen Anzug / eine Hose. – Die Größe haben wir leider nicht. – Kann ich Ihnen helfen? – Kann ich das anprobieren? – Grün steht Ihnen sehr gut / nicht so gut. – Haben Sie den Rock in Größe 40? – Das Kleid passt nicht. Das ist mir zu klein/groß. – Das steht mir nicht. – Welche Größe denn? – Haben Sie die Hose in Grün? – Wo ist die Umkleidekabine? – Wollen Sie das anprobieren? – Wie gefällt Ihnen das? – Wie steht mir das? – Das nehme ich.

die Verkäuferin / der Verkäufer	die Kundin / der Kunde
....	....

b) Rollenspiel: Kleidung kaufen. Schreiben Sie Dialoge. Üben Sie die Dialoge mit verschiedenen Partnern.

4 Projekt: Einkaufen online. **Sie haben 100 Euro. Kaufen Sie Kleidung für den Sommer-oder Winterurlaub. Machen Sie eine Liste und berichten Sie.**

Kleidungsstück	Preis	Farbe
....	....	....

 Internettipp
www.zara.com
www.zalando.de
www.hm.com/de

5 Demonstrativa. **Lesen Sie und ergänzen Sie die Tabelle.**

24 Ü15–17

👃 Lange Röcke, T-Shirts und Jeans sind in.

Grammatik

Nominativ		Akkusativ	
der Rock	.......*dieser* Rock	......*den* Rock	.... Rock
das T-Shirt	....	....	.........*dieses T-Shirt*
die Jeans	....	....	....

ABC 📖

4 Es gibt kein schlechtes Wetter …

1 Das Wetter in Deutschland und in anderen Ländern. **Lesen Sie und markieren Sie Wörter zum Thema Wetter.**

Jenny aus Kuantan	Wie ist das Wetter bei euch?
Jo aus Deutschland	Es regnet hier seit drei Tagen. Das ist normal im November. Im Herbst regnet es bei uns am meisten. Es ist oft bewölkt und windig und früh dunkel. Und bei euch?
Jenny aus Kuantan	Wir haben keinen Herbst. Wir haben nur zwei Jahreszeiten: Regenzeit und Trockenzeit. In der Trockenzeit ist es sonnig und sehr heiß.
Jo aus Deutschland	Wir haben vier Jahreszeiten: Frühling, Sommer, Herbst und Winter. Manchmal auch am gleichen Tag! ☺ Richtig heiß ist es nur im Sommer. Dann ist es lange hell und wir feiern Grillpartys draußen. Welches Wetter mögt ihr in Malaysia?
Jenny aus Kuantan	Nicht zu viel Sonne und nicht zu viel Regen, nicht zu kalt und nicht zu heiß. Einfach normal.
Jo aus Deutschland	Was heißt „normal"? Bewölkt ist hier normal. Mit viel Glück schneit es im Winter (also von Dezember bis Februar) und nicht mehr im Frühling …

2 Wetterwörter. **Ordnen Sie zu und arbeiten Sie mit dem Minimemo.**

21   Ü18

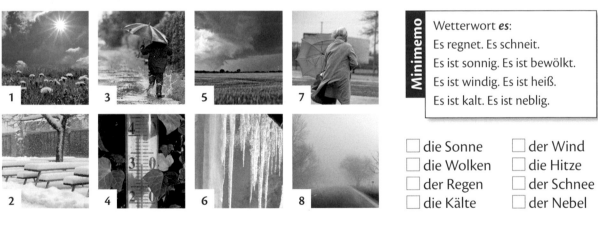

> **Minimemo**
>
> Wetterwort *es*:
> Es regnet. Es schneit.
> Es ist sonnig. Es ist bewölkt.
> Es ist windig. Es ist heiß.
> Es ist kalt. Es ist neblig.

☐ die Sonne   ☐ der Wind
☐ die Wolken   ☐ die Hitze
☐ der Regen   ☐ der Schnee
☐ die Kälte   ☐ der Nebel

3 Städtewetter

a) Hören Sie und kreuzen Sie an.

2.23
Ü19

	sonnig/heiter	bewölkt	Regen	Schnee
Athen	☐	☐	☐	☐
Berlin	☐	☐	☐	☐
London	☐	☐	☐	☐
Madrid	☐	☐	☐	☐
Moskau	☐	☐	☐	☐
Rom	☐	☐	☐	☐
Lissabon	☐	☐	☐	☐

b) Fragen und antworten Sie.

Wie ist das Wetter bei euch in Rom?

Bei uns ist es sonnig.

 4 Aussprache *i – ü* oder *e – ö*? Hören Sie und sprechen Sie nach.

2.24

Es regnet in Berlin und Zürich. – Es ist sonnig in Bern und Köln. –
In Paris und München schneit es. – Es ist bewölkt in Jena. –
Das Wetter in Athen ist schön. – In Kiel und Nürnberg ist es heiter.

5 Farben und Bedeutung interkulturell

a) Hören Sie und lesen Sie mit.

2.25

Welche Farbe hat die Welt?

Als ich klein war, ging ich zum Vater
mit dem Malbuch in der Hand und ich fragte:
Welche Farbe hat die Welt?

Welche Farbe hat die Welt?
Ist sie schwarz oder grün?
Ist sie blau oder gelb?
Ist sie rot wie die Rosen oder braun wie die Pferde,
oder ist sie so grau wie des Schäfers große Herde?

Grün sind die Bäume und die Gräser und das Laub.
Bäume tragen Früchte und vertilgen den Staub.
Blau ist das Meer, das die Sonne immer küsst,
blau ist der Himmel,
der dir zeigt, wie klein du bist.

Rot, das ist die Liebe, sie darf niemals vergeh'n,
wenn du erst einmal groß bist, wirst du das versteh'n.
Denn bist du ohne Liebe, dann fehlt dir auch das Glück,
wenn du sie später findest, denk an mein Wort zurück!

Welche Farbe hat die Welt ...

b) Welche Bedeutung haben die Farben im Lied?

c) Welche Assoziationen haben Sie?

die Liebe — **rot** der Himmel — **blau**

ABC

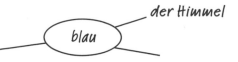

1 Die Kleidung. **Was tragen die Personen? Schreiben Sie.**

die Bluse ....

die Schuhe ....

2 Modetrends im Frühling und Sommer

a) **Lesen Sie den Magazin-Text (Seite 202/203) noch einmal. Was ist richtig? Kreuzen Sie an.**

	richtig	falsch
1. Dunkle Farben sind dieses Jahr in.	☐	☐
2. Jeans bleiben immer in Mode, egal ob dunkel oder hell.	☐	☐
3. Bei gutem Wetter trägt Sarah gern Rot.	☐	☐
4. Ein dunkler Anzug ist klassisch.	☐	☐
5. Die Farben Blau und Schwarz bleiben immer aktuell.	☐	☐

b) **Korrigieren Sie die falschen Aussagen.**

1. Blau, Gelb und ....

2. ....

3. ....

3 Modeberaterin Frau Günther im Interview

2.33

a) Hören Sie und bringen Sie die Fragen in die richtige Reihenfolge.

☐ Und welches Kleidungsstück ist im Sommer besonders in?
☐ Frau Günther, was sind die Modetrends für den Frühling und Sommer?
☐ Und der Trend für den Sommer?

b) Welche Farben und welche Kleidungsstücke sind im Sommer in?
Hören Sie noch einmal und schreiben Sie.

Alice Günther (41)

	Farben	Kleidungsstücke
Frauen	....	....
Männer	....	....

4 Herr Schwarz fährt in den Urlaub. **Was nimmt er mit? Schreiben Sie.**

Er nimmt vier Hemden ....

....

....

....

....

....

5 Was trägst du gern?

a) Welches Foto passt?
Hören Sie und kreuzen Sie an.

2.34

1. a ☐   b ☐   2. a ☐   b ☐

b) Textkaraoke. Hören Sie und
sprechen Sie die 👄-Rolle im Dialog.

2.35

1. 👂 ...
👄 Nein, ich trage lieber Hosen.
👂 ...
👄 Ja, ich liebe T-Shirts.

2. 👂 ...
👄 Nein, ich trage lieber Kapuzenpullover.
👂 ...
👄 Hemden? Nein, ich mag keine Hemden.

c) Was tragen die Personen? Schreiben Sie.

Paula trägt ein T-Shirt und eine Jeans. Sie mag die Farben Rot und Blau.

6 Die Verben *tragen* und *mögen*.
Ergänzen Sie.

tragen	mögen
ich *trage*	ich ....
du	du ....
er/es/sie	er/es/sie ....
wir	wir ....
ihr	ihr ....
sie/Sie	sie/Sie ....

1. .... du gern Blusen?

Ja, ich *trage* gern Blusen.

2. *Mögen* Sie die Farbe Gelb?

Ja, ich .... Gelb.

3. *Mag* er Turnschuhe?

Nein, er .... keine Turnschuhe.

7 Bildlexikon: Farben mischen

a) **Welche Farben sehen Sie? Schreiben Sie.**

b) **Wie mischt man Farben? Schreiben Sie.**

grau: .... + ...

rosa: .... + ...

braun: .... + ...

grün: .... + ...

orange: .... + ...

violett: .... + ...

8 Wie findest du ...?

a) **Ergänzen Sie die Pluralform.**

1. Gefällt dir der Hut? — Nein, ich finde .... altmodisch.

2. Gefällt dir der Anzug? — Ja, ich finde .... schick.

3. Gefällt dir der Rock? — Ja, ich finde .... elegant.

b) **Hören Sie und sprechen Sie nach.**
2.36

9 Über Geschmack sprechen

a) **Was gefällt Alica, Pia und Bente? Lesen Sie und ergänzen Sie die Namen.**

 Alica Diese Fotos habe ich im Internet gefunden. Wie gefällt euch der neue Modetrend für den Sommer?

 Pia B. Die Fotos gefallen mir überhaupt nicht. Die Kleider sind hässlich, zu viele Farben!

 Bente Die Kleider gefallen mir sehr gut. Das ist doch super schick. Bunte Kleider sind wieder in. Wie findet ihr den Hut?

 Alica Den finde ich schick. Ich trage gern Hüte. Was zieht ihr gern an?

 Pia B. Ich ziehe super gern Röcke an, aber am liebsten trage ich Jeans.

1. .... findet die Kleider zu bunt.

2. .... gefällt der Hut gut.

3. .... gefallen die Sommerkleider.

4. .... zieht am liebsten Jeans an.

b) **Wie gefällt Ihnen der Modetrend und was ziehen Sie gern an? Schreiben Sie.**

10 Schöne Möbel für ein neues Wohnzimmer

a) **Sie sind umgezogen. Welche Möbel kaufen Sie für Ihr Wohnzimmer? Schreiben Sie.**

> das Bücherregal – das Sofa – die Lampe – der Sessel – der Tisch – die Vase – die Bilder – die Stehlampe – die Kommode

Ich kaufe ein ....

....

....

....

....

b) **Und welche Farbe haben die Möbel? Kombinieren Sie und schreiben Sie Sätze.**

ein braunes oder weißes Regal
eine rote oder grüne Vase
einen weißen oder roten Schrank
eine schwarze oder blaue Kommode

ein graues oder gelbes Sofa
eine graue oder blaue Lampe
einen gelben oder braunen Tisch
einen grünen oder roten Sessel

In meinem Wohnzimmer habe ich ...

c) **Unterstreichen Sie in Ihrem Text die Adjektivendungen und ergänzen Sie.**

der Schrank: Ich habe einen Schrank.   Ich habe einen neu…. Schrank.

das Sofa: Ich habe ein Sofa.   Ich habe ein neu…. Sofa.

die Lampe: Ich habe eine Lampe.   Ich habe eine neu…. Lampe.

die Bilder: Ich habe Bilder.   Ich habe neu…. Bilder.

11 **Familie Kühn macht Sport. Ergänzen Sie die Adjektivendungen.**

Familie Kühn macht viel Sport.

Frau Kühn spielt Fußball. Sie trägt eine grün…. Hose, ein schwarz…. T-Shirt und weiß…. Schuhe.

Ihr Mann spielt Tennis. Heute hat er einen blau…. Trainingsanzug und gelb…. Schuhe angezogen.

Ihr Sohn geht joggen. Er zieht eine schwarz…. Hose und einen rot…. Pullover an.

Ihre Tochter tanzt. Sie trägt ein blau…. Kleid und schwarz…. Schuhe.

12 **Einkaufsdialoge. Ordnen Sie die Antworten zu. Hören Sie dann und kontrollieren Sie.**
2.37

> 36 oder 38. – Die blaue Jacke gefällt mir nicht. Ich probiere die braune an. Wo ist die Um-kleidekabine? – Nein, die Ärmel sind zu lang. Sie steht mir nicht. – Ja, ich suche eine Jacke.

💬 Guten Tag! Kann ich Ihnen helfen?

👄 ....

💬 Welche Größe haben Sie denn?

👄 ....

💬 Wir haben hier eine braune Jacke in 38 und eine blaue in Größe 36.

👄 ....

....

💬 Hinten rechts. Und passt Ihnen die Jacke?

👄 ....

....

13 **Textkaraoke. Hören Sie und sprechen Sie die 👄-Rolle im Dialog.**
2.38

👂 …
👄 Ich suche eine Hose.
👂 …
👄 Größe 40. Haben Sie eine schwarze Hose fürs Büro?
👂 …
👄 Kann ich die in Blau anprobieren?

👂 …
👄 Hmm … die gefällt mir gut. Sie ist auch sehr bequem. Steht sie mir?
👂 …
👄 Gut, dann nehme ich sie.

14 Sie brauchen Kleidung für Ihren Urlaub. **Stellen Sie Fragen.**

1. Sie suchen eine Fahrradhose. ....?

2. Sie brauchen die Hose in Größe 42. ....?

3. Sie wollen ein T-Shirt anprobieren. ....?

4. Sie wollen die Hose in Rot. ....?

15 Das gefällt mir auch nicht!

a) **Zu welchen Kleidungsstücken passen die Dialogteile? Ordnen Sie zu.**

1. 💬 Also dieses T-Shirt ist toll!
   🗨 Dieses T-Shirt ist doch zu kurz.
      Das gefällt mir nicht.
2. 💬 Aber diese Schuhe sind super.
      Ich liebe schwarze Schuhe!
   🗨 Hmm, ich finde die zu hoch.
3. 💬 Und diese Jacke? Die ist schön.
   🗨 Ich mag diese Jacke nicht, die ist
      zu bunt.
4. 💬 Und die Hose? Ich finde diese Hose
      schick. Oder?
   🗨 Na ja, mir gefällt sie nicht.
   💬 Was gefällt dir dann?

b) **Markieren Sie in a) die Demonstrativa.**

16 Dieser oder dieser hier? **Ergänzen Sie** *welch-* **oder** *dies-*.

1. 💬 .... Wintermantel findest du schöner? .... oder ....?

   🗨 Ich finde .... hier schöner. Aber .... ist wärmer?

   💬 Beide sind warm. Ich nehme .... hier.

2. 💬 .... Stiefel sind Größe 39?

   🗨 .... hier.

   💬 Und .... hier nicht?

   🗨 Nein, ... sind Größe 38.

3. 💬 Gefällt dir .... Kleid?

   🗨 ....? Dieses hier? Nein,

      aber .... ist schön!

   💬 .... Kleid ist doch zu klein!

17 Lennart im Kleidungsgeschäft. **Hören Sie und antworten Sie.**

2.39

1. Was möchte Lennart kaufen? ....

2. Welche Größe hat er? ....

3. Welche Farbe mag er? ....

18 Frühling, Sommer, Herbst und Winter. **Wie ist das Wetter? Was kann man machen? Was zieht man an? Sammeln Sie.**

19 Europawetter

2.40

a) **Wie warm ist es in ...? Hören Sie und ergänzen Sie die Temperaturen auf der Karte.**

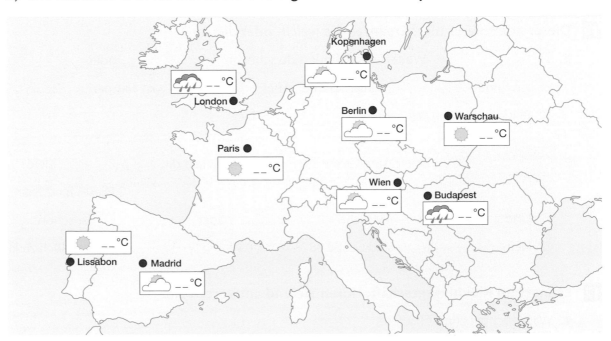

b) **Wie ist das Wetter in ...? Hören Sie noch einmal und schreiben Sie.**

Madrid: Es ist bewölkt.

Fit für Einheit 12? Testen Sie sich!

Mit Sprache handeln

über Kleidung sprechen

💬 Wie gefällt dir der Rock? 🗨 ....

💬 Was ziehen Sie gern an? 🗨 ....

▸ KB 1.2, 2.4, 2.5

Kleidung kaufen; Farben und Größen angeben

💬 Kann ich Ihnen helfen? 🗨 .... (ein blaues Hemd)

💬 ....? 🗨 Größe 42.

▸ KB 3.1–3.4

Wetterinformationen verstehen; über Wetter sprechen

💬 Wie ist das Wetter? 🗨 .... (10 °C, Regen, Nebel)

▸ KB 4.1–4.3

Wortfelder

Kleidung

Kleidung für Frauen: *das Kleid,* ....

Kleidung für Männer: ....

▸ KB 1.1

Farben

 .... ✹ .... ✹ .... ✹ .... ✹ ....

▸ KB 1.1, 2.1, 2.2

Wetter

die Sonne: *Es ist sonnig.* .... der Regen: .... der Schnee: ....

▸ KB 4.2

Grammatik

Adjektive im Akkusativ

Die Frau trägt ein weiß.... T-Shirt, eine schwarz.... Hose und rot.... Schuhe.   ▸ KB 2.6 – 2.8

Demonstrativa

💬 Gefällt dir .... Kleid? 🗨 Nein, ... hier gefällt mir nicht. Aber .... ist schön!   ▸ KB 3.5

Aussprache

2.41

Umlaut oder nicht?

der R....ck – die R....cke; der H....t – die H....te; ich tr....ge – er tr....gt; er m....g – ihr m....gt

▸ KB 2.3

i – ü oder e – ö?

B....rn und K....ln   Par....s und M....nchen   ▸ KB 2.9, 4.4

12 Körper und Gesundheit

Hier lernen Sie

▶ Körperteile nennen
▶ beim Arzt: sagen, was man hat und was weh tut
▶ Empfehlungen und Anweisungen geben
▶ über Emotionen sprechen

1 Von Kopf bis Fuß

Laufen ist ein Volkssport. Immer mehr Menschen erholen sich bei einer Runde um den See, durch den Wald oder im Stadtpark. Laufen macht den Kopf frei und öffnet die Augen und Ohren für die Natur. Ein bisschen Übung und schon schafft man den ersten 5-km-Lauf. Beine, Füße, Herz und Lunge – Laufen trainiert den ganzen Körper.

Training und gesundes Essen gehören beim Bodybuilding zusammen. Die Sportler brauchen starke Muskeln. Sie müssen Arme, Beine, Schultern, Bauch und Rücken trainieren. Das verbraucht oft mehr als 5000 Kalorien. Für Bodybuilder heißt das jeden Tag Fisch, Fleisch, Milchprodukte und Gemüse essen – und zwei Stunden Training im Fitness-Studio.

22

---

1 **Fit bis in die Fingerspitzen**

Ü1

a) Sehen Sie die Fotos an. Welche Sportarten kennen Sie?

b) Lesen Sie die Texte aus dem Sportmagazin. Markieren Sie alle Körperteile.

c) Zu welchen Sportarten passen die vier Aussagen?

1. Gestern war ich auf über 2700 Metern.
2. Täglich ins Training ist ok, aber man muss auch ziemlich viel essen.
3. Es macht Platz im Kopf für neue Ideen.
4. Man braucht viel Konzentration für die langsamen Bewegungen.

d) Kommentieren Sie die Sportarten.

> Tai Chi finde ich …

> Ich mag …

Ski fahren

Volleyball spielen

Tauchen

Tanzen

Gymnastik mach

Der Winter ist vorbei und Berg-Fans haben wieder Lust auf ihr Lieblingshobby. Sie müssen jetzt das Training planen. Der Bergsport ist nicht ungefährlich – Bergsteiger brauchen nicht nur starke Arme und Beine, auch Bauch und Rücken dürfen sie auf keinen Fall im Training vergessen. Hartes Training ist wichtig – vor dem Glück auf über 1000, 2000 oder 3000 Metern!

Langsam den Arm heben, die Finger strecken, das linke Bein anwinkeln, alles mit viel Ruhe. Tai Chi kombiniert Entspannung und Konzentration und ist gut für den Körper und den Kopf. Den Sport kann man überall machen: im Fitness-Studio, im Park und zu Hause. Gut ist: Jeder kann Tai Chi lernen – auch Senioren. Für sie gibt es spezielle Kurse.

23

2 Körperteile von oben nach unten nennen. **Ordnen Sie und sprechen Sie schnell.**

Ü2

a) die Nase, das Bein, das Knie, der Fuß, das Auge, der Bauch

b) der Mund, der Bauch, die Haare, der Hals, die Ohren, die Füße

3 Körperteile und Tätigkeiten.

Ü3–6 **Was passt? Ergänzen Sie.**

essen

küssen

laufen

ABC

Fußball spielen

Fahrrad fahren

Tennis spielen

Schwimmen

Yoga machen

2 Bei der Hausärztin

1 Herr Aigner hat Fieber und Halsschmerzen. **Er macht einen Termin bei seiner Hausärztin.**
2.26 **Hören Sie und notieren Sie den Termin.**

Ihr nächster Behandlungstermin

	Datum	Uhrzeit
Mo		
Di		
Mi		
Do		
Fr		
Sa		

Sollten Sie Ihren Termin nicht einhalten können,
bitten wir Sie um kurze Benachrichtigung. Danke!

Bitten denken Sie an:

☐ Krankenversichertenkarte

Arztstempel

2 Anmeldung in der Arztpraxis

2.27
Ü7 **a) Hören Sie und lesen Sie mit. Was ist anders?**

♀ Guten Morgen, mein Name ist Aigner.
Ich habe einen Termin.

♂ Morgen, Herr Aigner. Waren Sie in diesem Quartal
schon mal bei uns?

♀ Nein, in diesem Quartal noch nicht.

♂ Dann brauche ich Ihre Versichertenkarte.

♀ Hier, bitte. Muss ich warten?

♂ Ja, aber nicht lange. Sie können im Wartezimmer
Platz nehmen. Die Ärztin kommt gleich.

b) Lesen Sie den Dialog laut. Achten Sie auf Aussprache und Betonung.

Landeskunde

Seit über 100 Jahren gibt es in Deutschland die Krankenversicherung. Arbeitnehmer müssen
sich versichern. Alle Versicherten bekommen eine Chipkarte. Beim Arzt muss man sie zeigen.
Die Krankenversicherung bezahlt nicht alle Arztkosten. Medikamente kauft man
in der Apotheke. Für viele Medikamente braucht man ein Rezept vom Arzt.
Tabletten gegen Kopfschmerzen und Hustensaft kann man
auch ohne Rezept kaufen.

3 Im Sprechzimmer. **Hören und sprechen Sie den Dialog.**

2.28 Ü8–9

　♀ Guten Tag, Herr Aigner. Was fehlt Ihnen denn?

　♂ Ich habe seit drei Tagen Fieber, mein Hals tut weh und
　　ich habe Kopfschmerzen.

　♀ Sagen Sie mal „Aaaah"! Husten Sie mal! Alles rot.
　　Sie haben eine Angina.

　♂ Wie bitte?

　♀ Eine schwere Halsentzündung. Sie sind stark erkältet. Ich ver-
　　schreibe Ihnen Tabletten und Hustensaft. Bitte nehmen Sie
　　die am Morgen, Mittag und Abend. Rauchen Sie?

　♂ Ja, aber nicht viel. So 20 Zigaretten am Tag.

　♀ Aha, ich schreibe Sie eine Woche krank. Sie müssen viel trinken
　　und Sie dürfen natürlich nicht rauchen. Bitte machen Sie einen
　　Termin für nächste Woche. Gute Besserung!

　♂ Dann bis nächste Woche. Auf Wiedersehen, Frau Doktor.

Dr. Vera Hartmann, Ärztin

4 Krankheiten. **Ergänzen Sie Wörter.**

1. **Schmerzen:** *Bauch, Ohren, Rücken,* ....

2. **In der Arztpraxis:** *Termin, Wartezimmer, krank schreiben,* ....

3. **Medikamente:** *Tabletten verschreiben/nehmen,* ....

5 Rollenspiel. **Wählen Sie eine Rollenkarte aus. Schreiben und spielen Sie Dialoge mit der**

Ü10–11 **Partnerin / dem Partner.**

Herr Wondrak fühlt sich nicht gut. Er arbeitet 14 Stunden am Tag. Der Arzt schreibt ihn drei Tage krank. Herr Wondrak muss sich ausruhen und darf nicht mit der Firma telefonieren.	*Frau Beier hat seit einer Woche Schnupfen und Husten. Der Arzt verschreibt Hustensaft. Frau Beier muss viel trinken. Sie darf nicht schwimmen gehen.*	*Tobias hat Fußball gespielt. Jetzt tut sein Knie weh. Die Ärztin verschreibt eine Sportsalbe. Tobias muss sein Knie dreimal täglich einreiben. Er darf keinen Sport machen.*

Redemittel

das sagt die Ärztin / der Arzt	**das sagt die Patientin / der Patient**
Was fehlt Ihnen? / Wo haben Sie Schmerzen? / Tut das weh? Haben Sie auch Kopf-/Hals-/Rücken-schmerzen? Ich schreibe Ihnen ein Rezept. Nehmen Sie die Tabletten dreimal am Tag vor/nach dem Essen. Sie dürfen nicht rauchen und keinen Alkohol trinken. Bleiben Sie im Bett. Ich schreibe Sie … Tage krank.	Ich fühle mich nicht gut. / Mir geht es nicht gut. Ich habe Bauch-/Magenschmerzen. Mein Arm/Knie/… tut weh. Wie oft / Wann muss ich die Medikamente nehmen? Wann darf ich wieder Sport machen? Wie lange muss ich im Bett bleiben? Ich brauche eine Krankmeldung für meinen Arbeitgeber.

ABC

3 Empfehlungen und Anweisungen

1 Tipps aus der Apothekenzeitung

Ü12–13

**a) Lesen Sie den Text schnell durch (eine Minute!).
Was ist das Thema? Kreuzen Sie an.**

1. ☐ Tipps für neue, interessante Medikamente
2. ☐ Tipps für die Gesundheit im Herbst und im Winter
3. ☐ Tipps für die Ernährung von Sportlern

Lerntipp
Lesen heißt nicht übersetzen!

TIPPS
aus Ihrer Apotheke

Stärken Sie im Herbst Ihr Immunsystem!

Falsche Kleidung bei Regen, Schnee und Kälte und am nächsten Tag tun Hals und Kopf weh – Sie haben eine Erkältung. In dieser Jahreszeit nehmen Erkältungen zu. Hier unsere Tipps für Sie: Sport und Bewegung trainieren das Immunsystem. Gehen Sie viel spazieren oder joggen Sie – auch im Winter! Duschen Sie abwechselnd heiß und kalt oder gehen Sie in die Sauna. Besonders wichtig: kein Stress! Machen Sie Gymnastik, Yoga oder Tai Chi und tanken Sie Energie. Vergessen Sie nicht, viel zu trinken, am besten Tee, Mineralwasser und frischen Orangensaft. Essen Sie in Ruhe, am besten viel Obst und Gemüse. Brot, Nudeln und Kartoffeln machen gute Laune. Essen Sie zweimal pro Woche Fisch, aber wenig Fleisch. So bleiben Sie auch im Herbst und Winter gesund und fit!

**b) Lesen Sie den Text noch einmal.
Sammeln Sie die Tipps gegen Erkältung.
Haben Sie andere Tipps?**

Gehen Sie ...

**c) www.apotheken-umschau.de – Die Apothekenumschau im Internet.
Finden Sie drei wichtige Wörter zum Thema Gesundheit und Krankheit
und stellen Sie die Wörter im Kurs vor.**

2 Probleme und Ratschläge. **Sammeln Sie Probleme und passende Ratschläge.**
Ü14–15 **Schreiben Sie jeden Satz auf eine Karte. Suchen Sie im Kurs die passende Karte.**

> Iss doch mehr Gemüse.
>
> Mach doch mehr Sport.
>
> Kauf nicht so viel.
>
> Ich habe Halsschmerzen.
>
> Nimm doch eine Halstablette.

Ich bin immer müde.

Geh doch mal früh schlafen.

Ich mag kein Fleisch.

Ich habe kein Geld.

Ich bin zu dick.

 3 Imperative

32 Ü16

a) Finden Sie weitere Formen im Text zu Aufgabe 1 und ergänzen Sie die Tabelle.

Grammatik	Infinitiv	Imperativ (3. Pers. Pl.)	2. Pers. Sg.	Imperativ (2. Pers. Sg.)
	nehmen	Nehmen Sie eine Tablette!	du nimmst	Nimm eine Tablette!
	gehen	Gehen Sie zum Arzt!	du gehst	Geh zum Arzt!
	…	…	…	…

**b) Vergleichen Sie die 2. Person Singular und den Imperativ.
Ergänzen Sie die Regel.**

Minimemo
Du bist zu laut.
Sei bitte ruhig!

Regel Imperativ = 2. Person Singular minus ....!

c) Aussagesatz – Imperativsatz. Wo steht das Verb?

Sie (trinken) Tee.

(Trinken) Sie Tee!

4 Drei Tipps für den Raucherstopp. **Christina hat es geschafft!**
Ü17 **Hier ihre Tipps für Hermann und Andrea.**

1. Wählt eine Zeit ohne Stress für den Rauchstopp, zum Beispiel den Urlaub.
2. Geht nicht in Raucherkneipen.
3. Geht mit Nichtrauchern aus.

a) Haben Sie weitere Tipps? Welche funktionieren gut? Welche nicht?

 b) Ergänzen Sie die Tabelle.

32

Grammatik	Infinitiv	2. Pers. Pl.	Imperativ (2. Pers. Pl.)
	gehen	Ihr geht nicht auf Partys.	Geht nicht auf Partys!
	…	…	…

ABC

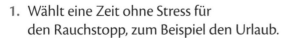

4 Emotionen

1 **Wer sagt was? Ordnen Sie die Sätze den Zeichnungen zu.**

1. ☐ Wo bleibst du? Ich warte auf dich!
2. ☐ Es ist aus, aber ich liebe ihn noch!
3. ☐ Na, wie findest du sie?
4. ☐ Holst du uns am Bahnhof ab?

2 **Dichten mit Akkusativpronomen. Schreiben Sie ein Gedicht.**

25

	höre(n)	mich	
	sehe(n)	dich	nicht
Ich	liebe(n)	ihn, sie, es	heute.
Wir	brauche(n)	uns	, oder?
	kenne(n)	euch	, aber ...
	verstehe(n)	sie	

> *Ich höre dich.*
> *Ich sehe dich.*
> *Ich liebe dich,*
> *aber wir kennen uns nicht.*

3 **Ein „Liebesbrief"**

Ü18

a) **Ergänzen Sie die Personalpronomen im Akkusativ.**

Liebe Jenny,

du kennst ...., wir sehen .... jeden Morgen im Bus. Ein Morgen

ohne .... ist wie ein Morgen ohne Sonne! Manchmal siehst du ....

an, das macht .... sehr glücklich. Mein Herz klopft dann sehr laut – kannst

du .... hören? Ich denke oft an .... Deine Augen, deine Haare –

du bist für .... eine Traumfrau! Ich möchte .... kennen lernen.

Kommst du morgen um 19.30 Uhr ins Café Bohème?

Viele liebe Grüße, dein Pjotr

b) **Schreiben Sie einen Antwortbrief für Jenny. Die Baukästen helfen.**
   Lesen Sie Ihren Brief laut vor.

4 **Sätze mit Emotionen – das Emotionsthermometer**

Ü19

a) **Ordnen Sie die Sätze von links nach rechts und vergleichen Sie im Kurs.**

Ich mag dich!   Lass mich in Ruhe!

Ich hasse dich!   Ich hab' dich lieb!

Du nervst mich!

Ich liebe dich!   Du langweilst mich!

b) **Was denken die beiden?**

ABC

1 Yoga

a) Ordnen Sie die Tiere den Yogafiguren zu.

Yoga aus der Natur.

a .... b .... c .... d ....

der Hund   *die Kobra*   *die Katze*   *der Baum*

🔊 **b) Welcher Text passt zu welchem Foto? Hören Sie und ordnen Sie zu.**
2.42

c) Hören Sie noch einmal. Welche Körperteile hören Sie? Kreuzen Sie an.

☐ der Kopf   ☐ die Füße   ☐ der Rücken   ☐ die Hände
☐ die Augen   ☐ die Arme   ☐ die Finger   ☐ die Nase
☐ die Ohren   ☐ der Po   ☐ die Schultern
☐ die Beine   ☐ der Bauch   ☐ die Knie

2 Ein Wörterkörper.
Beschriften Sie die Person.

3 Wortverbindungen. **Was passt zusammen?
Verbinden Sie und kontrollieren Sie mit
den Texten auf Seite 218/219.**

starke Muskeln **1**   **a** heben

Augen und Ohren **2**   **b** trainieren

den Arm **3**   **c** haben

den Körper **4**   **d** anwinkeln

das Bein **5**   **e** öffnen

4 Sport und Training. **Lesen Sie die Sportmagazin-Texte auf Seite 218/219 noch einmal. Was ist richtig? Kreuzen Sie an.**

1. Laufen ist gut für
   a ☐ Augen und Ohren.
   b ☐ den ganzen Körper.
   c ☐ den Oberkörper.

2. Bergsport
   a ☐ muss gut vorbereitet werden.
   b ☐ ist sicher.
   c ☐ kann jeder machen.

3. Bodybuilder
   a ☐ müssen einmal die Woche trainieren.
   b ☐ dürfen kein Fleisch essen.
   c ☐ müssen auf ihre Ernährung achten.

4. Tai Chi
   a ☐ können nur Erwachsene machen.
   b ☐ trainiert den Körper und den Kopf.
   c ☐ macht man immer in der Natur.

5 Sportarten

a) Markieren Sie die Sportarten in den Texten auf Seite 218/219 und in den Aussagen von Isabel und Stefan.

Ich mache viel Sport. Ich gehe regelmäßig laufen und schwimmen. Ich mache gerne Sport allein. Dann habe ich Zeit zum Nachdenken und Entspannen. Im Urlaub fahre ich Ski oder gehe Bergsteigen. Bergsport ist mein Lieblingshobby! Ballsportarten gefallen mir nicht gut. Ich mag kein Fußball oder Handball. Das finde ich blöd.

Isabel

In der Woche mache ich wenig Sport. Ich muss viel arbeiten und habe wenig Zeit. Aber ich fahre jeden Tag mit dem Fahrrad zu meiner Arbeit. Am Wochenende spiele mit Freunden Tennis oder Fußball. Ich mag Sport in der Gruppe. Tennis ist super, es macht fit und macht viel Spaß. Laufen oder Bodybuilding finde ich langweilig.

Stefan

b) Welche Sportarten gefallen Isabel und Stefan, welche nicht? Schreiben Sie.

6 Verrückte Sportarten? **Welcher Kommentar passt zu den Fotos? Ordnen Sie zu.**

a ☐

b ☐

c ☐

1. Ich finde Skifahren gefährlich.
2. Skydiving finde ich super. Das ist spannend.
3. Mir gefällt Kajakfahren im Wildwasser. Ich finde das toll.
4. Ich mag nicht gern Klettern. Bergsport ist zu gefährlich.
5. Tauchen mit Haien gefällt mir überhaupt nicht. Ich finde das furchtbar.

7 Anmeldung in der Zahnarztpraxis

2.43

a) Hören Sie. Was hat der Mann? Schreiben Sie.

....

b) Ergänzen Sie den Dialog.

> Nein, leider nicht. – Guten Tag, ich habe starke Zahnschmerzen. – Hier, bitte. –
> Ja, mein Name ist Marianowicz. Muss ich lange warten? – Gut, mache ich. Danke.

💬 Guten Tag.

👄 ....

💬 Haben Sie einen Termin?

👄 ....

💬 Waren Sie schon einmal bei uns?

👄 ....

💬 Leider ja. Wir haben heute viele Patienten. Ich brauche Ihre Versichertenkarte.

👄 ....

💬 Danke … So, hier ist Ihre Karte. Bitte nehmen Sie im Wartezimmer Platz.

👄 ....

c) Hören Sie noch einmal und kontrollieren Sie.

8 Wortfeld Krankheit

a) Welches Wort passt nicht in die Reihe? Streichen Sie durch.

1. die Tabletten – der Hustensaft – das Wasser – die Medikamente
2. der Zahnarzt – die Halsentzündung – die Grippe – die Ohrenschmerzen
3. der Termin – die Versichertenkarte – die Magenschmerzen – das Wartezimmer
4. der Kinderarzt – die Arzthelferin – die Augenärztin – die Hausärztin
5. der Husten – das Rezept – der Schnupfen – das Fieber

b) Verbinden Sie.

eine Krankheit	1	a machen
Tabletten	2	b schreiben
ein Rezept	3	c haben
jemanden krank	4	d verschreiben
einen Termin	5	e nehmen

c) Hören Sie die Wortverbindungen und kontrollieren Sie. Sprechen Sie dann nach.

2.44

9 Wer sagt was? **Ordnen Sie die Aussagen zu: Arzt (A) oder Patient (P)?**

1. ☐ Sie dürfen keinen Alkohol trinken.
2. ☐ Mir geht es nicht gut, ich fühle mich seit Tagen krank.
3. ☐ Ich schreibe Sie krank. Trinken Sie viel Tee und ruhen Sie sich aus!
4. ☐ Sie haben eine Erkältung. Bleiben Sie ein paar Tage zu Hause.
5. ☐ Wann muss ich die Medikamente nehmen?
6. ☐ Ich habe Magenschmerzen.
7. ☐ Gute Besserung!
8. ☐ Ich habe seit drei Tagen Fieber.

10 Bei der Hausärztin

a) Was fehlt Ihnen? Schreiben Sie.

1.

....

....

....

3.

....

....

....

2.

....

....

....

4.

....

....

....

b) Welche Tipps sind für welche Person?

1. ☐ Bleiben Sie im Bett! Sie müssen viel schlafen!
2. ☐ Nehmen Sie den Hustensaft dreimal täglich!
3. ☐ Essen Sie heute nichts!
4. ☐ Nehmen Sie eine Kopfschmerztablette!

11 Textkaraoke. **Hören Sie und sprechen Sie die 👄-Rolle im Dialog.**

2.45

👂 ...
👄 Ich habe Kopfschmerzen.
👂 ...
👄 Ja, seit zwei Tagen.
👂 ...
👄 Aaahhhhhhhh!
👂 ...
👄 Wie oft muss ich die Medikamente nehmen?
👂 ...
👄 Danke. Auf Wiedersehen!

Dr. Kramer, Hausarzt

12 Gute Besserung! **Was ist richtig? Kreuzen Sie an.**

1. Medikamente kauft man
   a ☐ im Wartezimmer.
   b ☐ in der Apotheke.

2. Termine beim Arzt / bei der Ärztin
   macht man
   a ☐ in der Apotheke.
   b ☐ bei der Sprechstundenhilfe.

3. Alle Versicherten haben
   a ☐ eine Krankenversichertenkarte.
   b ☐ eine Apothekenkarte.

4. Das Rezept für die Medikamente
   bekommt man
   a ☐ beim Arzt.
   b ☐ in der Apotheke.

13 Tipps im Internet

a) **Lesen Sie den Text und sammeln Sie Tipps gegen Magenschmerzen.**

Themen | Fragen | Antworten | Tipps | Bearbeiten

Omas Tipps bei Magenschmerzen

Was macht man gegen Magenschmerzen?

Simone55:
Meine Oma hat einen super Tipp. Sie trinkt heißen Kamillentee. Den Tee mit Honig trinken und fertig! Das hilft sehr gut.

Kate:
Das ist ein klasse Tipp, danke. Eine Suppe hilft bei mir auch immer super!

Sonnenmarie:
Ich gehe bei Magenschmerzen immer zum Arzt. Der kann am besten helfen!

Michel:
Ich finde, man sollte zu Hause im Bett bleiben! Cola und Salzstangen helfen auch ☺

b) **Schreiben Sie weitere Tipps.**

Medikamente nehmen – kein Fastfood essen – keinen Alkohol trinken – ...

14 Ich habe Halsschmerzen. **Was sagt die Ärztin? Hören Sie und kreuzen Sie an.**

2.46

☐ viel Obst essen
☐ 2 x am Tag vor dem Essen
   die Tabletten nehmen
☐ morgens nach dem Frühstück
   die Medikamente nehmen
☐ viel Tee trinken
☐ ein Glas Wein am Tag
☐ nicht rauchen
☐ nicht arbeiten und ausruhen
☐ Gemüse und Suppe essen

15 Probleme und Ratschläge. **Geben Sie Tipps.**

1. Meine Hose passt mir nicht mehr! ....

2. Ich habe Kopfschmerzen. ....

3. Ich bin immer müde. ....

4. Ich bin krank. ....

5. Ich darf nicht mehr Fußball spielen, will aber weiter Sport machen. ....

16 Imperative

a) **Was sagen Sie?**

1. mehr Sport machen (Sie) *Machen Sie bitte mehr Sport!* ....

2. mindestens drei Liter Wasser am Tag trinken (ihr) ....!

3. mehr Obst und Gemüse essen (Sie) ....!

4. jeden Tag spazieren gehen (du) ....!

5. den Hustensaft abends nehmen (ihr) ....!

6. regelmäßig Rückengymnastik machen (Sie) ....!

7. weniger Schokolade essen (du) ....!

8. heute einen Termin beim Arzt machen (ihr) ....!

b) **Markieren Sie die Verben.**

17 Verbote

a) **Was darf man / dürfen Sie hier nicht? Schreiben Sie Sätze.**

parken – fotografieren – ~~ins Wasser springen~~ – weiterfahren – Fußball spielen – essen und trinken – Ski fahren

1. *Hier dürfen Sie nicht* ....

2. ....

3. ....

4. *Hier darf man nicht ins Wasser springen.* ....

5. ....

6. ....

7. ....

b) **Ergänzen Sie die fehlenden Formen von *dürfen* in der Tabelle.**

	ich	du	er/es/sie	wir	ihr	sie/Sie
dürfen	....	darfst	....	dürfen	....	....

18 Partygespräche

a) Ergänzen Sie die Personalpronomen im Akkusativ.

1. 💬 Siehst du den tollen Typ da drüben?

   👤 Den Blonden? Das ist Peter! Findest du .... gut?

   💬 Ja, er sieht super aus!

   👤 Ich habe seine Telefonnummer. Ruf .... doch mal an.

2. 💬 Bist du noch mit Ulla zusammen?

   👤 Nein, ich habe .... schon seit einem halben Jahr nicht mehr getroffen.

3. 💬 Hallo! Ich glaube, ich habe .... schon einmal gesehen.

   👤 Ja, natürlich! Am Montag haben wir .... in der Galerie getroffen. Wie geht es Ihnen denn?

4. 💬 Du hast ja ein tolles Kleid an!

   👤 Danke. Ich habe .... letzte Woche gekauft.

5. 💬 Ihr habt .... im Café am Markt getroffen, du und ein junger Mann. Du liebst .... nicht mehr!

   👤 Natürlich liebe ich .... noch. Er ist mein Kollege. Wir hatten ein Arbeitsessen.

b) Hören Sie und kontrollieren Sie.
2.47

19 Lyrisches Sprechen. **Hören Sie und sprechen Sie nach.**
2.48

1. nicht verstehen – mich nicht verstehen –
   Kannst du mich nicht verstehen?
2. dich – brauche dich –
   Ich brauche dich!
3. liebe dich – ich liebe dich –
   Denn ich liebe dich!

4. sehen – ihn sehen – Ich kann ihn sehen.
5. hören – ihn hören – Ich kann ihn hören.
6. verstehen – ihn verstehen –
   Ich kann ihn verstehen.
7. treffen – ihn nicht treffen –
   Aber ich kann ihn nicht treffen.

Fit für A 2? Testen Sie sich!

Mit Sprache handeln

über Krankheiten sprechen

Was fehlt Ihnen denn?

Ich habe Magenschmerzen. ....

....

....

▶ KB 2.3 – 2.5

Empfehlungen geben

Nimm eine Tablette! ....

....

....

▶ KB 3.2

Wortfelder

Körperteile

Hand und ...., Arm und ...., Bauch und ....   ▶ KB 1.3

Krankheiten

Tabletten ...., ein Rezept ...., Kopfschmerzen ....,

einen Termin ...., jemanden krank ....   ▶ KB 2.3 – 2.5

Grammatik

Imperativ

zum Arzt gehen (du) ....

im Bett bleiben (Sie) ....

mehr Sport treiben (ihr) ....

viel Obst essen (du) ....   ▶ KB 3.3

Modalverb *dürfen*

Saskia und ihr Bruder .... bis um 24 Uhr auf die Party gehen.

Thomas .... nicht mehr Laufen gehen.

Maria .... keine Milch trinken.   ▶ KB 2.5

Personalpronomen im Akkusativ

Da ist mein neuer Nachbar. Hast du .... schon gesehen? Ja, ich kenne ....

Wir haben .... beim Sport kennengelernt.   ▶ KB 4.2

Station 4

1 Berufsbilder

1 Beruf Koch/Köchin.
Sehen Sie die Fotos an.
Was machen Köchinnen und Köche?
Sammeln Sie.

Koch/Köchin

2 Steckbrief Koch/Köchin

a) Welche Aufgaben haben Köche und Köchinnen? Lesen Sie und unterstreichen Sie im Text. Vergleichen Sie mit Ihren Ideen in 1.

Koch/Köchin
Berufe aktuell

■ Köche und Köchinnen machen Menü-Pläne und bestellen Lebensmittel. Sie organisieren die Arbeit in der Küche und kontrollieren die Lebensmittel. In kleinen Küchen kochen, braten und backen Köche und Köchinnen alle Gerichte selbst. In Großküchen sind sie oft spezialisiert, z.B. für Suppen, Salate, Fisch- oder Fleischgerichte. Sie müssen auch die Preise kalkulieren und manchmal die Gäste beraten.

■ Köche und Köchinnen arbeiten in Restaurants, Hotels, Kantinen, Krankenhäusern, Pflegeheimen, Catering-Firmen und manchmal auch in privaten Haushalten.

■ Köche und Köchinnen müssen oft bei Hitze und Lärm arbeiten. Sie müssen Hygienevorschriften beachten. Sie müssen kreativ sein und sich für Mathematik und Chemie interessieren.

■ Die Ausbildung dauert drei Jahre. Köche und Köchinnen arbeiten in Restaurants oft auch am Wochenende und an den Feiertagen. Sie verdienen ca. 1500 Euro im Monat, in großen Hotels oder guten Restaurants manchmal auch viel mehr.

35

---

b) Was steht wo im Steckbrief? Ordnen Sie die Überschriften zu.

Wie sind die Arbeitszeiten und was verdient man? – Wo arbeitet man? – Was macht man in diesem Beruf? – Was muss man auch noch wissen?

3 Fragen und Antworten üben. **Sammeln Sie Fragen im Kurs und antworten Sie.**

> *Wo arbeiten Köche und Köchinnen?*

> *Wie viel verdienen sie?*

> *Sie müssen am ...*

4 Beruf Gesundheits- und Krankenpfleger.
Lesen Sie und sammeln Sie Informationen. Berichten Sie.

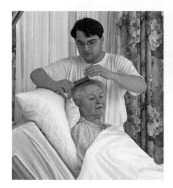

Roland Sänger, Gesundheits- und Krankenpfleger

Gesundheits- und Krankenpfleger pflegen, versorgen und beraten Patientinnen und Patienten. Wir müssen z. B. die Patienten waschen oder Essen und Medikamente verteilen. Wir helfen den Ärzten auch bei Untersuchungen. Bei Operationen kontrollieren wir medizinische Apparate und Instrumente. Meistens arbeiten wir in Krankenhäusern, aber auch in ambulanten Stationen, dann pflegen wir die Patienten zu Hause. Meine Ausbildung hat drei Jahre gedauert. Im Moment arbeite ich im Schichtbetrieb im Krankenhaus. Meine Arbeit beginnt mal um sechs Uhr morgens, mal um zwei Uhr mittags oder um zehn Uhr abends.

Aufgaben	Arbeitszeiten	Arbeitsorte
Patienten pflegen		

5 Dialoge im Beruf

> Gesundheits- und Krankenpfleger arbeiten in Krankenhäusern.

a) Wer sagt was? Ordnen Sie die Dialoge.

~~Was kann ich für Sie tun?~~ – Kein Fieber? Wir messen aber noch einmal vor dem Frühstück. – Wie viel kostet der Flug? – 278 Euro, inklusive Steuern. – Guten Morgen, Frau Otto. Wie geht es Ihnen? – Ich muss am 27. September in Istanbul sein. – Wann gibt es Frühstück? – Um 14.10 Uhr. – In zwei Minuten, danach nehmen Sie bitte die Tabletten, o. k.? – Also, es gibt einen Flug am 27.09. um 11.35 Uhr. – Danke, besser. Ich habe kein Fieber. – Wann bin ich dann in Istanbul? – Gut, aber geben Sie mir bitte noch ein Glas Wasser. – Ja, der ist gut, den nehme ich.

Im Reisebüro	Im Krankenhaus
Was kann ich für Sie tun?	Guten Morgen, Frau Otto. Wie

b) Hören Sie und kontrollieren Sie.

2.29

c) Üben Sie die Dialoge.

2 Wörter – Spiele – Training

1 Vier Jahreszeiten – was ziehen Sie an?

a) Welche Jahreszeit passt? Ordnen Sie zu.

der Frühling ☐

der Sommer ☐

der Herbst ☐

der Winter ☐

1. Morgen bleibt es sonnig und trocken. Die Temperaturen steigen auf 28 Grad.
2. Am Sonntag bringen dichte Wolken leichten Schneefall. Die Temperaturen bleiben weiter unter null.
3. Am Dienstag liegen die Höchsttemperaturen meist nur bei 11 bis 13 Grad, starker Wind aus Nord-Ost.
4. Morgens noch Nebel, dann ein Mix aus Sonne und Wolken bei 17 bis 19 Grad, am Donnerstag 20 Grad.

b) Kombinieren Sie Kleidungsstücke mit den Jahreszeiten.

> Im Winter ziehe ich eine Winterjacke und ... an.

> Im Sommer trage ich Jeans mit ...

Minimemo

Winterkleidung
der Schal, die Mütze,
die Handschuhe, die Stiefel,
der Wintermantel,
die Winterjacke

2 Ein Job im „Burger-House" oder lieber im Hotel „Grüner Baum"?

a) Wählen Sie eine Anzeige und sammeln Sie Informationen.

	Arbeitsort	Arbeitszeit	Bezahlung	Voraussetzungen/ Anforderungen
Anzeige 1	Augsburg			
Anzeige 2				

American Burger & Pizza House

sucht in Augsburg **eine/n Pizzafahrer/in** für ca. 15 Stunden pro Woche.

Arbeitszeiten: Schichten mittags, nachmittags und abends; 5,70 Euro/Stunde + Trinkgeld.

Anforderungen: Flexibilität – Führerschein und PKW – gute Deutschkenntnisse.

Bitte bewerben Sie sich telefonisch bei Herrn Kabasakal, **0171 34142938**

Das Hotel „Grüner Baum"

sucht in Bochum **Zimmermädchen/Roomboys**. Voraussetzungen: keine.

20 Stunden, in drei Schichten mittags, nachmittags, abends, auch am Wochenende.

8,15 Euro/Stunde brutto.

Weitere Informationen bei Frau Wolters **0234 203 410**

b) Ein Telefongespräch planen. Wählen Sie eine Anzeige in a) und notieren Sie Fragen zum Job. Ihr Problem: Am Vormittag sind Sie immer im Deutschkurs.

> Ist die Stelle als ... noch frei?
> Von wann bis wann ...?
> Kann ich ... anfangen?
> Wie viele Stunden ...?

c) Machen Sie einen Termin für ein Vorstellungsgespräch. Die Dialoggrafik hilft. Spielen Sie den Dialog zu zweit.

Herr Kabasakal / Frau Wolters	Sie
Pizza House in ... / Hotel Grüner Baum in ... Sie sprechen mit ... Was kann ich für Sie tun? →	
	← Guten Tag, mein Name ist ... / Stelle frei?
Ja, ... →	
	← Arbeitszeiten?
Mittags von 12 bis 16 Uhr, ... →	
	← Prima, das passt gut.
Führerschein? / Arbeiten am Wochenende? →	
	← Ja, ...
Am ... um 9.30 Uhr zu einem Gespräch kommen? →	
	← Nein, ...
Um 13.30 Uhr? →	
	← Ja, ... Adresse?
Findelgäßchen 14a. / Pestalozzistraße 26. →	
	← Vielen Dank. Bis ... um ... Uhr. Auf Wiederhören!
Auf Wiederhören.	

((3 **Aussprache -e, -en, -el, -er. Hören Sie. Lesen Sie dann laut.**

2.30

Ich habe heute keine Sahnetorte.   Am liebsten möchten wir einen Kuchen essen.
Äpfel und Kartoffeln sind Lebensmittel.   Eier esse ich lieber, aber Eier sind teuer.

((4 **Aussprache i, ü, e, ö**

2.31

a) Hören Sie und sprechen Sie nach.

vier – für   der Vogel – die Vögel
lesen – lösen   drücken – drucken

b) Lesen Sie laut.

vier – für – ich fuhr   das Tier – die Tür – die Tour   Kiel – kühl – cool

3 Filmstation

1 Beim Gemüsehändler

21

a) Sehen Sie den Film an und lesen Sie die Geschichte. Zwei Informationen sind falsch. Markieren Sie.

Der Vater von Erkan hat einen Gemüseladen in Berlin. Erkan besucht seinen Vater. Der Vater freut sich. Erkan sagt, er bekommt Besuch. Ein Freund will ihn besuchen. Erkan kocht gern. Er will für seinen Freund kochen. Der Vater fragt: „Brauchst du etwas?" Er gibt Erkan Gemüse: Tomaten, Paprika, eine Zucchini, Eisbergsalat und eine Ananas. Erkan muss nichts zahlen.

Was kostet ein Kilo Pfirsiche?

b) Was kann man fragen? Sehen Sie die Fotos an und schreiben Sie Fragen.

1. ○ _Was_ .... ○ Das Kilo kostet 1,99 €.

2. ○ .... ○ Das Kilo 2,49 €.

3. ○ .... ○ Die Birnen kommen aus Italien.

4. ○ _Haben Sie_ .... ○ Ja, oben rechts, ganz frisch aus Costa Rica.

5. ○ .... ○ Die kommen aus der Türkei. Ganz billig, nur 0,99 € das Kilo.

c) Sätze aus dem Film. Sehen Sie den Film noch einmal und ergänzen Sie.

1. Entschuldigung, ich hätte gern ....

2. Was kostet der Paprika? – ....

3. Und dann bitte noch ....

4. Bitte ....

2 **Frühstück in Deutschland**

8

a) **Was Leute essen und trinken. Machen Sie ein Bildlexikon.**

das .... die ....

b) **Genau beobachten: Was ist richtig? Kreuzen Sie an.**

1. ☐ Lukas isst ein Käsebrötchen. ☐ Lukas isst ein Schinkenbrötchen.
2. ☐ Janine schenkt Lukas Kaffee ein. ☐ Lukas schenkt Janine Kaffee ein.
3. ☐ Die Milch steht auf dem Tisch. ☐ Die Milch ist in der Tasse.
4. ☐ Lukas möchte noch ein Brötchen. ☐ Lukas möchte kein Brötchen mehr.
5. ☐ Lukas telefoniert. Seine Mutter ruft an. ☐ Lukas ruft seine Mutter an.

c) **Was sagt man oft beim Frühstück? Ergänzen Sie die Redemittel.**

💬 Möchtest du noch ....? 👄 ....

💬 Heute sind die Brötchen .... 👄 Findest du?

💬 Haben wir noch ....? 👄 Ja, im Kühlschrank.

💬 Es ist schon halb neun! 👄 Halb neun? Ja, du hast recht, wir ....

💬 Beeil dich, wir .... 👄 Ich komme schon!

4 Magazin

Was essen die Deutschen?

In einem Jahr isst und trinkt
eine Deutsche / ein Deutscher ca. …

(Quelle: Statistisches Bundesamt, Statistisches Jahrbuch 2012)

Brötchen, Semmel oder Weckerl?

Viele Lebensmittel haben in Deutschland, Österreich und in der Schweiz unterschiedliche Namen.

Deutschland	Österreich	Schweiz
Kartoffel	Erdapfel	Haerdoepfel
Aprikose	Marille	Barelle
Hähnchen	Hendl	Poulet
Brötchen	Semmel	Weggli
Käsekuchen	Topfenkuchen	Quarkkuchen
Hackfleisch	Faschiertes	Ghackets

)) Deutschland

2.32

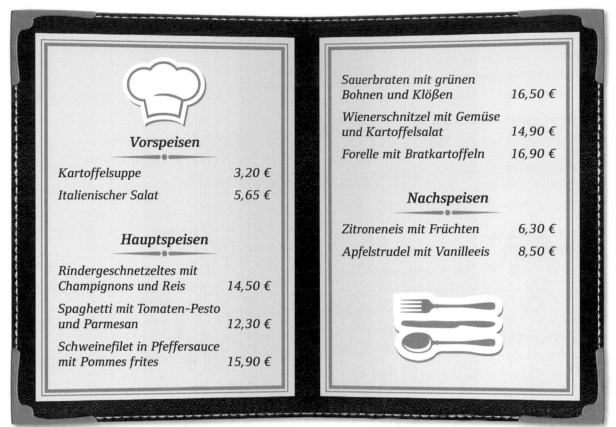

Vorspeisen

Kartoffelsuppe	3,20 €
Italienischer Salat	5,65 €

Hauptspeisen

Rindergeschnetzeltes mit Champignons und Reis	14,50 €
Spaghetti mit Tomaten-Pesto und Parmesan	12,30 €
Schweinefilet in Pfeffersauce mit Pommes frites	15,90 €

Sauerbraten mit grünen Bohnen und Klößen	16,50 €
Wienerschnitzel mit Gemüse und Kartoffelsalat	14,90 €
Forelle mit Bratkartoffeln	16,90 €

Nachspeisen

Zitroneneis mit Früchten	6,30 €
Apfelstrudel mit Vanilleeis	8,50 €

Österreich

Basilikum-Eiernockerl mit Salat	11,50
Kümmelbraten mit Kraut und Knödel	14,90
Faschierter Braten mit Erdäpfelsalat	13,20
Toskana Schnitzel mit Pürree	15,50
Schafkäsetascherl mit Spinat	11,50
Salzburger Würstel	9,80

Schweiz

Vorspiisä

Morchelcrèmesuppe	Fr. 15,-
Thonsalat garniert	Fr. 16,-
Salatteller mit Pouletbruststreifen	Fr. 18,-

Hauptspiisä

Bauernbratwurst mit Zwiebelsauce und knuspriger Rösti	Fr. 19,-
Schweinssteak mit Rahmsauce, Nudeln und Früchte	Fr. 30,-
Kalbspätzli mit Mischsalat	Fr. 31,-
Eglifilets nach Art des Hauses, Haerdoepfel und Tartarsauce	Fr. 32,-

Süessi Tröimli

Glace: Vanille, Erdbeer, Schokolade	Fr. 8,-

Grüezi mitenand!

5 Endspurt: Eine Rallye durch studio [21]

Dieses Spiel führt Sie durch den ersten Band.
Wer ist zuerst am Ziel?

Spielregeln

Sie brauchen:
zwei bis vier Spieler,  einen Würfel, eine Münze pro Spieler.

Was Sie tun:
richtige Antwort = zwei Kästchen weiter
falsche Antwort = zwei Kästchen zurück

 Wörter-Joker =
pro richtige Antwort
ein Feld weiter

Sie haben zehn Sekunden Zeit
pro Antwort.

Start	**1**
	Was haben Sie gestern gemacht? Nennen Sie drei Dinge.

11	**10**	**9**	**8**
Bilden Sie einen Satz.	Fragen Sie einen Spielpartner nach seinem Traumberuf.	Ergänzen Sie den Dialog.	Wortfeld Stadt: Nennen Sie vier Nomen.
seinen Sohn um 17 Uhr Peter Löscher abholen vom Kindergarten		💬 Guten Tag, ich hätte gerne … 🔄 Darf es sonst …? 💬 Haben Sie auch …? 	

12	**13**	**14**	**15**
Welche Körperteile haben wir nur einmal?	Wie spät ist es?	Wortfeld Wohnung: Nennen Sie fünf Zimmer.	Sie suchen eine Bank. Fragen Sie.

Ziel

24

Welche Frage passt?

Antwort:
„Im dritten Stock links,
Zimmer 321."

23

**Wann sind Sie
geboren?**

22

**Buchstabieren Sie
den Vornamen Ihrer
Spielpartnerin / Ihres
Spielpartners.**

2

**Wie
heißt der Plural?**

der Stuhl
das Radio
der Mann
die Straße

3

**Wie heißen die
Artikel?**

Postkarte
Autobahn
Kalender
Toilettenpapier

4

**Nennen Sie fünf
Sehenswürdigkeiten
in Berlin.**

21

**Nennen Sie
vier Berufe.**

7

**Was ist
das Gegenteil?**

lang
teuer
alt
spät
dunkel

6

**Fragen Sie nach
der Uhrzeit.**

5

**Langer oder
kurzer Vokal?
Sprechen Sie laut.**

Nudeln
Saft
Tasche
wohnen
viel

20

**Sie kommen zu spät.
Was sagen Sie?**

16

**Wie heißt das
Partizip II?**

gehen
arbeiten
hören
aufstehen

17

**Sie haben eine Grippe.
Was sagen Sie
dem Arzt?**

18

Wo sind ...?

der Eiffelturm
das Kolosseum
das Brandenburger Tor

19

**Länder/Sprachen.
Ergänzen Sie.**

Italien/...
.../Polnisch
.../Chinesisch
die Türkei/...

Modelltest Start Deutsch 1

Hören

Dieser Test hat drei Teile.
Sie hören kurze Gespräche und Ansagen. Zu jedem Text gibt es
eine Aufgabe. Lesen Sie zuerst die Aufgabe, hören Sie dann
den Text dazu. Kreuzen Sie die richtige Lösung an.

1 Was ist richtig? Kreuzen Sie an: a, b oder c. Sie hören jeden Text zweimal.

2.33

1. Wann kommt Herr Hübner?

a ☐ Gegen 10.30 Uhr.   b ☐ Gegen 11.30 Uhr.   c ☐ Gegen 11.15 Uhr.

2. Welche Zimmernummer hat Frau Dr. Kunz?

a ☐ 244.   b ☐ 224.   c ☐ 242.

3. Wie kommt der Mann zur Oper?

a ☐ An der Kreuzung nach links.   b ☐ An der Kreuzung nach rechts.   c ☐ Geradeaus bis zur Kreuzung.

4. Wo war Herr Düllmann im Urlaub?

a ☐ In den Bergen.   b ☐ Am Meer.   c ☐ Auf der Insel Sylt.

5. Herr Kaminski hat ...

a ☐ Kopfschmerzen.   b ☐ Bauchschmerzen.   c ☐ Halsschmerzen.

6. Was wollen die Frau und der Mann Nina schenken?

a ☐ Ein Kleid.   b ☐ Einen Mantel.   c ☐ Einen Pullover.

2 **Was ist richtig? Kreuzen Sie an: richtig oder falsch. Sie hören jeden Text einmal.**
2.34

	richtig	falsch
7. Auf der linken Seite ist die Humboldt-Universität.	☐	☐
8. Die Erdbeeren kosten 1,99 Euro.	☐	☐
9. Im Herbst soll man Vitamin C nehmen.	☐	☐
10. Die Vorwahl von Japan ist 0088.	☐	☐

3 **Was ist richtig? Kreuzen Sie an: a, b oder c. Sie hören jeden Text zweimal.**
2.35

11. Wohin fährt
der Mann?
a ☐ Nach Hause.
b ☐ Ins Büro.
c ☐ Nach Köln.

13. Wann will die Frau
einen Termin haben?
a ☐ Am Samstag.
b ☐ Am Donnerstag.
c ☐ Am Dienstag.

15. Was kosten
die T-Shirts?
a ☐ 29,95 Euro.
b ☐ 9,95 Euro.
c ☐ 19,95 Euro.

12. Wann kann man Dr. Mocker
am Dienstag erreichen?
a ☐ Von 11 bis 19 Uhr.
b ☐ Von 8 bis 13 Uhr.
c ☐ Von 8 bis 12 Uhr.

14. Wie war das Wetter
im Norden?
a ☐ Bewölkt.
b ☐ Sonnig.
c ☐ Heiß.

Lesen

Dieser Test hat drei Teile.
Sie lesen kurze Briefe, Anzeigen etc. Zu jedem Text gibt es Aufgaben.
Kreuzen Sie die richtige Lösung an.

25'

1 **Lesen Sie die Texte und Aufgaben. Was ist richtig? Kreuzen Sie an: richtig oder falsch.**

Lieber Peter, der Zug hat Verspätung. Bin erst um drei in Köln. Gehen wir heute Abend essen? Ruf an. Zwischen fünf und sechs bin ich aber bei Natascha.
LG Silke

	richtig	falsch
1. Silke kommt um 15 Uhr an.	☐	☐
2. Peter soll sie zwischen 17 und 18 Uhr anrufen.	☐	☐

Liebe Pia, lieber Holger,

den Umzug haben wir endlich hinter uns. Es war ziemlich anstrengend. Michael hat noch immer Rückenschmerzen. Wir hatten mehr als 75 Umzugskartons! Unsere Wohnung ist jetzt in der 3. Etage und hat 92 m². Die Zimmer sind sehr hell. Wir haben jetzt auch ein großes Arbeitszimmer mit viel Platz für unsere Bücher. Leider haben wir keinen Balkon und die Küche hat nur 7,5 m². Kommt doch mal zum Essen! Habt ihr am Samstagabend Zeit? Dann könnt ihr euch die Wohnung ansehen.

Viele Grüße
Karin + Michael

	richtig	falsch
3. Pia und Holger sind umgezogen.	☐	☐
4. Das Wohnzimmer ist leider nicht so hell.	☐	☐
5. Der Balkon ist nur klein.	☐	☐

2 **Lesen Sie die Texte und Aufgaben. Wo finden Sie Informationen? Kreuzen Sie an: a oder b.**

6. Sie möchten Polnisch lernen. Wo finden Sie Informationen?

www.bildung-brandenburg.de

➤ Partnerregionen in Polen
➤ Deutsch-polnische Schulprojekte
➤ Polnisch-Unterricht

www.ratgeber-polen.de

◆ Kommunikation
◆ Reiseinfos
◆ Medien

a) ☐ www.bildung-brandenburg.de

b) ☐ www.ratgeber-polen.de

7. Sie suchen einen neuen Kleiderschrank. Wo finden Sie Informationen?

www.2-c.de

Die Wohnwelt. Ihr Partner für Möbel.
Weitere Informationen über:
Schlafzimmer – Wohnzimmer
Arbeitszimmer – Kinderzimmer

www.arcom.de

Badezimmer-Möbelprogramm
Auf den folgenden Seiten stellen wir Ihnen das Angebot an Badmöbeln vor.

a) ☐ www.2-c.de

b) ☐ www.arcom.de

8. Sie möchten in Österreich auf der Donau eine Schiffsreise machen. Wo bekommen Sie Informationen?

www.austria.at

Unsere aktuellen Themen:
■ Winterurlaub ■ Weihnachtsurlaub
■ Ferienwohnungen und Hotels

www.donaukurier.at

Seit Generationen fasziniert die Donau. In unseren modernen Schiffen kann man den Fluss jeden Tag neu erleben.

a) ☐ www.austria.at

b) ☐ www.donaukurier.at

9. Sie möchten im Schwarzwald arbeiten. Wo finden Sie Informationen?

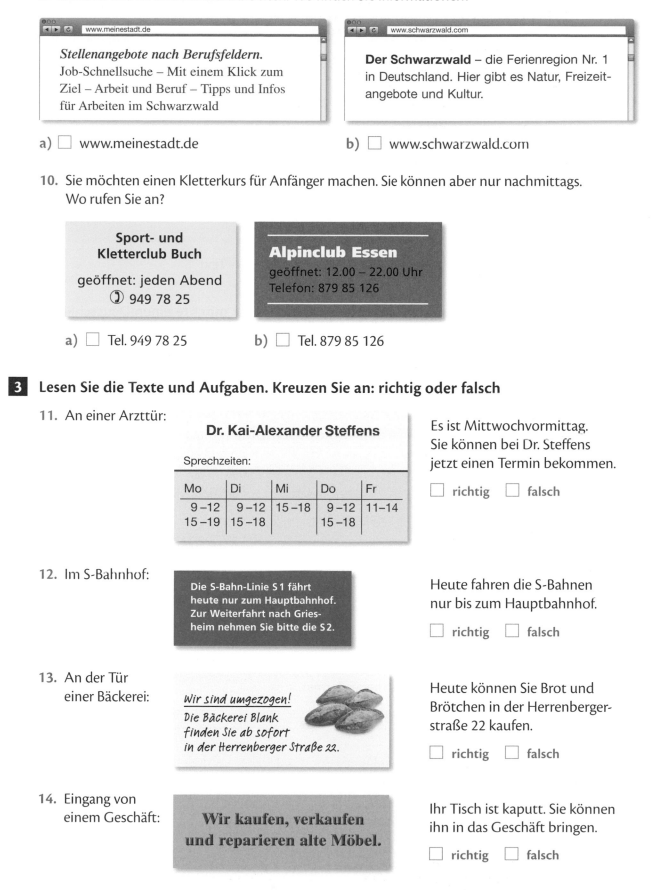

www.meinestadt.de
Stellenangebote nach Berufsfeldern. Job-Schnellsuche – Mit einem Klick zum Ziel – Arbeit und Beruf – Tipps und Infos für Arbeiten im Schwarzwald

www.schwarzwald.com
Der Schwarzwald – die Ferienregion Nr. 1 in Deutschland. Hier gibt es Natur, Freizeit-angebote und Kultur.

a) ☐ www.meinestadt.de

b) ☐ www.schwarzwald.com

10. Sie möchten einen Kletterkurs für Anfänger machen. Sie können aber nur nachmittags. Wo rufen Sie an?

Sport- und Kletterclub Buch

geöffnet: jeden Abend
☎ 949 78 25

Alpinclub Essen
geöffnet: 12.00 – 22.00 Uhr
Telefon: 879 85 126

a) ☐ Tel. 949 78 25

b) ☐ Tel. 879 85 126

3 **Lesen Sie die Texte und Aufgaben. Kreuzen Sie an: richtig oder falsch**

11. An einer Arzttür:

Dr. Kai-Alexander Steffens

Sprechzeiten:

Mo	Di	Mi	Do	Fr
9–12	9–12	15–18	9–12	11–14
15–19	15–18		15–18	

Es ist Mittwochvormittag. Sie können bei Dr. Steffens jetzt einen Termin bekommen.

☐ richtig ☐ falsch

12. Im S-Bahnhof:

Die S-Bahn-Linie S1 fährt heute nur zum Hauptbahnhof. Zur Weiterfahrt nach Gries-heim nehmen Sie bitte die S2.

Heute fahren die S-Bahnen nur bis zum Hauptbahnhof.

☐ richtig ☐ falsch

13. An der Tür einer Bäckerei:

Wir sind umgezogen!
Die Bäckerei Blank finden Sie ab sofort in der Herrenberger Straße 22.

Heute können Sie Brot und Brötchen in der Herrenberger-straße 22 kaufen.

☐ richtig ☐ falsch

14. Eingang von einem Geschäft:

Wir kaufen, verkaufen und reparieren alte Möbel.

Ihr Tisch ist kaputt. Sie können ihn in das Geschäft bringen.

☐ richtig ☐ falsch

15. In der Sprachschule:

**Das Exkursionsprogramm
für den Kurs Deutsch II am 8.10.**

7.57 Uhr	Abfahrt Hauptbahnhof Tübingen
9.53 Uhr	Ankunft Hauptbahnhof Heidelberg
10.00 – 14.00 Uhr	Stadtbesichtigung (Universität, Heidelberger Schloss usw.)
15.00 – 19.00 Uhr	frei (Stadtbummel, Einkaufen in der Hauptstraße)

Die Teilnehmer können mittags einkaufen gehen.

☐ richtig   ☐ falsch

Schreiben

**Dieser Test hat zwei Teile.
Sie füllen ein Formular aus und schreiben einen kurzen Text.**

20'

1 **Ihre Freundin, Jitka Staňková, spricht kein Deutsch. Sie möchte einen Deutschkurs an der Volkshochschule machen (Stufe A1.1). Sie wohnt jetzt in Hannover, in der Lutherstraße 63. Die Postleitzahl ist 30171. Im Kursprogramm finden Sie einen Kurs für sie. In dem Anmeldeformular fehlen fünf Informationen. Helfen Sie Ihrer Freundin und schreiben Sie die fünf fehlenden Informationen in das Formular.**

VHS-Programm

Deutsch – Stufe A1.1

Kursnummer: 4017–40
Mo, Di, Do, Fr 09.00–12.00 Uhr
€ 192,-

Anmeldeformular

Familienname, Vorname	*Staňková,*
Straße, Hausnummer	*Lutherstr.*
PLZ, Wohnort	*Hannover*
Telefon	*0511/818384*
Kurs, Kursnummer	

2 **Sie sind krank. Sie können nicht nach Frankfurt zu einem Termin mit Herrn Bauer kommen. Schreiben Sie Herrn Bauer:**

– Entschuldigung.   – Vorschlag: neuer Termin.

Lieber Herr Bauer,

....

....

....

Mit freundlichen Grüßen

....

Sprechen

Dieser Test hat drei Teile.
Sprechen Sie bitte in der Gruppe.

15'

1 **Sich vorstellen.**

> Name? – Alter? – Land? – Wohnort? – Sprachen? – Beruf? – Freizeit?

2 **Um Informationen bitten und Informationen geben.**

Einkaufen	Einkaufen	Einkaufen
Mantel	1 kg Bananen	Größe

Einkaufen	Einkaufen	Einkaufen
Kasse	Preis	Esstisch

Freizeit	Freizeit	Freizeit
Wochenende	wandern	Fahrkarten

Freizeit	Freizeit	Freizeit
Kino	telefonieren	schwimmen

3 Bitten formulieren und darauf reagieren.

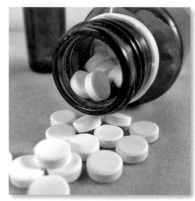

Grammatik auf einen Blick

Grammatik

Sätze

1 W-Fragen

E 3, 5

	Position 2		
Woher	kommen	Sie?	Aus Italien.
Was	trinken	Sie?	Kaffee, bitte.
Wie	heißt	du?	Claudio.
Wie viel Uhr	ist	es?	Halb zwei.
Wann	kommst	du?	Um drei.
Wer	spricht	Russisch?	Ich.

Woher kommen Sie?

2 Satzfragen

E 3

	Position 2	
Kommen	Sie	aus Italien?
Trinken	Sie	Kaffee?
Warst	du	schon mal in München?
Können	Sie	das bitte wiederholen?

Kommen Sie aus Italien?

3 Aussagesatz

E 3

	Position 2	
Ich	spreche	Portugiesisch.
Hildesheim	liegt	südlich von Hannover.
Marion	ist	Deutschlehrerin.

4 Der Satzrahmen

E 5

		Position 2		Satzende
Aussagesatz	Ich	rufe	dich am Samstag	an.
	Ich	stehe	am Sonntag um elf	auf.
	Ich	gehe	um zehn	schlafen.
	Ich	kann	auf Deutsch	buchstabieren.
W-Frage	Wann	stehst	du am Sonntag	auf?
	Wann	gehst	du	schlafen?
	Was	möchten	Sie	trinken?
Satzfrage	Rufst	du	mich am Samstag	an?
	Können	Sie	das bitte	buchstabieren?

5 Zeitangaben im Satz

E 5

	Position 2	
💬 Wir	gehen	**am Sonntag** ins Kino. Kommst du mit?
💬 **Am Sonntag**	kommt	meine Mutter. Das geht nicht.
💬 Gehen	wir	**am Samstag** ins Museum?
💬 Ja, **am Samstag**	geht	es.

6 Adjektive im Satz nach Nomen

E 4

Meine Wohnung ist **klein**.

Ich finde meine Wohnung **schön**.

7 *Es* im Satz

Es ist 4 Uhr.

Wie spät ist es?

Wie geht's?

Danke, es geht.

8 Wörter verbinden Sätze

E 2

1 Pronomen

Das ist Frau Schiller. **Sie** ist Deutschlehrerin.

2 Artikel

💬 Wo ist mein Deutschbuch?   💬 **Das** ist dort drüben!

💬 Kennst du Frau Schiller?   💬 Ja, **die** kenne ich, sie ist Deutschlehrerin.

 dort = Ort

E 3

3 *dort* und *da*

💬 Warst du schon mal in Meran?   **Dort** spricht man Italienisch und Deutsch.

💬 Gehen wir am Montag ins Kino?   💬 Tut mir leid, **da** kann ich nicht.   Zeit

💬 Warst du schon mal in Meran?   💬 Nein, **da** war ich noch nicht.   Ort

E 2, 5

4 *das*

💬 Cola, Wasser, Cappuccino ... **Das** macht 8,90 Euro.

💬 Das ist Sauerkraut.   💬 **Das** verstehe ich nicht. Können Sie **das** wiederholen?

💬 Kommst du am Freitag?   💬 Freitag? Ja, **das** geht.

Wörter

9 Nomen mit Artikel

E2 **1 Bestimmter Artikel: *der, das, die***

der Computer   **das** Haus   **die** Tasche

maskulin   neutrum   feminin

E2 **2 Unbestimmter Artikel: *ein, eine***

ein Computer   **ein** Haus   **eine** Tasche

maskulin   neutrum   feminin

E2 **3 Verneinung: *kein, keine***

Das ist ein Computer.   Das ist **kein** Computer, das ist ein Monitor.

Singular			Plural	
der Computer	das Haus	die Tasche	die	Computer, Häuser, Taschen
ein Computer	ein Haus	ein**e** Tasche	–	Computer, Häuser, Taschen
kein Computer	kein Haus	kein**e** Tasche	kein**e**	Computer, Häuser, Taschen

E4 **4 Bestimmter, unbestimmter Artikel und Verneinung im Akkusativ**

	Nominativ		Akkusativ	
	der/(k)ein Flur.		**den** Flur	
Das ist	das/(k)ein Bad.	Ich finde	das Bad	zu klein.
	die/(k)eine Toilette.		die Toilette	
			(k)einen Flur.	
		Ich habe	(k)ein Bad.	
			(k)eine Toilette.	

5 Possessivartikel im Nominativ

Das ist mein Computer!

Personalpronomen	Singular		die Wohnung	Plural
	der Balkon / das Bad			die Balkone/Bäder/ Wohnungen
ich	mein			meine
du	dein			deine
er/es/sie	sein/sein/ihr			seine/seine/ihre
wir	unser			unsere
ihr	euer			eure
sie/Sie	ihr/Ihr			ihre/Ihre

10 Nomen im Plural

E 2

–	-s	-n	-e
der Computer	das Foto	die Tafel	der Kurs
die Computer	die Fotos	die Tafeln	die Kurse
der Lehrer	das Handy	die Regel	das Heft
die Lehrer	die Handys	die Regeln	die Hefte
der Beamer	der Kuli	die Lampe	der Tisch
die Beamer	die Kulis	die Lampen	die Tische

-(n)en	-(ä/ö/ü)-e	-(ä/ö/ü)-er
die Zahl	der Stuhl	das Haus
die Zahlen	die Stühle	die Häuser
die Lehrerin	die Stadt	das Buch
die Lehrerinnen	die Städte	die Bücher
die Tür	der Ton	das Wort
die Türen	die Töne	die Wörter

Regel Der bestimmte Artikel im Plural ist immer **die**.

 Lerntipp
Nomen zusammen mit
Pluralformen lernen:
die Tür – die Türen
das Buch – die Bücher

11 **Wortbildung: Komposita**

E 2

	Bestimmungswort	Grundwort	
	↓	↓	

das Büro **der** Büro - stuhl **der** Stuhl
der Flur **die** Büro - lampe **die** Lampe
die Flur - lampe

> **Regel** Der Artikel von Komposita ist der Artikel des Grundwortes.
> Das Grundwort steht am Ende.

12 **Präpositionen:** *am, um, bis, von ... bis* **+ Zeit**

E 5

am **Am** Montag gehe ich in den Kurs. | Zeitpunkt **am** + Tag
um Der Kurs beginnt **um** neun Uhr. | ↓ **um** + Uhrzeit

von ... bis **von** 19 **bis** 21 Uhr. | Zeitraum
bis Der Kurs dauert **von** Montag **bis** Freitag. | ←——→
bis Sonntag.

13 **Präpositionen:** *in, neben, unter, auf, vor, hinter, an, zwischen, bei* **+ Ort (Dativ)**

E 6

💬 Wo ist mein Autoschlüssel?
👆 Der Autoschlüssel ...

... hängt an der Wand.   ... liegt auf der Kommode.   ... liegt unter der Zeitung.   ... liegt im Regal neben den Büchern.

		Singular		
		der Schreibtisch	das Regal	die Kommode
Der Schlüssel ist	in neben unter auf vor hinter	**dem** Schreibtisch	**dem** Regal	**der** Kommode.
Der Schlüssel hängt	**an**			**der** Wand.
		Plural		
Der Stuhl steht	**zwischen** **bei**	**den** Schreibtisch**en** / **den** Regal**en** / **den** Kommod**en**.		

in dem = **im**
an dem = **am**
bei dem = **beim**

> **Regel** der/das → **dem**   die → **der**   die (Plural) → **den**

14 Präposition: *mit* + Dativ
E 6

der Bus		**mit dem** Bus	
das Auto	Ich fahre	**mit dem** Auto	zur Arbeit.
die Straßenbahn		**mit der** Straßenbahn	

15 Fragewörter
E 1, 2, 3, 5

wo?	💬 **Wo** warst du gestern?	👄 In Hamburg.
	💬 Aarau? **Wo** liegt denn das?	👄 In der Schweiz.
woher?	💬 **Woher** kommen Sie?	👄 Aus Polen. / Aus der Türkei.
was?	💬 **Was** heißt das auf Deutsch?	👄 Radiergummi.
	💬 **Was** möchten Sie trinken?	👄 Kaffee, bitte.
wer?	💬 **Wer** ist denn das?	👄 Das ist John.
wie?	💬 **Wie** heißt du?	👄 Ich heiße Ana.
	💬 **Wie** viel Uhr ist es?	👄 Es ist halb neun.
wann?	💬 **Wann** kommst du nach Hause?	👄 Um vier.

16 Verben

E 1, E 2 **1 Verben: Stamm und Endungen**

	kommen	wohnen	heißen	trinken	arbeiten	schreiben	suchen
ich	komme	wohne	heiße	trinke	arbeite	schreibe	suche
du	komm**st**	wohn**st**	heiß**t**	trink**st**	arbeit**est**	schreib**st**	such**st**
er/es/sie	komm**t**	wohn**t**	heiß**t**	trink**t**	arbeit**et**	schreib**t**	such**t**
wir	komm**en**	wohn**en**	heiß**en**	trink**en**	arbeit**en**	schreib**en**	such**en**
ihr	komm**t**	wohn**t**	heiß**t**	trink**t**	arbeit**et**	schreib**t**	such**t**
sie/Sie	komm**en**	wohn**en**	heiß**en**	trink**en**	arbeit**en**	schreib**en**	such**en**

E 3, E 5 **2 Hilfsverben *sein* und *haben***

		Präsens	Präteritum	Präsens	Präteritum
Singular	ich	bin	war	habe	hatte
	du	bist	warst	hast	hattest
	er/es/sie	ist	war	hat	hatte
Plural	wir	sind	waren	haben	hatten
	ihr	seid	wart	habt	hattet
	sie/Sie	sind	waren	haben	hatten

17 Verben: Verneinung mit *nicht*
E 5

Ich	gehe	am Sonntag	**nicht**	ins Theater.
Ich	kann	heute	**nicht**.	
Am Freitag	kann	ich	**nicht**.	
Das	geht		**nicht**.	
Kommst		du	**nicht**	mit?

Sätze

18 **Zeitangaben im Satz**

E 7

		Position 2		
💬 Wir	gehen	**am Sonntag** ins Kino. Kommst du mit?		
👆 **Am Sonntag**	kommt	meine Mutter. Das geht nicht.		
👆 Meine Mutter	kommt	**am Sonntag**. Das geht nicht.		
💬 Wann	muss	ich zu Hause	sein?	
👆 **Um 19 Uhr**	musst	du zu Hause	sein.	
👆 Du	musst	**um 19 Uhr** zu Hause	sein.	

19 **Angaben im Satz: *wie oft? – jeden Tag, manchmal, nie***

E 11

Ich	kaufe	**jeden Tag**	Milch.
Jeden Tag	kaufe	ich	Milch.
Ich	kaufe	**manchmal**	Fisch.
Manchmal	kaufe	ich	Fisch.

Fleisch kaufe ich **nie**! Ich bin Vegetarier.

20 **Der Satzrahmen**

E 9 **1 Das Perfekt im Satz**

		Position 2		Satzende
Aussage	Wir	(haben)	eine Radtour	(gemacht).
	Wir	(sind)	nach Österreich	(gefahren).
	Im Sommer	(haben)	wir eine Radtour	(gemacht).
	Wir	(sind)	drei Wochen	(geblieben).
Frage	(Habt)	ihr	eine Radtour	(gemacht)?
	(Seid)	ihr	nach Österreich	(gefahren)?
	Wohin	(seid)	ihr	(gefahren)?
	Wie lange	(seid)	ihr	(geblieben)?

E 3, 7,
8, 11 **2 Modalverben im Satz: *wollen, müssen, dürfen, können***

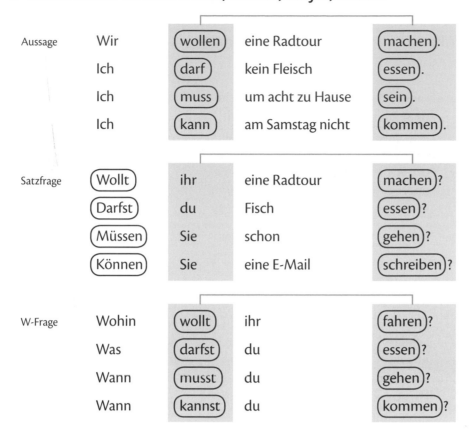

Aussage

Wir	(wollen)	eine Radtour	(machen).
Ich	(darf)	kein Fleisch	(essen).
Ich	(muss)	um acht zu Hause	(sein).
Ich	(kann)	am Samstag nicht	(kommen).

Satzfrage

(Wollt)	ihr	eine Radtour	(machen)?
(Darfst)	du	Fisch	(essen)?
(Müssen)	Sie	schon	(gehen)?
(Können)	Sie	eine E-Mail	(schreiben)?

W-Frage

Wohin	(wollt)	ihr	(fahren)?
Was	(darfst)	du	(essen)?
Wann	(musst)	du	(gehen)?
Wann	(kannst)	du	(kommen)?

21 ***Es* im Satz**

E 11

Es regnet. (Wetterwörter)
Es ist kalt.

💬 <u>Gehen wir am Samstag aus?</u>   ✍ Am Samstag geht **es** nicht.

💬 Wie geht**'s**? (Wie geht **es**?)   ✍ Danke, **es** geht.

💬 <u>Wir waren in den Ferien auf Mallorca.</u>   ✍ Und wie war **es**?

22 **Wörter verbinden Sätze: *zuerst, dann, danach, und***

E 8

Zuerst war sie im Büro. **Dann** hat sie Sport gemacht. **Danach** war sie mit Jan im Kino.
Und dann haben sie noch eine Pizza gegessen.

💬 Wo geht es zum Schlosspark?
✍ **Zuerst** gehen Sie geradeaus bis zur Ampel. **Dann** die erste Straße links,
danach sehen Sie schon das Schloss. **Und** hinter dem Schloss ist der Park.

Wörter

23 **Artikelwörter im Akkusativ: Possessivartikel und *(k)ein-***
E 7

Nominativ			der		das		die
ich		mein		mein		meine	
du		dein		dein		deine	
er/es		sein		sein		seine	
sie	Das ist	ihr	Computer	ihr	Auto	ihre	Uhr.
wir		unser		unser		unsere	
ihr		euer		euer		eure	
sie/Sie		ihr/Ihr		ihr/Ihr		ihre/Ihre	

	Das ist	(k)ein	Computer	(k)ein	Auto	(k)eine	Uhr.

Akkusativ			den		das		die
ich		meinen		mein		meine	
du		deinen		dein		deine	
er/es		seinen		sein		seine	
sie	Ich suche	ihren	Computer	ihr	Auto	ihre	Uhr.
wir		unseren		unser		unsere	
ihr		euren		euer		eure	
sie/Sie		ihren/Ihren		ihr/Ihr		ihre/Ihre	

	Ich habe	(k)einen	Computer	(k)ein	Auto	(k)eine	Uhr.

24 **Fragewort: *welch-*, Demonstrativum: *dies-***
E 10, E 11

Singular			der		das		die
Nominativ	Wie ist	dieser	Computer	dieses	Auto	diese	Uhr?
Akkusativ	Ich mag	diesen	Computer	dieses	Auto	diese	Uhr.

Plural				
Nominativ	Wie sind	**diese**	Computer/Autos/Uhren?	
Akkusativ	Ich suche	**diese**	Computer/Autos/Uhren.	

		der		das		die	
Nominativ	Welcher	Apfel	welches	Eis	welche	Banane	schmeckt gut?
Akkusativ	Welchen	Apfel	welches	Eis	welche	Banane	kaufst du?
Plural	Welche	Äpfel/Bananen					kaufst du?

25 **Personalpronomen im Akkusativ**
E 12

Nominativ	Akkusativ
ich	**mich**
du	**dich**
er/es/sie	**ihn/es/sie**
wir	**uns**
ihr	**euch**
sie/Sie	**sie/Sie**

💬 Kennst du Arnold Schwarzenegger?
🗨 Ja, ich habe **ihn** einmal in Graz getroffen.

💬 Hallo Petra, hast du einen neuen Freund?
Ich habe **euch** gestern in der Stadt gesehen!

26 Wortbildung: Nomen + *-in, -ung*
E 7

1 Nomen + *-in*

der Lehrer **die** Lehrer**in**   der Taxifahrer **die** Taxifahrer**in**

2 Nomen + *-ung*

die Wohn**ung**   (wohnen)   **Regel** Nomen mit *-ung* = Artikel **die**
die Ordn**ung**   (ordnen)
die Orientier**ung** (sich orientieren)
die Entschuldig**ung** (sich entschuldigen)

27 Adjektive – Komparation: *viel, gut, gern*
E 10

viel   →   mehr   →   am meisten
gut   →   besser →   am besten
gern   →   lieber →   am liebsten

28 Adjektive im Akkusativ: unbestimmter Artikel
E 11

	Wer ist das?
den	Sein Mantel ist rot. Er trägt **einen** rot**en** Mantel.
das	Sein Hemd ist weiß. Er trägt ein weiß**es** Hemd.
die	Seine Nase ist groß. Er hat **eine** groß**e** Nase.
Plural	Seine Schuhe sind schwarz. Er trägt schwarz**e** Schuhe. Das ist der Weihnachtsmann!

29 Präpositionen *in, durch, über* + Akkusativ
E 8

> *Wohin gehen die Touristen?*

	Die Touristen gehen	**ins** Museum. (**ins** = **in das**)	**durch** das Tor.	**über** die Brücke.
der		**in den** Zoo.	**durch den** Park.	**über den** Markt.
das	Wir gehen	**ins** Museum.	**durch das** Tor.	**über das** Gelände.
die		**in die** Oper.	**durch die** Stadt.	**über die** Brücke.

30 Präpositionen *zu, an ... vorbei* + Dativ
E 8

	Die Touristen gehen	**zum** Museum. (**zum** = **zu dem**)	**zur** Universität. (**zur** = **zu der**)	**am** Stadttor vorbei. (**am** = **an dem**)
der		**zum** Bahnhof.	**am** Bahnhof vorbei.	
das	Wir gehen	**zum** Stadttor.	**am** Stadttor vorbei.	
die		**zur** Brücke.	**an der** Brücke vorbei.	

31 Modalverben: *müssen, wollen, dürfen, können, möchten, mögen*

E 3, E 7,
E 8, E 11

	müssen	wollen	dürfen	können	möchten	mögen
ich	**muss**	**will**	**darf**	**kann**	möchte	**mag**
du	**musst**	**willst**	**darfst**	**kannst**	möcht**est**	**magst**
er/es/sie	**muss**	**will**	**darf**	**kann**	möchte	**mag**
wir	müssen	wollen	dürfen	können	möchten	mögen
ihr	müsst	wollt	dürft	könnt	möchtet	mögt
sie/Sie	müssen	wollen	dürfen	können	möchten	mögen

32 Imperativ

E 12

Nimm keine Tabletten! **Geh** zum Arzt! **Kommen Sie** bitte am Montag um neun in die Praxis!
Geht nicht auf Partys!

Präsens	Imperativ du-Form	Präsens	Imperativ ihr-Form	Präsens	Imperativ Sie-Form
du gehst	**geh**s̶t̶	ihr geht	**geht**	Sie gehen	**gehen Sie**
du nimmst	**nimm**s̶t̶	ihr nehmt	**nehmt**	Sie nehmen	**nehmen Sie**

33 Perfekt: regelmäßige und unregelmäßige Verben

E 9

1 Partizip der regelmäßigen Verben

Wir **haben** eine Radtour **ge**mach**t**. Wir **haben** Wien an**ge**schau**t**. Wir **haben** Freunde besuch**t**.
Wir **sind** in den Bergen **ge**wander**t** und **haben** viel fotografier**t**.

ge...(e)t	...ge...t	...(e)t	...ieren →...t
gemach**t**	ein**ge**kauf**t**	besuch**t**	fotografier**t**
gespiel**t**	an**ge**schau**t**	erreich**t**	probier**t**
gezelte**t**	ab**ge**hol**t**	übernachte**t**	telefonier**t**

2 Partizip der unregelmäßigen Verben

Der Urlaub **hat begonnen**. Wir **sind** nach Italien **geflogen**. Ich **habe** meine Freundin **angerufen**.
Die Kinder **haben** Postkarten **geschrieben**. Wir **sind** in Rom **gewesen**.

ge...en	...ge...en	...en
geflog**en**	auf**ge**stand**en**	verlor**en**
geschrieb**en**	an**ge**ruf**en**	gebor**en**
gekomm**en**	weiter**ge**fahr**en**	begonn**en**

> **Minimemo**
>
> Die meisten Verben bilden das Perfekt mit *haben*.
> Lernen Sie das Perfekt mit *sein*:
> 🚲 fahren – ist gefahren, 🏃 laufen – ist gelaufen, 🕊 fliegen – ist geflogen,
> bleiben – ist geblieben, passieren – ist passiert, sein – ist gewesen

Phonetik auf einen Blick

Die deutschen Vokale

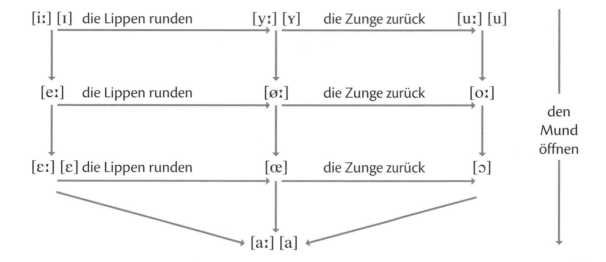

[iː] [ɪ]   die Lippen runden   [yː] [ʏ]   die Zunge zurück   [uː] [u]

[eː]   die Lippen runden   [øː]   die Zunge zurück   [oː]

[ɛː] [ɛ] die Lippen runden   [œ]   die Zunge zurück   [ɔ]

[aː] [a]

den Mund öffnen

Beispiele für lange und kurze Vokale

[aː – a]   geb**a**det – gem**a**cht; [ɛː – ɛ] ger**e**gnet – gez**e**ltet; [iː – ɪ] gesp**ie**lt – bes**i**chtigt

Ich habe eine R**a**dtour gem**a**cht. Du hast dich an der **O**stsee erh**o**lt. Er hat am M**ee**r gez**e**ltet. Wir haben **U**lm bes**u**cht. Sie haben W**ie**n bes**i**chtigt.

Das lange [eː]

[eː]   n**e**hmen, g**e**ben, l**e**ben, w**e**nig, der T**ee**, der S**ee**

Die Endungen -e, -en, -el, -er

Ich habe heute keine Sahnetorte. Am liebsten möchten wir einen Kuchen essen. Äpfel und Kartoffeln sind Lebensmittel. Eier esse ich lieber, aber Eier sind teuer.

Beispiele für nicht runde und runde Vokale

[iː – yː]   vier – für, spielen – spülen, das Tier – die Tür, Kiel – kühl

[ɪ – ʏ]   die Kiste – die Küste, das Kissen – küssen, die Brillen – brüllen

[eː – øː]   lesen – lösen, der Besen – die Bösen, die Meere – die Möhre

[ɛ – œ]   kennen – können, der Wärter – die Wörter

Beispiele für Umlaut oder nicht Umlaut

[yː – uː]   die Brüder – der Bruder, spülen – spulen

[ʏ – ʊ]   drücken – drucken, nützen – nutzen

[øː – oː]   schön – schon, die Größe – große, die Höhe – hohe

Drei lange Vokale nebeneinander

[iː – yː – uː]   die Ziege – die Züge – im Zuge, das Tier – die Tür – die Tour, vier – für – ich fuhr, spielen – spülen – spulen

Schreibung und Aussprache [p, b, t, d, k, g]

[p] kann man schreiben:

p wie in *das Papier*
pp wie in *die Suppe*
b am Wort- oder Silbenende wie in *halb vier*

[b] kann man schreiben:

b wie in *ein bisschen*

[t] kann man schreiben:

t wie in *die Tasse*
tt wie in *das Bett*
th wie in *das Theater*
dt wie in *die Stadt*
d am Wort- oder Silbenende wie in *das Geld*

[d] kann man schreiben:

d wie in *das Datum*

[k] kann man schreiben:

k wie in *können*
ck wie in *der Zucker*
g am Wort- oder Silbenende wie in *der Tag*

[g] kann man schreiben:

g wie in *gern*

Schreibung und Aussprache [f] und [v]

[f] kann man schreiben:

f wie in *fahren*
ff wie in *der Löffel*
v wie in *der Vater*
ph wie in *die Phonetik*

[v] kann man schreiben:

w wie in *wer*
v wie in *die Universität*

Schreibung und Aussprache der Nasale [n, ŋ]

[n] kann man schreiben:

n wie in *nein*
nn wie in *können*

[ŋ] kann man schreiben:

ng wie in *der Junge*
n(k) wie in *die Bank*

Aussprache des Konsonanten *r*

[r] muss man sprechen:

[r] wie in *richtig* für *r* am Silbenanfang
[ɐ̯] wie in *der Berg* für *r* am Silbenende (+ Konsonant/en)
[ɐ] wie in *besser* für *-er* am Silbenende

Liste der unregelmäßigen Verben

anbraten	*er brät an*	*er hat angebraten*
anfangen	er fängt an	er hat angefangen
anrufen	er ruft an	er hat angerufen
anschreiben	er schreibt an	er hat angeschrieben
ansehen	er sieht an	er hat angesehen
anziehen (sich)	er zieht sich an	er hat sich angezogen
aufstehen	er steht auf	er ist aufgestanden
ausgehen	er geht aus	er ist ausgegangen
backen	er backt/bäckt	er hat gebacken
beginnen	er beginnt	er hat begonnen
bekommen	er bekommt	er hat bekommen
beraten	er berät	er hat beraten
bleiben	er bleibt	er ist geblieben
bringen	er bringt	er hat gebracht
denken	er denkt	er hat gedacht
dürfen	er darf	er durfte (Präteritum)
einreiben	*er reibt ein*	*er hat eingerieben*
entscheiden (sich)	er entscheidet sich	er hat sich entschieden
essen	er isst	er hat gegessen
fahren	er fährt	er ist gefahren
fallen	er fällt	er ist gefallen
fernsehen	er sieht fern	er hat ferngesehen
finden	er findet es	er hat es gefunden
fliegen	er fliegt	er ist geflogen
geben	er gibt	er hat gegeben
gefallen	es gefällt	es hat gefallen
gehen	er geht	er ist gegangen
haben	er hat	er hatte (Präteritum)
hängen	es hängt	es hat gehangen
heben	er hebt	er hat gehoben
heißen	er heißt	er hat geheißen
helfen	er hilft	er hat geholfen
kennen	er kennt	er hat gekannt
kommen	er kommt	er ist gekommen
können	er kann	er konnte (Präteritum)
laufen	er läuft	er ist gelaufen
leidtun	es tut leid	es hat leidgetan
lesen	er liest	er hat gelesen
liegen	es liegt	es hat gelegen
mitkommen	er kommt mit	er ist mitgekommen
mögen	er mag	er mochte (Präteritum)
müssen	er muss	er musste (Präteritum)
nehmen	er nimmt	er hat genommen
schlafen	er schläft	er hat geschlafen
schließen	er schließt	er hat geschlossen
schneiden	er schneidet	er hat geschnitten
schreiben	er schreibt	er hat geschrieben
schwimmen	er schwimmt	er ist geschwommen
sehen	er sieht	er hat gesehen
sein	er ist	er war (Präteritum)

singen	er singt	er hat gesungen
sitzen	er sitzt	er hat gesessen
Ski fahren	er fährt Ski	er ist Ski gefahren
spazieren gehen	er geht spazieren	er ist spazieren gegangen
sprechen	er spricht	er hat gesprochen
stattfinden	*es findet statt*	*es hat stattgefunden*
stehen	er steht	er hat gestanden
tragen	er trägt	er hat getragen
treffen	er trifft	er hat getroffen
trinken	er trinkt	er hat getrunken
tun	er tut	er hat getan
verbinden	er verbindet	er hat verbunden
vergehen	es vergeht	es ist vergangen
vergessen	er vergisst	er hat vergessen
vergleichen	er vergleicht	er hat verglichen
verlieren	er verliert	er hat verloren
verschreiben	*er verschreibt*	*er hat verschrieben*
verstehen	er versteht	er hat verstanden
waschen	er wäscht	er hat gewaschen
wehtun	es tut weh	es hat wehgetan
wissen	er weiß	er hat gewusst
wollen	er will	er wollte (Präteritum)
zunehmen	*es nimmt zu*	*es hat zugenommen*
zurückdenken	er denkt zurück	er hat zurückgedacht

Hörtexte

Hier finden Sie alle Hörtexte, die nicht oder nicht komplett in den Einheiten und Übungen abgedruckt sind.

Start auf Deutsch

1 **1**

+ Entschuldigung, wo ist der Alexanderplatz?
– Das ist einfach. Gehen Sie hier nur geradeaus die Straße Unter den Linden entlang. Dann kommen Sie zum Alex.

Firma Intershop, guten Morgen, Claudia Meinert am Apparat.

+ Was darf´s sein?
– Eine Pizza Margherita, bitte.

Liebe Kundinnen und Kunden, heute im Angebot: Pizza Ristorante, verschiedene Sorten, 1,99 Euro pro Packung, Persil-Waschmittel 1 kg-Packung nur 12,75 Euro, Crème fraîche ...

Herr Weimann bitte zum Lufthansa-Schalter. Es liegt eine Information für Sie vor. Mr. Weimann please contact the Lufthansa Counter, there´s a message for you.

Lufthansa Flug LH 349 nach Zürich, wir bitten die Passagiere zum Ausgang. Lufthansa flight LH 349 to Zurich now ready for boarding.

1 **3**

Sprecher 1 kommt aus Frankreich.
Sprecherin 2 kommt aus Tschechien.
Sprecher 3 kommt aus Deutschland.
Sprecherin 4 kommt aus Syrien.

3 **2**

1. Graz – 2. Hamburg – 3. Bern – 4. Berlin – 5. Frankfurt – 6. Wien – 7. Genf – 8. Lugano

3 **4**

1. + Goethe-Institut München. Grüß Gott.
   – Guten Tag. Kann ich bitte Herrn Benz sprechen?
   + Bitte wen? Krenz?
   – Nein, Herrn Benz, B-E-N-Z.
2. + Heier.
   – Guten Morgen, ist dort die Firma Mayer mit A-Y?
   + Nein, hier ist Heier. H-E-I-E-R.
   – Oh, Entschuldigung ...
3. + Hotel Astron, Guten Morgen.
   – Guten Tag. Hier ist Sundaram. Ich möchte ein Zimmer reservieren.
   + Entschuldigung. Wie heißen Sie? Buchstabieren Sie bitte.
   – S-U-N-D-A-R-A-M.

1 Kaffee oder Tee?

2 **2**

a) + Hallo, Katja. Ist hier noch frei?
   – Hallo, Martin. Ja klar.
   + Was trinkst du? Mineralwasser?
   – Nein, lieber Orangensaft.
   + Zwei Orangensaft, bitte.

b) + Grüß dich, Anna. Das ist Amir.
   – Tag, Sabira. Hallo, Amir. Woher kommst du?
   * Aus Libyen. Und du?
   + Aus Serbien. Was trinkt ihr? Kaffee?
   – Ja, Kaffee ...
   * ... mit viel Milch, bitte.

2 **5**

c) + Kommst du jetzt?
   – Ja, ich komme.

   + Wo wohnst du?
   – Ich wohne in Berlin.

   + Wo wohnt ihr?
   – Wir wohnen in Hamburg.

   + Wo wohnt er?
   – Pedro? Er wohnt in München.

   + Frau Bergmann, wo wohnen Sie?
   – Ich wohne in Potsdam.

3 **6**

vier – siebzehn – neunundzwanzig – zweiunddreißig – dreiunddreißig – fünfundvierzig, Zusatzzahl: neun

3 **7**

23 – 1 – 49 – 33 – 43 – 50 – 45 – 25 – 31 – 12 – 37 – 11 – 3 – 4 – 44 – 29 – 30 – 13 – 2 – 38 – 39 – 40 – 20 – 19 – 9 – 18 – 26 – 42 – 28 – 46 – 8 – 47 – 35 – 41 – 7 – 36 – 17 – 5 – 27 – 15 – 21 – 48 – 32 – 16 – 6 – 22 – 14 – 24 – 10 – 34

4 **1**

1. + Ich habe jetzt ein Handy.
   – Aha, wie ist die Nummer?
   + 0171 235 53 17.
2. + Becker.
   – Becker? Ich habe die 73 49 87 55 gewählt!
   + Ich habe die 73 49 87 52.
   – Oh, Entschuldigung.
3. + Wie ist Ihre Telefonnummer?
   – Das ist die 0341-804 33 08.
   + Ich wiederhole: 0341-804 33 08.
   – Ja, richtig.
4. + Telekom Auskunft, Platz 23.
   – Hallo, ich hätte gern die Nummer von Wilfried Otto in Königshofen.
   + Das ist die 03423-23 26 88. Ich wiederhole: 03423-23 26 88.
   – Danke.

4 **3**

1. + Zahlen, bitte!
   – Drei Eistee. Das macht zusammen 7 Euro 20.
   + Und getrennt?
   – 2 Euro 40, bitte.
2. + Ich möchte zahlen, bitte!
   – 2 Euro 60.
   + 2 Euro 60, hier bitte.
   – Danke, auf Wiedersehen!

3. + Ich möchte bitte zahlen!
   – Eine Cola und zwei Wasser, zusammen oder getrennt?
   + Zusammen, bitte.
   – Also, eine Cola, das sind 2 Euro 20 und zwei Wasser à
     2 Euro 10. Das macht zusammen ... Moment ...
     6 Euro 40, bitte.
   + Hier, bitte, stimmt so. Tschüss.
   – Danke, auf Wiedersehen!

Ü 5

+ Cola mit Eis?
– Ja, viel Eis, bitte.

* Tee oder Kaffee?
– Lieber Tee, mit viel Zucker, bitte.

Kaffee mit Milch und Zucker?
– Nein, ohne Milch und ohne Zucker, bitte.

Ü 6

b) + Entschuldigung, ist hier noch frei?
   – Ja klar, bitte.
   + Danke. Ich heiße Mateusz und das ist Polina.
   – Hallo, ich bin ... Woher kommt ihr?
   + Wir kommen aus Polen. Und du? Woher kommst du?
   – Ich komme aus ...
   + Was möchtest du trinken? Tee oder lieber Kaffee?
   – Tee mit Zucker.
   + Gut, dann drei Tee mit Zucker, bitte.

Ü 8

1. + Hallo, Diana! Was möchtest du trinken?
   – Guten Tag, Paul. Ich nehme Fanta mit wenig Eis.
2. + Guten Tag, was trinken Sie?
   – Ich nehme Kaffee mit viel Milch und ohne Zucker.
3. + Entschuldigung, trinken Sie Wasser oder lieber
     Orangensaft?
   – Orangensaft ... oder nein, lieber Cola.
4. + Trinkst du Weißwein?
   – Nein, ich nehme lieber Rotwein.

Ü 11

So, da haben wir Tisch 3 ... das war ein Wasser, das ist 209 und
einmal Apfelschorle ... Nr. 220. Dann Tisch 88: das waren die 208,
214 und 217 und Tisch 34 ... einmal Sprite ... ähm ... Nr. 211.

Ü 12

1. Liebe Fahrgäste, am Gleis 3 wartet der ICE 3043 nach
   München, planmäßige Abfahrt ...
2. Vorsicht am Gleis 9! Es fährt ein: der EC 1509 von Erfurt
   nach Jena Paradies.
3. Der ICE 8878 nach Düsseldorf fährt heute vom Gleis 9 ab.

Ü 13

1. + Julian, wie ist deine Telefonnummer?
   – Meine Telefonnummer ist 0172 43 74 333.
2. + Wie ist die Telefonnummer von Michaela?
   – Die Telefonnummer von Michaela? Das ist die 4569872.
3. + Sabine, hast du ein Handy?
   – Ja.
   + Und wie ist deine Nummer?
   – 0179 126 186 9.
4. + Wie ist die Handynummer von Jarek?
   – Moment ... das ist die 0176 22 11 334.

Ü 14

1. + Empfang, Stein am Apparat.
   – Hallo, Paech hier. Wie ist die Telefonnummer von
     Frau Mazanke, Marketingabteilung?
   + Einen Moment, 68 35 und die Durchwahl ist 48 17.
   – Danke schön.
2. + Hallo, ich brauche die Telefonnummer von
     Herrn Feldmeier in München.
   – Ja ... die Vorwahl ist 089 und dann die 448 093 87.
3. + Stein, Empfang.
   – Guten Morgen, Frau Stein. Wie ist die Telefonnummer
     von Frau Rosenberg in Dresden?
   + Frau Rosenberg, Serviceteam?
   – Ja.
   + Das ist die 264 651 und die 0351 für Dresden.

Ü 16

+ Ja, bitte?
– Ich möchte zahlen, bitte.
+ Zusammen oder getrennt?
– Zusammen, bitte.
+ Kaffee – 1,20 Euro und Milchshake – 1,80 Euro ...
  Das macht 3 Euro, bitte.
– Hier, bitte.
+ Danke, auf Wiedersehen!

Ü 17

1. + Entschuldigung, ist hier noch frei?
   – Ja, bitte. Mein Name ist Angelina. Bist du auch im
     Sprachkurs A1?
   + Ja. Ich heiße Paul. Ich komme aus Frankreich. Woher
     kommst du?
   – Ich komme aus Italien.
2. + Was möchten Sie trinken?
   – Tee, bitte.
   + Mit Zucker und Milch?
   – Mit Milch, bitte.
3. + Wir möchten zahlen, bitte!
   – Getrennt oder zusammen?
   + Zusammen, bitte.
   – Das macht dann 5,30 Euro.
   + Bitte!
   – Danke und auf Wiedersehen!
   + Tschüss!

2 Sprache im Kurs

1 1

Können Sie das bitte buchstabieren?
Entschuldigung, kannst du das bitte wiederholen?
Kannst du das bitte schreiben?
Wie heißt das auf Deutsch?

1 4

1. der Tisch – 2. das Buch – 3. die Tasche – 4. die Brille –
5. der Radiergummi – 6. das Heft – 7. der Kuli – 8. der Becher

2 5

b) 1. die Brüder – 2. zählen – 3. das Buch – 4. die Türen –
   5. das Wort – 6. der Stuhl – 7. die Töne – 8. das Haus

3 **2**

+ Was ist denn das?
– Das? Rate mal!
+ Ein Mann?
– Nein, falsch. Guck mal jetzt!
+ Eine Frau?
– Ja ...
+ Eine Lehrerin?
– Ja, richtig! Und was ist das?
+ Ah, eine Lehrerin und ein Buch. Hey, das ist ja Frau Neumann, die Deutschlehrerin!

Ü **1**

a) + Entschuldigung. Wie heißt das auf Deutsch?
   – Der Radiergummi.
   + Das verstehe ich nicht. Können Sie das bitte wiederholen?
   – Der Radiergummi.
   + Können Sie das bitte anschreiben?
   – Ja, klar. Der Radiergummi.

Ü **5**

b) 1. der Mann und die Frau – 2. essen und trinken – 3. lesen und schreiben – 4. ja oder nein – 5. Kaffee oder Tee – 6. der Tisch und der Stuhl – 7. das Papier und der Stift – 8. hören und sprechen – 9. fragen und antworten – 10. der Bleistift und der Radiergummi

Ü **7**

+ Ja, bitte?
– Entschuldigung, wie heißt das auf Deutsch?
+ Das ist eine Zimmerpflanze.
– Ich verstehe das nicht. Können Sie das bitte wiederholen?
+ Ja, gerne. Das ist eine Zimmerpflanze.
– Ah. Können Sie das bitte buchstabieren?
+ Die Z-I-M-M-E-R-P-F-L-A-N-Z-E.

Ü **10**

Liebe Eltern, die Kinder brauchen für das neue Schuljahr wieder neue Sachen. Hier ist die Liste: 4 Hefte, 1 Füller, 3 Stifte, 2 Kulis, 1 Englisch-Wörterbuch und 1 Radiergummi. So, unser weiteres Thema ist ...

Ü **11**

1. hören – 2. begrüßen – 3. üben – 4. zählen – 5. können – 6. Österreich – 7. möchten – 8. fünf

Ü **16**

b) Ich bin Maria Gonzales. Ich komme aus Mexiko und lebe in Mexiko-Stadt. Ich bin 19. Ich bin verheiratet mit José Gonzales. Wir haben keine Kinder. Ich spreche Spanisch, Englisch und Französisch. Ich lerne Deutsch im Goethe-Institut in Mexiko-Stadt. Deutschland ist für mich Technik und Fußball!

Ü **18**

a) Ich heiße Tran und komme aus Vietnam. Ich bin verheiratet mit Viet. Wir leben seit 2010 in Weimar und haben ein Kind, es heißt Viet Duc. Ich spiele gern Gitarre.

b) Mein Name ist Jakub Podolski. Ich bin Student. Ich lebe in Warschau und studiere Medizin. Ich bin 23 Jahre alt und möchte in Deutschland arbeiten. Mein Hobby ist Sport.

c) Ich bin Amita und ich lebe in Mumbai. Ich arbeite bei Daimler Benz. Ich lerne Deutsch am Goethe-Institut. Ich bin verheiratet und habe ein Kind. Ich liebe Bücher.

3 Städte – Länder – Sprachen

1 **3**

1. + Was ist das?
   – Das ist der Prater.
   + Und wo ist das?
   – In Wien.
   + Aha, und in welchem Land ist das?
   – Wien ist in Österreich.
2. + Und was ist das?
   – Das ist die Akropolis.
   + Wo ist denn das?
   – In Athen.
   + Ach so, und in welchem Land ist das?
   – Athen ist in Griechenland.

5 **1**

+ Hallo, wir sind Campus Radio. Wir interviewen internationale Studenten. Wie heißt ihr? Woher kommt ihr?
– Ciao, ich bin Laura. Ich komme aus Pisa und studiere in Bologna.
Und ich bin Piet. Ich bin aus Brüssel.
+ Welche Sprachen sprecht ihr?
– Ich spreche Italienisch – und oft Englisch und Deutsch im Studium, natürlich.
Ich spreche Niederländisch. Das ist meine Muttersprache. Und Französisch. Im Studium brauche ich Deutsch und oft Englisch.
+ Und was studiert ihr?
# Ich studiere Chemie.
– Deutsch als Fremdsprache. Ich bin im Masterstudiengang.

Ü **3**

1. – Ich heiße Frank und komme aus Interlaken.
   + Wo ist denn das?
   – Das ist in der Schweiz.
2. – Ich bin Mike aus San Diego.
   + Wo ist denn das?
   – Das ist in den USA.
3. – Mein Name ist Nilgün und ich komme aus Izmir.
   + Wo ist denn das?
   – Das ist in der Türkei.
4. – Ich heiße Stefanie, ich komme aus Koblenz.
   + Wo ist denn das?
   – Das ist in Deutschland.
5. – Mein Name ist Světlana. Ich komme aus Prag.
   + Wo ist denn das?
   – Das ist in Tschechien.

Ü **9**

1. + Herr Onischtschenko, woher kommen Sie?
   – Ich komme aus Moldawien. Waren Sie schon mal in Moldawien?
   + Nein, wo liegt denn das?
   – Das liegt östlich von Rumänien.

2. + Und aus welcher Stadt kommen Sie?
   – Aus Cahul.
   + Wo ist das?
   – Cahul liegt südwestlich von Kischinau. Kischinau ist
     die Hauptstadt von Moldawien.
3. – Jetzt wohne ich aber in Duisburg.
   + Ah, Duisburg. Ich war schon mal in Duisburg. Das liegt
     nördlich von Köln.
   – Ja, genau.
4. – Und wo wohnen Sie?
   + Ich wohne in Lüdenscheid.
   – Wo liegt denn das?
   + Lüdenscheid liegt nordöstlich von Köln.

Ü 16

Mein Name ist Anke Baier. Ich bin verheiratet und habe
einen Sohn. Ich komme aus München, aber meine Familie
und ich leben im Westen von Österreich – in Innsbruck.
Das liegt in Tirol. Dort spricht man Deutsch. Ich spreche
Deutsch, Italienisch und Englisch.

Ü 20

b) + Woher kommen Sie?
   – Ich komme aus …
   + Aha. Und welche Sprachen spricht man dort?
   – Bei uns spricht man …
   + Welche Sprachen sprechen Sie?
   – Ich spreche … Und Sie?
   + Ich spreche Deutsch, Englisch und ein bisschen Spanisch.

Station 1

3 4

Hier ist der Deutschlandfunk. An unserem Hörspielabend
hören Sie „Schöne Grüße", ein Hörbeispiel aus Dänemark.
Es folgt um 21 Uhr das „Küchenduell", eine französische
Dokumentation und danach das „Stadtgespräch" aus Wien,
eine österreichische Talkshow. Um 23 Uhr folgt „Das schöne
Mädchen", ein tschechisches Märchen. Gute Unterhaltung!

4 Menschen und Häuser

1 2

a) + Hallo, Uli, wie geht's?
   – Danke gut, Lars. Du, wir haben eine neue Adresse.
     David, Lena und ich wohnen jetzt in einer Altbau-
     wohnung, in der Goethestraße 117 in Kassel.
   + Moment, ich schreibe die Adresse auf. Sag nochmal.
   – Goethestraße Nummer 117 in 34119 Kassel.

Ü 2

a) 1. + Herr Gülmaz, wie ist Ihre Adresse?
      – Meine Adresse? Wiesenstraße 65, 13357 Berlin.
   2. + Und Ihre Adresse, Frau Schmidt?
      – Meine Adresse ist: An der Universität 19, 07743 Jena.
   3. + Herr Heller, wie ist Ihre Adresse?
      – Das ist die Hauptstraße 98, 51817 München.

Ü 5

+ Guten Tag, Frau Wenke. Hier ist vielleicht Ihre Traum-
  wohnung.
– Hallo, Herr Meier, na ja, mal sehen.
+ Die Wohnung hat drei Zimmer.
– Hat die Wohnung auch einen Garten?
+ Nein, sie hat keinen Garten. Aber es gibt einen Balkon. Hier!
– Schön, aber der Balkon ist sehr klein. Was kostet die
  Wohnung?
+ Sie kostet nur 550 Euro. Das ist sehr billig.
– Gut, dann nehme ich sie.

Ü 10

+ Hallo, ich zeige dir unsere Wohnung! Hier ist die Küche.
– Habt ihr ein Esszimmer?
+ Nein, unsere Wohnung hat kein Esszimmer. Aber hier
  rechts ist das Wohnzimmer. Es ist groß und sonnig.
– Hat die Wohnung auch einen Balkon?
+ Ja, sie hat einen Balkon, am Arbeitszimmer. Ich finde den
  Balkon schön, aber zu klein.
– Wo ist denn euer Arbeitszimmer?
+ Hier gleich neben dem Bad.
– Ist eure Wohnung teuer?
+ Nein, die Wohnung kostet 700 Euro warm. Das ist billig.

Ü 15

der Tisch und der Stuhl
der Schreibtisch und das Bücherregal
das Bett und der Schrank
die Küche und der Flur
das Bad und die Toilette

5 Termine

1 1

1. Es ist sechs Uhr. Die Nachrichten …
2. 19 Uhr: Die Nachrichten des Tages, heute mit Petra Meier.
3. Liebe Fahrgäste auf Gleis 2: Der IC 1893 nach Frankfurt
   am Main, planmäßige Ankunft 16.05 Uhr hat 95 Minuten
   Verspätung.
4. Guten Tag, ich habe um 14 Uhr einen Termin bei Frau
   Dr. Vocks.

2 1

Am Montag?
Ja, am Montag.
Am Dienstag um 10 Uhr?
Nein, lieber am Mittwoch um 10?
Am Donnerstag oder am Freitag?
Lieber am Samstag?
Und am Sonntag?
Am Samstag?
Ja, gern.

4 5

a) + Haben Sie einen Termin frei?
  – Geht es am Freitag, um 9.30 Uhr?
  + Ja, das geht.

  + Gehen wir am Freitag ins Kino?
  – Am Freitagabend kann ich leider nicht, aber am Samstag.

  + Können Sie am Freitag um halb zehn?
  – Ja das ist gut.

  + Treffen wir uns am Montag um acht?
  – Um acht geht es leider nicht, aber um neun.

Ü 2

b) + Ackermann.
  – Hallo, Herr Ackermann, Binek hier. Ich habe die Termine für nächste Woche.
  + Schön.
  – Also, am Montag um acht Uhr haben Sie den Termin beim Zahnarzt. Und am Mittwoch um 11 ist das Treffen mit Frau Rein.
  + Am Mittwoch ... um 11 Uhr ... Frau Rein. O.k., ist das alles?
  – Nein, am Dienstag und Donnerstag essen Sie um 13 Uhr mit Herrn Meier.
  + Hm, Dienstag und Donnerstag um ...?
  – Um 13 Uhr. Das ist alles.
  + Gut und vielen Dank!
  – Gern, auf Wiederhören.

Ü 3

c) 1. + Laura, wie spät ist es?
    – Einen Moment ... es ist zwanzig nach vier.
  2. Kulturradio Berlin und Brandenburg, es ist 14.30 Uhr, die Nachrichten: In Frankreich ...
  3. Schön, Frau Rosemüller, dann notiere ich den Termin: halb elf am Donnerstag.
  5. + Leo, aufstehen, es ist schon zehn vor sieben!
    – Hmmm ... noch fünf Minuten ...
    + Aufstehen!
  6. Achtung auf Gleis drei! Der Intercity Express 13 46 von Hamburg nach München, planmäßige Abfahrt 13.46 Uhr, fährt ein.

Ü 10

– Praxis Dr. Brummer, guten Tag.
+ Guten Tag. Mein Name ist ... Ich hätte gern einen Termin.
– Waren Sie schon einmal hier?
+ Nein.
– Hm, nächste Woche am Mittwoch um 8 Uhr?
+ Um acht kann ich leider nicht. Geht es auch um 14 Uhr?
– Ja, das geht auch. Also, am Mittwoch um 14 Uhr.
+ Danke und auf Wiederhören!
– Auf Wiederhören!

Ü 15

+ Wann stehst du morgen auf?
– Ich stehe um sieben Uhr auf.
+ Wann fängst du morgen im Büro an?
– Ich fange zwischen acht und neun Uhr an.
+ Wann gehst du morgen aus?
– Ich gehe um neun aus.

6 Orientierung

1 3

Ich bin Birgit Schäfer und wohne in Schkeuditz. Das ist westlich von Leizpig. Ich arbeite bei ALDI am Leipziger Hauptbahnhof. Ich fahre eine halbe Stunde mit dem Zug.

Ich heiße Lina Salewski und bin Bibliothekarin. Ich arbeite in der Universitätsbibliothek „Albertina" in der Beethovenstraße. Mein Büro ist in der vierten Etage. Ich wohne in Gohlis und fahre eine Viertelstunde mit dem Fahrrad zur Arbeit. Das sind fünf Kilometer.

Ich bin Marco Sommer und wohne in Markkleeberg, im Süden von Leipzig. Ich arbeite bei der Deutschen Bank am Martin-Luther-Ring. Ich fahre jeden Tag 20 Minuten mit der Straßenbahn zur Arbeit.

Ich heiße Alexander Novak und wohne in der Südvorstadt. Ich arbeite bei Porsche. Ich brauche im Stadtverkehr 30 Minuten mit dem Auto. Aber es ist oft Stau.

4 1

b) + Hallo, Herr Sommer, hier Peter Rosner.
  – Guten Tag, Herr Rosner.
  + Können wir uns nächste Woche noch zu einer Beratung treffen?
  – Ja, sicher. Wann geht es bei Ihnen?
  + Gleich am Montag, den 22.10. um 9 Uhr?
  – Das tut mir leid, da habe ich schon einen Termin. Aber am Dienstag, 23.10. um 9 Uhr geht es bei mir.
  + Prima, das geht bei mir auch.
  – Okay, dann bis zum 23.10. 9 Uhr.
  + Ja, danke! Bis nächste Woche!
c) + Praxis Dr. Otto, guten Tag.
  – Guten Tag, hier Marco Sommer. Ich habe nächste Woche Donnerstag, den 25.10. einen Termin um 15 Uhr und muss ihn leider verschieben.
  + Ja, gut. Dann schauen wir mal. Können Sie am Dienstag, 23.10. gleich morgens um 9 Uhr?
  – Nein, da habe ich schon einen Termin.
  + Und am Freitagnachmittag, 26.10. um 16 Uhr?
  – Ja, das passt.
  + Gut, dann notiere ich: Freitag, 26.10. um 16 Uhr.
  – Prima, vielen Dank. Auf Wiederhören!
  + Auf Wiederhören!

Ü 1

a) U7 Richtung Rathaus Spandau. Zurückbleiben, bitte.

Ü 2

1. Ich arbeite an der Universität in Münster. Münster ist klein. Ich stehe um 8.30 Uhr auf. Ich fahre 15 Minuten mit dem Fahrrad zur Arbeit.
2. Ich arbeite am Max-Planck-Institut in Jena und wohne in Weimar. Ich stehe um 8 Uhr auf. Ich fahre eine Viertelstunde mit dem Zug und 10 Minuten mit dem Bus zum Institut am Beutenberg.
3. Ich lebe in Hamburg und arbeite am Hamburger Hafen. Ich stehe jeden Morgen um 4 Uhr auf und fahre 35 Minuten mit dem Auto zur Arbeit.
4. Ich arbeite in Berlin und lebe in Potsdam. Von Montag bis Freitag stehe ich um 6.15 Uhr auf. Potsdam ist südwestlich von Berlin. Ich fahre 40 Minuten mit der S-Bahn bis zum Hauptbahnhof und fünf Minuten mit dem Bus bis zur Arbeit.

Ü 5

a) + Entschuldigung, wo finde ich die Caféteria?
 – Die Caféteria ist ganz oben, in der 4. Etage.
 # Guten Tag, ich suche die Garderobe.
 – Die Garderobe ist gleich hier hinten.
 * In welcher Etage finde ich die Verwaltung?
 – Die Verwaltung ist in der 3. Etage.
 § Ich suche den Lesesaal.
 – Den Lesesaal finden Sie in der 1. Etage.
 % Wo sind bitte die Zeitungen?
 – Die Abteilung mit den Zeitungen finden Sie in der 2. Etage.
 & Hallo, wo finde ich die Toiletten?
 – Gleich hier im Erdgeschoss unten rechts.

Ü 7

+ Guten Tag, kann ich Ihnen helfen?
– Entschuldigung, wo ist denn bitte die Caféteria?
+ Die Caféteria ist im Erdgeschoss.
– In welcher Etage sind die Lesesäle?
+ Die Lesesäle sind in der 1. Etage.
– Und die Gruppenarbeitsräume? Wo finde ich die Gruppenarbeitsräume?
+ Die Gruppenarbeitsräume sind in der 2. Etage.
– Und … Entschuldigung, wo sind die Toiletten bitte?
+ Die Toiletten sind gleich hier rechts.
– Vielen Dank!

Ü 11

1. + Praxis Dr. Glas, Seidel am Apparat.
 – Martens, guten Morgen. Ich hätte gern einen Termin.
 + Wann geht es denn?
 – Am Donnerstag um 8 Uhr?
 + Hm, da geht es leider nicht. Geht es am Mittwoch um 9.30 Uhr?
 – Nein, da kann ich nicht. Da muss ich arbeiten.
 + Hm, Moment, am Dienstag um 11 Uhr?
 – Ja, das ist okay.
2. + Praxis Dr. Glas, Seidel, guten Tag.
 – Hier ist Finster. Ich habe heute um 10.45 Uhr einen Termin, aber ich stehe leider im Stau. Ich bin erst um 11.15 Uhr in Frankfurt. Kann ich da noch kommen?
 – Ja, das geht.
3. + Praxis Dr. Glas, Seidel am Apparat.
 – Weimann, guten Morgen. Ich hätte gern heute einen Termin.
 + Guten Morgen, Frau Weimann. Heute um Viertel nach zehn geht es.
 – Schön, vielen Dank.

Ü 13

1. Queen Elisabeth ist am 21. Vierten 1926 geboren.
2. George Clooney ist am 6. Fünften 1961 geboren.
3. Heidi Klum ist am 1. Sechsten 1973 geboren.
4. Vitali Klitschko ist am 19. Siebten 1971 geboren.

Fit für Einheit 7?
Mit Sprache handeln

+ Wann rufst du deine Mutter an?
– Ich rufe sie zwischen 10 und 12 Uhr an.

7 Berufe

1 2

1. Mein Name ist Sascha Romanov. Ich bin von Beruf Koch und arbeite in einem Restaurant in Köln.
2. Ich bin Dr. Michael Götte. Ich bin Bauingenieur bei Hochtief in Rostock.
3. Ich heiße Sabine Reimann. Ich arbeite als Sekretärin bei einer Versicherung in Basel.
4. Ich heiße Stefan Jankowski. Ich bin Student, aber im Moment mache ich ein Praktikum bei Siemens und schreibe Computerprogramme.
5. Ich bin Jan Hartmann. Ich bin Taxifahrer in Berlin.

Ü 2

1. Hallo, ich heiße Abbas Samet und lebe in Düsseldorf. Ich arbeite schon viele Jahre als Taxifahrer in Dortmund und Bochum. Ich fahre gern Auto.
2. Mein Name ist Anna Zimmermann. Ich bin Floristin von Beruf und arbeite in einem Blumenladen in Stuttgart. Ich lebe mit meiner Familie in Leonberg in der Nähe von Stuttgart.
3. Ich bin Simon Winter. Ich bin Ingenieur. Ich komme aus Deutschland und lebe in Freiburg und Bern. Ich arbeite in Bern bei einer großen Firma.
4. Hi, mein Name ist Frieda Neumann. Ich arbeite als Krankenschwester in einem Krankenhaus in Graz.

Ü 5

b) Hallo, ich heiße Benjamin Herbst. Mein Geburtstag ist der 17.10.1978. Ich lebe in Frankfurt und bin Kfz-Mechatroniker. Ich arbeite im Autohaus Weber, die Adresse ist Hellerhofstraße 5 in Frankfurt am Main. Meine Telefonnummer ist 069/78634 und meine Handynummer ist 0176 748 95 52.

Ü 7

1. + Guten Tag.
 – Guten Tag. Reparieren Sie auch Motorräder? Das Licht ist kaputt.
 + Ja, ja. Bringen Sie das Motorrad in die Werkstatt.
2. + Hallo, sind Sie frei?
 – Ja.
 + In die Zillestr. 9, bitte.
 – Aber gern.
3. + So, wie schneiden wir die Haare?
 – Na ja, ich möchte sie kurz haben.
 + Kurz?! Sie haben aber doch so schöne Haare!
4. + Wie kann ich helfen?
 – Mir geht es nicht gut, ich denke, ich bin krank.
 + Na, dann untersuche ich Sie erst einmal. Machen Sie Aah!
5. + Frau Toberenz, schreiben Sie bitte eine E-Mail an Herrn Wagner. Der Termin mit Herrn Böttger ist am Dienstag um 10 Uhr.
 – Ja, mache ich. Ich rufe auch Frau Späth an. Sie haben morgen mit ihr einen Termin.
 + Oh, ja! Wann denn?
 – Um 14 Uhr.
6. + Der Schrank hier ist schön. Was kostet er?
 – 899 Euro.
 + Hmm, das ist teuer.

Ü 9

b) Guten Tag, mein Name ist Maren Kaiser. Ich komme aus Hamburg, das ist in Norddeutschland. Ich lebe mit meinem Mann und meinen drei Kindern in Halle. Ich bin Programmiererin und arbeite seit sechs Jahren bei Brüder & Hansen. Ich arbeite viel mit Computern und schreibe Programme für Computer. Hier bitte, das ist meine Karte.

Ü 12

a) – Jana, magst du deinen Beruf als Erzieherin in einem Kindergarten?
+ Ja, sehr. Es ist mein Traumberuf.
– Was magst du an deinem Job?
+ Ich kann jeden Tag mit Kindern arbeiten. Ich muss nicht im Büro am Computer sitzen. Das ist super!
– Was machst du mit den Kindern?
+ Ich kann gut Gitarre spielen und singen. Also singe ich oft mit den Kindern.
– Was magst du nicht an deinem Beruf?
+ Ich muss sehr früh aufstehen. Und ich kann nicht viel Geld verdienen.
– Jana, vielen Dank für das Interview …

8 Berlin sehen

1 2

c) Wir fahren auf unserer Route jetzt durch den Tiergarten. Links seht ihr das Schloss Bellevue, das ist der Sitz des Bundespräsidenten. Jetzt links kommt das neue Bundeskanzleramt. Die Berliner nennen das Gebäude „Waschmaschine". Vor uns seht ihr den Reichstag und jetzt rechts das Brandenburger Tor. Dort hinten ist der Potsdamer Platz. Dort ist auch das Sony Center. Wir sind jetzt in der Straße Unter den Linden. Hier sind viele Botschaften. Rechts, das große Haus, das ist die russische Botschaft. Wir fahren jetzt über die Friedrichstrasse. Das ist eine beliebte Einkaufsstraße. Die Staatsoper ist hier rechts. Links kommt die Humboldt-Universität. Und jetzt fahren wir über die Schlossbrücke. Links, das ist der Berliner Dom und dann kommt die Alte Nationalgalerie. Vor uns sehen wir den Fernsehturm auf dem Alexanderplatz.

2 2

1. + Entschuldigung, wie kommen wir von hier zum Pergamonmuseum?
– Das ist ganz leicht. Hier ist das Rote Rathaus. Sie gehen geradeaus bis zur Karl-Liebknecht-Straße, dann nach links am Berliner Dom vorbei. Danach ist es die erste Straße rechts und Sie kommen direkt zum Pergamonmuseum.
+ Vielen Dank!
2. + Entschuldigen Sie, wir suchen die Staatsoper.
– Das ist nicht weit. Gehen Sie hier an der U-Bahn die Friedrichstraße immer geradeaus bis zur Straße Unter den Linden. Dann biegen Sie nach rechts, gehen geradeaus und finden auf der rechten Seite die Staatsoper. Viel Spaß!
+ Dankeschön!

Ü 6

1. + Entschuldigung. Wo ist das Schloss?
– Das Schloss? Ah, ja. Gehen Sie die Straße hier links bis zum Schillerplatz. Und dann geradeaus bis zur Galerie. Bei der Galerie biegen Sie wieder links ab. Da ist dann das Schloss.
2. + Entschuldigung. Ich will zum Schloss. Können Sie mir helfen?
– Ja, das ist einfach! Gehen Sie geradeaus bis zur dritten Kreuzung. Dann gehen Sie links und immer weiter geradeaus. Das Schloss ist das große Gebäude auf der rechten Seite.

Ü 8

+ Entschuldigung, wo geht es zur Deutschen Bank?
– Ja, gehen Sie geradeaus und an der nächsten Kreuzung rechts. Dann die nächste Straße links.
+ Also geradeaus und an der nächsten Kreuzung links?
– Nein, an der nächsten Kreuzung rechts.
+ Ach so, an der nächsten Kreuzung rechts.
– Die Bank ist das große moderne Haus auf der rechten Seite.
+ Vielen Dank. Ist es weit?
– Na ja, etwa fünf Minuten.
+ Danke. Auf Wiedersehen!

Ü 11

b) + Können Sie mir helfen? Wie komme ich zur Humboldt-Universität?
– Zur Humboldt-Universität? Zuerst gehen Sie hier links.
+ Also zuerst hier links?
– Genau, und dann gehen Sie bis zur dritten Kreuzung geradeaus.
+ Ok, dann bis zur dritten Kreuzung geradeaus.
– Ja, genau. Auf der linken Seite sehen Sie dann die Humboldt-Universität.
+ Dann sehe ich auf der linken Seite die Humboldt-Universität?
– Genau!

Ü 15

c) Paula und Alejandro schlafen lange. Am Mittag gehen Sie in den Zoo. Danach bummeln sie über den Flohmarkt. Anschließend fahren sie zur Museumsinsel und gehen ins Museum. Am Abend treffen Sie ihre Freunde. Sie laufen zusammen durch den Park und gehen in einem Restaurant essen.

9 Ab in den Urlaub

1 2

a) 1. + Wo warst du im Urlaub?
– Ich war im Allgäu.
+ Und wie war´s?
– Es war super und auch das Wetter war gut.
2. + Wo wart ihr in den Ferien?
– An der Ostsee, auf Rügen. Es war nicht so schön.
+ Warum?
– Es hat oft geregnet.

3. + Hast du schon Urlaub gemacht?
   – Nein, wir machen erst im August Urlaub.
   + Und was macht ihr?
   – Wir fahren nach Österreich. Wir wollen in den Bergen wandern.
   + Oh, schön!
4. + Warst du im Urlaub?
   – Nein, ich mache dieses Jahr keinen Urlaub.

3 3

gefallen – gespielt – geflogen – passiert – aufgestanden – angerufen – gekommen – verloren – geschrieben – geholfen – gemacht – weitergefahren

3 6

a) 1. Ich bin Kerstin Biechele. Ich war auf der Insel Sylt. Ich habe Freunde getroffen, wir sind oft Rad gefahren und haben die Insel angesehen. Und ich habe immer lange geschlafen!
   2. Hallo, ich bin Markus Demme. Ich habe im Urlaub einen Freund in München besucht. Wir haben die Stadt besichtigt und dann sind wir in die Alpen gefahren. Wir sind viel gewandert.
   3. Ich bin Manja. Ich war in den Ferien an der Ostsee. Ich war oft am Strand. Ich habe in der Sonne gelegen, viel gebadet und gelesen.

Ü 2

1. Hallo, mein Name ist Carina. Ich war im Urlaub in Heidelberg. Ich war bei meiner Tante und meinen Cousinen. Sie haben ein Einfamilienhaus mit einem Garten. Es war sehr schön, auch das Wetter war prima.
2. Hi, ich bin Julia. In den Ferien war ich mit meiner Klasse und meinem Lehrer im Allgäu. Wir waren in den Bergen. Ich wandere sehr gern, es war toll.
3. Hi, ich bin Cora. Meine Freundin und ich waren an der Ostsee und dann auf Rügen. Das Wetter war leider nicht so gut. Wir waren nur an einem Tag am Strand.
4. Guten Tag, ich heiße Lena. Ich bin jeden Sommer mit meiner Familie auf Sylt. Wir haben auf Sylt ein kleines Reetdachhaus, dort ist es immer sehr schön. Der Strand ist gleich in der Nähe. Die Kinder spielen am Strand und wir können lesen.

Ü 3

– Guten Tag, Frau Mertens.
+ Guten Tag, Herr Marquardt. Waren Sie im Urlaub?
– Ja, zwei Wochen. Ich bin am Montag zurückgekommen.
+ Wo waren Sie denn?
– Wir waren auf der Insel Rügen, in Sassnitz.
+ Und wie war es?
– Es war toll. Wir waren jeden Tag draußen.
+ Und wie war das Wetter?
– Es war prima. 14 Tage nur Sonne!

Ü 6

+ Kommt mit in meine Stadt. Heute machen wir einen Spaziergang durch die Stadt Linz mit Thomas Seifert.
– Hi, ich bin Thomas und lebe seit 15 Jahren in Linz. Für Menschen, die noch nie in Linz waren: Die Stadt liegt an der Donau im Nordosten von Österreich. Viele Touristen fahren gern mit einem Schiff auf der Donau. So sieht man die Stadt vom Wasser. Linz ist die Stadt der Kultur, 2009 war Linz sogar die Kulturhauptstadt Europas. Hier gibt es viel Theater und Musik. Im Frühling und Sommer gibt es viele Festivals. Ich gehe jedes Jahr im Mai zum Linzfest, einem Musikfestival. Dort gibt es tolle Musik aus ganz Europa. Eine wichtige Touristenattraktion ist auch der Mariendom. Wenn Sie nach Linz kommen, müssen Sie unbedingt die Linzer Torte probieren. Sie ist sehr lecker und es gibt sie schon seit 1653! Und zum Schluss meine persönliche Empfehlung: Besuchen Sie auch den Botanischen Garten. Dort ist es schön ruhig und man kann dort den Stadtstress vergessen.

Ü 15

b) 1. Hi, ich fahre gern in den Urlaub. Ich mache gern Sporturlaub. Letztes Jahr habe ich eine Radtour gemacht. Ich bin mit dem Rad in die Berge gefahren – 300 km! Dort bin ich dann viel gewandert und Rad gefahren.
   2. Also, ich mache Urlaub immer in der Türkei in einem schönen Hotel am Strand. Ich liebe den Strand und das Meer. Ich lese gern und viel. Museen oder Städtetouren finde ich langweilig. Ich fahre immer mit zwei Freunden in den Urlaub. Wir haben zusammen viel Spaß.
   3. Ich mache gern Städteurlaube. In Europa war ich schon in vielen Städten, z. B. in London, Paris, Budapest oder Sevilla. Ich gehe gern in Cafés und Museen. Ich fahre immer mit meiner Freundin in den Urlaub. Nächstes Jahr fahren wir nach Brüssel.

Station 3

1 1

c) + Frau Manteufel, welche Aufgaben haben Sie im Reisebüro?
   – Als Reiseverkehrskauffrau organisiere ich Urlaubs- und Geschäftsreisen für unsere Kunden. Ich muss z. B. Abfahrtszeiten für die Reisen mit der Bahn, dem Bus, dem Flugzeug oder dem Schiff recherchieren und Fahrkarten und Tickets buchen. Ich reserviere Zimmer in Hotels, aber auch Ferienwohnungen oder Ferienhäuser, und ich organisiere Exkursionen. Wir müssen viele Länder sehr gut kennen. Ich bin Spezialistin für Reisen in die USA und Kanada, ich muss immer aktuelle Informationen haben.
   + Wie sammeln Sie Ihre Informationen?
   – Ich lese aktuelle Reiseführer und Kataloge, und man kann auch Informationen aus Videos sammeln. Mit dem Com-puter recherchiere ich z. B. Reiseziele, Preise oder Fahrpläne.
   + Verreisen Sie oft?
   – Wir reisen leider nicht so oft, nur im Urlaub. Manchmal muss ich eine Qualitätskontrolle in Hotels im Ausland machen oder mich über neue Reisetrends informieren. Dann fahre ich zu einer Messe. Letzte Woche war ich in Friedrichshafen zur Internationalen Touristikmesse „Reisen und Freizeit".
   + Für welche Länder haben Kunden großes Interesse?
   – In Europa sind es Griechenland und Italien. Im Trend sind ganz klar Trekking-Touren, z. B. auch in Nepal oder in Kenia. Abenteuerurlaub ist im Moment „in". Unsere Kunden lieben das!

1 3

+ Kevin, wie lange arbeitest du schon im Freibad Tuttlingen?
– Seit vier Jahren arbeite ich hier, gleich nach der Ausbildung habe ich angefangen.
+ Aha, wie lange hat die Ausbildung gedauert?
– Drei Jahre, in Frei- und Hallenbädern und einmal habe ich auch in einem Hotel gearbeitet.
+ Was macht so ein Schwimmmeister wie du den ganzen Tag?
– Oh, das ist ziemlich viel. Ich fange morgens um 7 Uhr an. Ich muss oft die Wasserqualität und die Technik kontrollieren, so drei- oder viermal am Tag.
+ Gibst du auch Schwimmunterricht?
– Nein, das macht eine Kollegin. Der macht das mehr Spaß mit den Kindern …
+ Stimmt, hier sind immer viele Kinder. Passiert sehr viel im Schwimmbad – musst du oft Badegäste retten?
– Nein, zum Glück nicht oft. Aber das gehört zu meinen Aufgaben. Die Leute haben Spaß im Urlaub oder in der Freizeit und ich passe auf.
+ Muss ein Schwimmmeister eigentlich auch schwimmen trainieren?
– Na klar, ich trainiere regelmäßig, oft mehrmals in der Woche.
+ Und im Sommer, kannst du da Urlaub machen?
– Ja, das ist kein Problem, meine Kollegen und ich wechseln uns ab.
+ Was findest du an deinem Beruf vielleicht nicht so gut?
– Da muss ich überlegen, ja, ich kann nie um 6 Uhr nach Hause gehen. Meine Freundin findet das im Sommer nicht so gut, aber sonst macht's Spaß.

2 2

+ Entschuldigung, ich suche den Ausgang, bitte ganz, ganz schnell!
– So, den Ausgang suchen Sie. Also gleich hier links, dann wieder links, dann geradeaus, dann links, dann wieder geradeaus und links, und gleich rechts und noch zweimal rechts und dann zweimal links und noch zweimal links und rechts und noch einmal rechts und links – und dann sind Sie schon da.
+ Danke …, aber leider ist es jetzt zu spät!

10 Essen und trinken

2 1

1. + Guten Tag, ich hätte gern 2 Kilo Kartoffeln.
2. + Was darf es sein?
   – 1 Kilo Äpfel bitte.
3. + Sie wünschen?
   – Ich nehme 10 Eier.
   + Darf es noch etwas sein?
   – Ja, bitte noch 4 Bananen.
4. + Bitte schön?
   – 8 Brötchen, bitte.

2 6

c) + Ich trinke sehr gern Vanilletee.
   – Ich nehme lieber Erdbeertee.
   + Ich trinke sehr gern schwarzen Tee.
   – Ich nehme lieber Früchtetee.

+ Ich trinke sehr gern Kirschtee.
– Ich nehme lieber Apfeltee.
+ Ich trinke sehr gern Eistee.
– Ich nehme lieber Zitronentee.

Ü 3

b) + Ich gehe einkaufen. Was soll ich kaufen?
   – 2 l Milch, 8 Brötchen, 100 g Salami …
   + Warte, warte, ich schreibe einen Einkaufszettel. So, noch einmal bitte.
   – 2 Stück Butter, 2 l Milch, 8 Bananen, 8 Brötchen, 100 g Salami, 1 Stück Käse, 1 Brot und 4 Paprika.

Ü 4

Wo ist mein Einkaufszettel? Ach ja, hier. So, was brauchen wir?
1 l Milch, 2 Stück Butter, 4 Joghurt, 6 Eier, 1 kg Kartoffeln, 1 Eis, Nudeln, 500 g Erdbeeren, 5 Äpfel.

Ü 5

+ Guten Tag, Sie wünschen bitte?
– Guten Tag. Ich hätte gern fünf Äpfel.
+ Darf es sonst noch etwas sein?
– Ja, ich nehme noch zwei Paprika.
+ Noch etwas?
– Was kosten denn die Tomaten?
+ Das Kilo 3,99 Euro.
– Dann nehme ich bitte ein Pfund.
+ Bitte schön – sonst noch etwas?
– Danke, das ist alles.

Ü 7

+ 1 kg Tomaten nur 3,99 Euro, 1 kg Äpfel 2,95 Euro. Kommen Sie näher, heute haben wir ein großes Angebot! 1 Bund Möhren nur 1,49 Euro und 500 g Erdbeeren nur 1,99 Euro! Liebe Frau, schauen Sie, 1 kg Kartoffeln 1,80 Euro.
– Danke, Kartoffeln brauche ich nicht. Aber was kosten die Gurken?
+ Nur 1,29 Euro das Stück. Zwei Stück gebe ich Ihnen für 2 Euro!
– Gut, dann nehme ich zwei Gurken.

Ü 20

+ Susanne, was isst und trinkst du gern zum Frühstück?
– Ich esse am liebsten ein Müsli. Das ist gesund und schmeckt lecker. Dazu trinke ich Tee.
+ Und du, Jan, was magst du gern?
– Ich gehe noch zur Schule, da habe ich morgens wenig Zeit. Ich esse nur ein Brot mit Marmelade und trinke ein Glas Milch.
+ Herr Becker, was gibt es bei Ihnen zum Frühstück?
– Ich arbeite nicht mehr, da habe ich viel Zeit und frühstücke gern und lange. Ich hole frische Brötchen, dazu gibt es Marmelade, etwas Käse und Wurst, manchmal auch ein Ei. Und natürlich eine gute Tasse Kaffee.
+ Frau Weigmann, wie sieht Ihr Frühstück morgens aus?
– Ich esse morgens ein Brot mit Käse, dazu gibt es ein Glas Saft, am liebsten Orangensaft. Bei der Arbeit esse ich dann noch einen Joghurt.

11 Kleidung und Wetter

4 **3**

a) Und hier das Wetter in Europa für morgen, Mittwoch, den 15. März: In Athen ist es bewölkt, um die fünf Grad. Berlin – heiter, 15 Grad. London – heiter bis wolkig und bis zu 17 Grad. In Madrid auch bewölkt und 17 Grad. In Moskau leichte Schneefälle bei minus drei Grad. Dagegen scheint in Rom die Sonne bei Temperaturen bis 16 Grad. In Lissabon ebenfalls 16 Grad, aber es ist mit Regen zu rechnen.

Ü **3**

+ Frau Günther, was sind die Modetrends für den Frühling und Sommer?
– Im Frühling bleibt es klassisch. Frauen und Männer tragen die Farbe Weiß.
+ Und der Trend für den Sommer?
– Für den Sommer gibt es dieses Jahr viele Farben. Bei den Frauen sieht man viel Gelb und Rot, Männer tragen Hellblau.
+ Und welches Kleidungsstück ist im Sommer besonders in?
– Für Frauen ist es das Sommerkleid, bunt oder in Rot und Pink. Bei den Männern sind es helle Hosen. Männer tragen auch wieder mehr Hüte.

Ü **5**

a) 1. + Trägst du gern Röcke?
     – Nein, ich trage lieber Hosen.
     + Und magst du T-Shirts?
     – Ja, ich liebe T-Shirts.
  2. + Trägst du gern Anzüge?
     – Nein, ich trage lieber Kapuzenpullover.
     + Und magst du Hemden?
     – Hemden? Nein, ich mag keine Hemden.

Ü **13**

+ Kann ich Ihnen helfen?
– Ich suche eine Hose.
+ Welche Größe haben Sie?
– Größe 40. Haben Sie eine schwarze Hose fürs Büro?
+ Diese hier ist Größe 40. Leider haben wir die nur in Blau oder in Rot.
– Kann ich die in Blau anprobieren?
+ Ja, gern. Hier, bitte.
– Hmm … die gefällt mir gut. Sie ist auch sehr bequem. Steht sie mir?
+ Ja, die steht Ihnen ausgezeichnet.
– Gut, dann nehme ich sie.

Ü **17**

+ Kann ich Ihnen helfen?
– Ja, ich suche ein Hemd fürs Büro.
+ Welche Größe haben Sie?
– 40 bis 42.
+ In Größe 40 haben wir diese Hemden hier. Welche Farbe gefällt Ihnen?
– Ich mag Hellblau.
+ Hellblau sind diese beiden Hemden. Möchten Sie sie anprobieren?
– Dieses hier gefällt mir nicht, aber dieses probiere ich an.
+ Gut, die Umkleidekabine ist dort links.

Ü **19**

Herzlich Willkommen beim Europawetter. In Madrid sind 27 Grad und es ist leicht bewölkt. In Lissabon ist es mit 30 Grad sehr heiß, aber windig. In Paris ist es sonnig bei 24 Grad. In London regnet es und es sind 19 Grad. In Berlin und Wien ist es warm mit 23 Grad, aber bewölkt. In Budapest gibt es leichten Regen und 25 Grad. In Warschau scheint die Sonne und es sind 22 Grad. In Kopenhagen ist es mit 18 Grad kalt und windig.

12 Körper und Gesundheit

2 **1**

+ Praxis Dr. Otto, Viola, was kann ich für Sie tun?
– Guten Morgen, mein Name ist Aigner. Ich fühle mich nicht gut. Ich möchte einen Termin bei Frau Dr. Otto.
+ Heute ist die Praxis voll, aber morgen um 08.30 Uhr können Sie kommen.
– Morgen ist Dienstag … ja, das ist gut.
+ Also bis morgen, 08.30 Uhr, Herr Aigner, und bringen Sie bitte Ihre Versicherungskarte mit.

2 **2**

a) + Guten Morgen, mein Name ist Aigner. Ich habe einen Termin.
   – Morgen, Herr Aigner. Waren Sie in diesem Quartal schon mal bei uns?
   + Nein, in diesem Quartal noch nicht.
   – Dann brauche ich Ihre Versichertenkarte.
   + Hier, bitte. Muss ich warten?
   – Nein, Sie können gleich ins Arztzimmer gehen.

Ü **1**

b) 1. Knien Sie auf dem Boden. Stellen Sie die Füße auf und strecken Sie Ihre Beine und Arme. Heben Sie Ihren Po. Ihr Rücken ist gerade.
  2. Gehen Sie auf die Knie. Die Hände sind fest am Boden. Heben Sie Ihren Oberkörper. Der Rücken ist nicht gerade. Legen Sie den Kopf nach unten.
  3. Legen Sie sich auf den Bauch. Heben Sie Ihren Oberkörper mit den Armen hoch. Strecken Sie Ihren Kopf.
  4. Stehen Sie gerade. Legen Sie den linken Fuß an das rechte obere Bein. Die Arme sind vor dem Körper.

Ü **11**

+ Was fehlt Ihnen?
– Ich habe Kopfschmerzen.
+ Haben Sie auch Halsschmerzen?
– Ja, seit zwei Tagen.
+ Sagen Sie mal Aaaah!
– Aaahhhhhhhh!
+ Sie haben eine Grippe. Ich schreibe Ihnen ein Rezept.
– Wie oft muss ich die Medikamente nehmen?
+ Dreimal am Tag. Immer vor dem Essen. Gute Besserung!
– Danke. Auf Wiedersehen!

Ü 14

+ Ich habe seit Tagen Halsschmerzen und keinen Appetit.

– Ja, Sie haben eine leichte Grippe. Bleiben Sie zu Hause und ruhen Sie sich aus. Ich verschreibe Ihnen Tabletten, dann geht es Ihnen besser.

+ Wie oft nehme ich die Tabletten?

– Nehmen Sie die Tabletten zweimal am Tag vor dem Essen. Trinken Sie keinen Alkohol, aber trinken Sie viel Tee. Essen Sie viel Gemüse und Suppe. In ein paar Tagen geht es Ihnen besser!

Station 4

1 5

b) 1. + Was kann ich für Sie tun?

– Ich muss am 27. September in Istanbul sein.

+ Also, es gibt einen Flug am 27.09. um 11.35 Uhr.

– Wann bin ich dann in Istanbul?

+ Um 14.10 Uhr.

– Wie viel kostet der Flug?

+ 278 Euro, inklusive Steuern.

– Ja, der ist gut, den nehme ich.

2. + Guten Morgen, Frau Otto. Wie geht es Ihnen?

– Danke, besser. Ich habe kein Fieber.

+ Kein Fieber? Wir messen aber noch einmal vor dem Frühstück.

– Wann gibt es Frühstück?

+ In zwei Minuten, danach nehmen Sie bitte die Tabletten, okay?

– Gut aber geben Sie mir bitte noch ein Glas Wasser.

4

1. + Grüß Gott, möchten Sie bestellen?

– Ja, ich hätte gern den faschierten Braten mit Erdäpfelsalat.

+ Gerne. Und zu trinken?

– Apfelsaft gespritzt.

+ Gut, einen Apfelsaft gespritzt und den faschierten Braten mit Erdäpfelsalat …

+ Hat´s gepasst?

– Ja, es war sehr lecker. Danke.

2. + Guten Tag, möchten Sie bestellen?

– Ja, ich hätte gern die Forelle mit Bratkartoffeln.

+ Gerne. Und zu trinken?

– Ein Mineralwasser, bitte. …

+ Hat es Ihnen geschmeckt?

– Ja, danke.

3. Grüezi, was kann ich Ihnen bringen?

– Ich hätte gern den Salatteller mit Pouletbruststreifen.

+ Gern. Und zu trinken?

– Ein Bier.

Alphabetische Wörterliste

Die alphabetische Wörterliste enthält den Lernwortschatz der Einheiten. Zahlen, grammatische Begriffe sowie Namen der Personen, Städte und Länder sind in der Liste nicht enthalten.

Wörter, die nicht zum Zertifikatswortschatz gehören, sind kursiv ausgezeichnet.

Die Zahlen bei den Wörtern geben an, wo Sie die Wörter in den Einheiten finden (z. B. 5/3.4 bedeutet Einheit 5, Block 3, Aufgabe 4).

Die Punkte (.) und die Striche (–) unter den Wörtern zeigen den Wortakzent:
a̠ = kurzer Vokal
a̲ = langer Vokal

A

ab	5/3.4
der Abend, die Abende	5/3.1
das Abendessen, die Abendessen	5/2.2a
abends	8/4.1
aber	4/1.1
die Abfahrt, die Abfahrten	8/1
abholen, er holt ab, er hat abgeholt	7/4.3
abwechselnd	12/3.1a
die Adresse, die Adressen	4/1.2
das Aerobic	7/3.3a
die Aktivität, die Aktivitäten	9/3.6a
der Alkohol	12/2.5
alkoholfrei	1/4.3
alle	1/4.5
allein	2/4.1
alles	8/4.1
als	11/4.5a
also	5/3.2b
alt	4/1.3
der Altbau, die Altbauten	4/0
die Altbauwohnung, die Altbauwohnungen	4/1
altmodisch	11/2.4
die Altstadt, die Altstädte	9/0
am besten	10/3.1.5b
die Ampel, die Ampeln	8/3.1a
an	2/4.1
die Ananas	10/4.3
anbraten, er brät an, er hat angebraten	10/5.1
anderer	7/3.5b
anfangen, er fängt an, er hat angefangen	5/3.6a
die Angabe, die Angaben	7/5.4
das Angebot, die Angebote	11/3.1a
die Angina, die Anginas	12/2.3
der/die Animateur/in, die Animateure/Animateurinnen	7/3.3a
die Ankunft, die Ankünfte	8/1
anprobieren, er probiert an, er hat anprobiert	11/3.1a
der Anruf, die Anrufe	5/3.3a
anrufen, er ruft an, er hat angerufen	5/4.3
anschauen, er schaut an, er hat angeschaut	9/2
anschreiben, er schreibt an, er hat angeschrieben	2/1.2
ansehen, er sieht an, er hat angesehen	12/4.3a
antworten, er antwortet, er hat geantwortet	3/1.5
anwinkeln, er winkelt an, er hat angewinkelt	12/1
anziehen, er zieht an, er hat angezogen	11/2.2b
der Anzug, die Anzüge	11/0
der Apfel, die Äpfel	10/1.1b
der Apfelkuchen, die Apfelkuchen	10/4.3
der Apfelsaft, die Apfelsäfte	1/0
die Apfelsaftschorle, die Apfelsaftschorlen	1/4.3
die Apotheke, die Apotheken	12/2.2b
der April	9/4.1
die Arbeit, die Arbeiten	2/4.1
arbeiten, er arbeitet, er hat gearbeitet	2/4.1
der/die Arbeitgeber/in, die Arbeitgeber/innen	12/2.5
der/die Arbeitnehmer/in, die Arbeitnehmer/innen	12/2.2b

die	Arbeitsanweisung,	
	die Arbeitsanweisungen	2/4.2a
der	Arbeitsort, die Arbeitsorte	7/3.3b
der	Arbeitsplatz, die Arbeitsplätze	10/5.1
die	Arbeitswelt, die Arbeitswelten	11/0
die	Arbeitszeit, die Arbeitszeiten	7/3.2a
das	Arbeitszimmer,	
	die Arbeitszimmer	4/2.1c
die	Architektur, die Architekturen	8/4.1
	arm	4/6.1a
der	Arm, die Arme	12/1
der	Ärmel, die Ärmel	11/3.1a
der	Artikel, die Artikel	2/4.2a
der/die	Arzt/Ärztin,	
	die Ärzte/Ärztinnen	5/2.7
die	Arztkosten (Pl.)	12/2.2b
die	Arztpraxis, die Arztpraxen	12/2.4
der	Arzttermin, die Arzttermine	6/4.1a
die	Atmosphäre, die Atmosphären	8/4.1
die	Attraktion, die Attraktionen	9/1
	attraktiv	6/5.1
	auch	Start 2.3
	auf	2/1.2
	auf dem Land	4/0
	Auf Wiederhören!	5/3.2b
	Auf Wiedersehen!	1/4.4a
der	Auflauf, die Aufläufe	10/5.1
	aufstehen, er steht auf,	
	er ist aufgestanden	5/2.3
das	Auge, die Augen	12/1
der	August	9/1
	aus	Start 2.1
	aus sein, es ist aus, es war aus	12/4.1
der	Ausgang, die Ausgänge	6/2.1
	ausgehen, er geht aus,	
	er ist ausgegangen	5/2.3
das	Ausland	7/3.3c
	ausruhen (sich), er ruht sich aus,	
	er hat sich ausgeruht	12/2.5
die	Ausrüstung, die Ausrüstungen	12/1
das	Auto, die Autos	Start 3.3
die	Autobahn, die Autobahnen	5/3.3a
das	Autohaus, die Autohäuser	5/1.3
der/die	Autourlauber/in,	
	die Autourlauber/innen	9/5.1

B

	backen, er backt/bäckt,	
	er hat gebacken	10/5.1
der/die	Bäcker/in, die Bäcker/innen	10/1.1b
der	Backofen, die Backöfen	10/5.1
das	Bad, die Bäder	4/2.1a

	baden, er badet, er hat gebadet	4/2.1a
das	Badezimmer, die Badezimmer	4/2.1c
die	Bahn, die Bahnen	5/4.6b
der	Bahnhof, die Bahnhöfe	5/2.7
	bald	8/4.1
der	Balkon, die Balkons	4/0
der	Ball, die Bälle	9/3.2
die	Banane, die Bananen	10/1.1b
die	Bank, die Banken	5/6.1
die	Bar, die Bars	6/2.1
der	Bauch, die Bäuche	12/1
die	Bauchschmerzen (Pl.)	12/2.5
das	Bauernhaus, die Bauernhäuser	4/1
der	Bauernhof, die Bauernhöfe	4/1.3
der	Baum, die Bäume	11/4.5a
die	Baustelle, die Baustellen	7/0
	beachten, er beachtet,	
	er hat beachtet	9/4.1
	beantworten, er beantwortet,	
	er hat beantwortet	8/1.2b
der	Becher, die Becher	2/1.3a
	beginnen, er beginnt,	
	er hat begonnen	5/4.5b
die	Begrüßung, die Begrüßungen	1/1.3
	bei	2/4.1
	beide	4/1.1
	beige	11/0
das	Bein, die Beine	12/1
	bekommen, er bekommt,	
	er hat bekommen	4/6.1b
	beliebt	8/1.2a
	beraten, er berät, er hat beraten	7/3.1
die	Beratung, die Beratungen	6/4.1a
der	Berg, die Berge	9/0
der	Bergsport	12/1
der/die	Bergsteiger/in,	
	die Bergsteiger/innen	12/1
der	Beruf, die Berufe	5/3.4
der/die	Berufstätige, die Berufstätigen	7/5.4
	berühmt	6/5.1
	besichtigen, er besichtigt,	
	er hat besichtigt	8/1.2a
die	Besichtigung, die Besichtigungen	9/1
	besonders	8/1.2a
die	Besprechung, die Besprechungen	6/4.1a
	besser (als)	10/3.1.5b
	bestellen, er bestellt,	
	er hat bestellt	1/2.3
	bestimmt	11/3.1a
der	Besuch, die Besuche	8/4.2b
	besuchen, er besucht,	
	er hat besucht	6/5.1

das **Bett**, die Betten	4/4.1
die **Bewegung**, *die Bewegungen*	12/1.1c
bewölkt	11/4.1
bezahlen, er bezahlt, er hat bezahlt	1/4.4b
die **Bibliothek**, die Bibliotheken	6/2.1
der/die **Bibliothekar/in**, *die Bibliothekare/Bibliothekarinnen*	6/1
das **Bier**, die Biere	1/0
das **Bild**, die Bilder	6/3.1a
bilden, er bildet, er hat gebildet	9/2.5b
billig	4/2.2b
das **Bio-Ei**, *die Bio-Eier*	10/3.1.6
die **Biografie**, *die Biografien*	2/4.2a
die **Birne**, die Birnen	10/2.6b
bis	4/6.1a
bis später	5/1.3
bitte	1/1.1b
blau	11/0
bleiben, er bleibt, er ist geblieben	9/3.5b
der **Bleistift**, die Bleistifte	2/0
die **Blume**, die Blumen	7/0
das **Blumengeschäft**, die Blumengeschäfte	7/0
die **Bluse**, die Blusen	11/0
der/die **Bodybuilder/in**, *die Bodybuilder/innen*	12/1
das **Bodybuilding**	12/1
die **Bratwurst**, die Bratwürste	10/4.3
brauchen, er braucht, er hat gebraucht	4/6.1a
braun	11/0
breit	4/6.1a
der **Brief**, die Briefe	7/5.1a
die **Brille**, die Brillen	2/0
bringen, er bringt, er hat gebracht	7/2.3
das **Brot**, die Brote	10/0
das **Brötchen**, die Brötchen	2/1.3a
die **Brücke**, die Brücken	8/2.4
der **Bruder**, die Brüder	2/2.5a
das **Buch**, die Bücher	2/0
das **Bücherregal**, die Bücherregale	4/2.2b
die **Buchmesse**, *die Buchmessen*	6/5.1
der **Buchstabe**, *die Buchstaben*	2/4.2a
buchstabieren, er buchstabiert, er hat buchstabiert	2/1
das **Buffet**, die Buffets	5/3.5
der **Bummel**, *die Bummel*	9/2
bummeln, er bummelt, er ist gebummelt	8/1.2a
das **Bund**, die Bunde	10/1
bunt	11/0

das **Büro**, die Büros	Start 1.2a
der **Bürostuhl**, die Bürostühle	4/4.3
der **Bus**, die Busse	6/0
der **Busbahnhof**, *die Busbahnhöfe*	8/1
die **Butter**, die Butter	10/0

C

das **Café**, die Cafés	5/3.6b
das **Call-Center**, *die Call-Center*	7/3.2a
der/die **Call-Center-Agent/in**, *die Call-Center-Agenten/Agentinnen*	7/3.2a
der **Cappuccino**, die Cappuccini	1/0
die **CD**, die CDs	2/4.2a
der **Cent**, die Cents	10/2.7
das **Chaos**	4/2.2b
chaotisch	4/3.5
checken, er checkt, er hat gecheckt	12/1
der **Chef**, die Chefs	6/4.1a
die **Chipkarte**, *die Chipkarten*	12/2.2b
der **Chor**, *die Chöre*	6/5.1
circa, ca.	4/6.1a
der **Club**, *die Clubs*	8/4.2a
die **(Coca-)Cola**, die Colas	1/0
der **Computer**, die Computer	Start 1.2a
das **Computerprogramm**, die Computerprogramme	7/2.1
cool	4/7.1
die **Currywurst**, *die Currywürste*	10/3.1a

D

da sein, er ist da, er war da	5/1.3
das **Dach**, die Dächer	9/1
danach	8/2.4b
daneben	4/3.5
danke	1/4.4a
dann	5/1.3
darauf geben, er gibt darauf, er hat darauf gegeben	10/5.1
dazu	10/5.1
dazu geben, er gibt dazu, er hat dazu gegeben	10/5.1
denken, er denkt, er hat gedacht	11/3.2
denn	3/1.5
deutsch	3/4.2
das **Deutsch (auf Deutsch)**	2/1
der/die **Deutsche/r**, die Deutschen	5/4.6b
der **Deutschkurs**, die Deutschkurse	1/1.1b
Deutschland	Start 1.3
der/die **Deutschlehrer/in**, die Deutschlehrer/innen	Start 2.1
der **Dezember**	9/4.1
dick	12/3.2

der **Dienstag**, die Dienstage	5/1	
die **Dienstreise**, *die Dienstreisen*	6/4.1a	
dieser, dieses, diese	8/4.3	
das **Ding**, die Dinge	7/2.1	
die **Disko**, die Diskos	5/3.6b	
doch	3/2.1a	
der **Dom**, die Dome	3/0	
der **Döner**, *die Döner*	10/3.1.2	
der **Donnerstag**, die Donnerstage	5/1	
das **Dorf**, die Dörfer	3/0	
dort	6/2.1	
die **Dose**, die Dosen	10/4.3	
draußen	11/4.1	
dreimal	12/2.5	
drin	10/4.3	
der **Drucker**, die Drucker	6/3.1a	
dunkel	4/2.1b	
dunkelblau	11/0	
dunkelgrau	11/3.1a	
durch	8/1.2a	
dürfen, er darf, er durfte	10/2.3	
duschen, er duscht, er hat geduscht	12/3.1a	
die **DVD**, *die DVDs*	4/6.1a	

E

egal	11/3.1a	
das **Ei**, die Eier	10/0	
ein bisschen	3/4.2	
einfach	4/6.1a	
das **Einfamilienhaus**, die Einfamilienhäuser	4/1	
einkaufen, er kauft ein, er hat eingekauft	5/2.7	
die **Einkaufspassage**, *die Einkaufspassagen*	6/5.1	
der **Einkaufszettel**, die Einkaufszettel	10/2.2	
die **Einladung**, die Einladungen	6/4.1a	
einmal	Start 3.7b	
einpacken, er packt ein, er hat eingepackt	7/5.3	
einreiben, er reibt ein, er hat eingerieben	12/2.5	
das **Eis**	10/4.3	
der **Eiskaffee**, die Eiskaffees	1/0	
der **Eistee**, die Eistees	1/0	
die **Eltern** (Pl.)	6/4.1a	
die **E-Mail**, die E-Mails	7/2.4	
die **Energie**, die Energien	12/3.1a	
eng	11/0	
das **Englisch**	2/4.1	
entlang	8/2.1a	

entscheiden (sich), er entscheidet sich, er hat sich entschieden	9/5.1	
die **Entschuldigung**, die Entschuldigungen	1/1.1b	
die **Entspannung**, *die Entspannungen*	12/1	
die **Erdbeere**, die Erdbeeren	10/1	
das **Erdgeschoss**, die Erdgeschosse	6/2.1	
das **Ergebnis**, *die Ergebnisse*	10/3.1b	
erholen (sich), er erholt sich, er hat sich erholt	12/1	
erkälten (sich), er erkältet sich, er hat sich erkältet	12/2.3	
erkältet	12/2.3	
die **Erkältung**, die Erkältungen	12/3.1a	
erklären, er erklärt, er hat erklärt	2/4.3	
erleben, er erlebt, er hat erlebt	9/4.3	
die **Ernährung**, *die Ernährungen*	12/3.1a	
erreichen, er erreicht, er hat erreicht	9/2	
erst	5/4.6b	
der/die **Erwachsene**, die Erwachsenen	12/Ü4	
der **Espresso**, die Espressi	1/4.3	
essen	4/2.1a	
das **Essen**, die Essen	5/2.7	
die **Essenszeit**, *die Essenszeiten*	10/5.1	
der **Esstisch**, *die Esstische*	4/4.2b	
die **Etage**, die Etagen	6/1	
die **Etappe**, *die Etappen*	9/2	
etwas	1/2.3c	
der **Euro**, die Euros	Start 1.2a	
der/die **Europäer/in**, *die Europäer/innen*	5/4.6b	
die **Europäische Union (EU)**	1/4.5	
die **Eurozone**, *die Eurozonen*	1/4.5	
existieren, er existiert, er hat existiert	6/5.1	
die **Exkursion**, die Exkursionen	8/1	

F

die **Fabrik**, *die Fabriken*	7/3.5	
das **Fachwerkhaus**, *die Fachwerkhäuser*	4/0	
die **Fähre**, die Fähren	6/0	
fahren, er fährt, er ist gefahren	5/4.6b	
das **Fahrrad**, die Fahrräder	2/3.4c	
die **Fahrt**, die Fahrten	5/1.3	
fallen, er fällt, er ist gefallen	9/3.2	
falsch	2/Ü18a	
die **Familie**, die Familien	Start 4.1a	
die **Fanta**, *die Fantas*	1/4.3	
die **Farbe**, die Farben	11/5.1	
fast	9/1	
der **Februar**	9/4.1	
fehlen, er fehlt, er hat gefehlt	11/4.5a	
feiern, er feiert, er hat gefeiert	8/4.2a	

das **Fenster**, die Fenster — 2/3.4c
die **Ferien** (Pl.) — 7/4.3
der **Ferientermin**, die Ferientermine — 9/4.1
fernsehen, er sieht fern,
er hat ferngesehen — 7/4.3
der **Fernseher**, die Fernseher — 4/5.1
der Fernsehturm, die Fernsehtürme — 8/1.2c
die **Feuerwehr** — 1/4.2a
das **Fieber** — 12/2.3
der **Film**, die Filme — 5/3.6a
die Finanzen (Pl.) — Start 3.3
finden (etwas gut/... finden),
er findet, er hat gefunden — Start 4.1a
finden (etwas finden),
er findet, er hat gefunden — 6/2.1
der **Finger**, die Finger — 12/1
die Fingerspitze, die Fingerspitzen — 12/1.1
die **Firma**, die Firmen — 9/Ü17
der **Fisch**, die Fische — 10/1.2
das Fitness-Studio, die Fitness-Studios — 5/3.5
die **Flasche**, die Flaschen — 10/2.3
das **Fleisch** — 10/1.1b
die **Fleischerei**, die Fleischereien — 10/1.1b
das Fleischgericht, die Fleischgerichte — 10/3.1b
flexibel — 7/3.2a
fliegen, er fliegt, er ist geflogen — Start 4.1a
der **Flieger**, die Flieger — 9/4.3
der Flohmarkt, die Flohmärkte — 8/1.2a
der/die **Florist/in**,
die Floristen/Floristinnen — 7/1.1
das **Flugticket**, die Flugtickets — 7/3.2a
die Flugzeit, die Flugzeiten — 7/3.2a
der **Flur**, die Flure — 4/2.1a
der **Fluss**, die Flüsse — 9/0
folgen, er folgt, er ist gefolgt — 10/3.1b
formulieren, er formuliert,
er hat formuliert — 8/4.2b
das **Foto**, die Fotos — 2/2.2
fotografieren, er fotografiert,
er hat fotografiert — 8/1.2a
die **Frage**, die Fragen — 2/2.2
fragen, er fragt, er hat gefragt — 3/1.5
die **Frau**, die Frauen — Start 2.1
frei — 1/1.1b
der **Freitag**, die Freitage — 5/1
die **Freizeit**, die Freizeiten — 8/4.2b
die **Fremdsprache**,
die Fremdsprachen — 7/3.2b
freuen (sich), er freut sich,
er hat sich gefreut — 12/4.3b
der/die **Freund/in**,
die Freunde/Freundinnen — 2/4.1

freundlich — 7/3.2a
frisch — 12/3.1a
der/die **Friseur/in**,
die Friseure, Friseurinnen — 5/4.5b
der **Friseursalon**, die Friseursalons — 7/0
die **Frucht**, die Früchte — 11/4.5a
früh — 7/3.5
früher — 10/3.1b
der **Frühling** — 9/4.1
das **Frühstück**, die Frühstücke — 5/2.2a
frühstücken, er frühstückt,
er hat gefrühstückt — 5/2.3
fühlen (sich), er fühlt sich,
er hat sich gefühlt — 12/2.5
der Füller, die Füller — 2/0
funktionieren, er funktioniert,
er hat funktioniert — 4/6.1a
für — 2/4.1
der **Fuß (zu Fuß)**, die Füße — 6/0
der **Fußball**, die Fußbälle — 2/3.4c
das **Fußballtraining**,
die Fußballtrainings — 7/4.3
die **Fußgängerzone**,
die Fußgängerzonen — 8/3.5

G

die **Galerie**, die Galerien — 8/1.2c
ganz — 8/2.1a
ganze — 6/5.1
gar nicht — 10/4.1
die **Garage**, die Garagen — 4/0
die Garderobe, die Garderoben — 6/2.1
der **Garten**, die Gärten — 4/0
der **Gast**, die Gäste — 10/3.1b
geben, er gibt, er hat gegeben — 6/5.1
geben (es gibt), es gibt,
es hat gegeben — 4/7.2
der **Geburtstag**, die Geburtstage — 6/4.2
gefallen, er gefällt, er hat gefallen — 8/4.1
gegen — 12/2.2b
gehen (ich gehe), er geht,
er ist gegangen — 2/4.1
gehen (geht es am ...?), es geht,
es ist gegangen — 5/3.2b
gehen (wie geht's?), es geht,
es ist gegangen — 3/2.1a
gelb — 11/0
das **Geld**, die Gelder — 7/3.5
das **Gemüse** — 10/2.6b
gemütlich — 4/1.1
genau — 8/3.1a
genauso — 5/4.6b

	geradeaus	8/2.1a
das	Gericht, die Gerichte	10/3.1b
	gern(e)	1/2.3b
das	Geschäft, die Geschäfte	5/2.7
das	Geschenk, die Geschenke	8/3.3
die	Geschwister (Pl.)	9/Ü12
das	Gespräch, die Gespräche	4/5.2a
	gestern	8/4.2b
	gesund	10/3.1b
die	Gesundheit	12/ 3.1a
das	Getränk, die Getränke	1/4.3
	getrennt	1/4.4a
die	Gitarre, die Gitarren	2/4.1
das	Glas, die Gläser	10/3.1.4
	glauben, er glaubt, er hat geglaubt	5/4.6b
	gleich	1/4.5
	gleicher, gleiches, gleiche	11/4.1
das	Glück	4/6.1a
	glücklich	12/4.3a
der	Grad, die Grade	10/5.1
das	Gramm, die Gramm	10/2.1b
das	Gras, die Gräser	11/4.5a
	grau	11/0
die	Grillparty, die Grillpartys	11/4.1
	groß	4/1.1
die	Größe, die Größen	11/3.1a
die	Großeltern (Pl.)	9/Ü12
die	Großstadt, die Großstädte	6/5.1
	grün	11/0
die	Gruppe, die Gruppen	8/4.1
der	Gruß, die Grüße	4/6.1a
	Grüß dich!	1/1.1b
die	Gurke, die Gurken	10/2.5a
	gut	3/2.1a
	Gute Besserung!	12/2.3
	Guten Abend!	5/3.1
	Guten Appetit!	10/5.1
	Guten Morgen!	5/1.3
	Guten Tag!	Start 2.1
die	Gymnastik, die Gymnastiken	12/0

H

das	Haar, die Haare	7/2.1
	haben, er hat, er hatte	Start 4.1a
der	Hafen, die Häfen	9/0
das	Hähnchen, die Hähnchen	10/0
	hätte gern	10/1.0
	halb	5/2.2a
	hallo	Start 2.1
der	Hals, die Hälse	12/1.2b

die	Halsentzündung, die Halsentzündungen	12/2.3
die	Halsschmerzen (Pl.)	12/2.5
die	Halstablette, die Halstabletten	12/3.2
der	Hamburger, die Hamburger	10/3.1b
die	Hand, die Hände	7/3.5
der	Handschuh, die Handschuhe	Stat. 4/2.1b
das	Handy, die Handys	2/0
	hängen, er hängt, er hat gehängt	6/3.2b
	hart	12/1
	hassen, er hasst, er hat gehasst	7/5.4
	hässlich	11/2.4
der	Hauptbahnhof, die Hauptbahnhöfe	6/1
die	Hauptmahlzeit, die Hauptmahlzeiten	10/5.1
die	Hauptstadt, die Hauptstädte	3/3.4
das	Haus, die Häuser	2/2.1
der/die	Hausarzt/Hausärztin, die Hausärzte/Hausärztinnen	12/2
die	Hausaufgabe, die Hausaufgaben	2/4.3
die	Hausfrau, die Hausfrauen	7/2.2
der	Haushalt, die Haushalte	7/3.2a
der	Hausmann, die Hausmänner	7/2.2
	heben, er hebt, er hat gehoben	12/1
das	Heft, die Hefte	2/0
die	Heimat, die Heimaten	2/4.1
	heiß	6/3.3
	heißen, er heißt, er hat geheißen	Start 2.1
	heiter	11/4.3a
die	Heizung, die Heizungen	7/2.3
	helfen, er hilft, er hat geholfen	4/6.1b
	hell	4/2.2b
	hellblau	11/0
das	Hemd, die Hemden	11/0
der	Herbst	9/4.1
die	Herbstferien (Pl.)	9/4.1
der	Herd, die Herde	4/5.1
die	Herde, die Herden	11/4.5a
der	Herr, die Herren/Herrn	Start 2.1
das	Herz, die Herzen	12/1
	heute	3/4.1
	hier	4/2.1b
die	Hilfe, die Hilfen	4/6.1a
der	Himmel, die Himmel	11/4.5a
	hinter	6/2.3
der	Hit, die Hits	8/1.2a
die	Hitze	11/4.2
das	Hobby, die Hobbys	2/4.1
das	Hochhaus, die Hochhäuser	4/0

hoffen, er hofft, er hat gehofft	11/0
die **Hoffnung**, die Hoffnungen	11/0
hören, er hört, er hat gehört	2/1.3b
die **Hose**, die Hosen	11/0
das **Hotel**, die Hotels	6/1.1
der **Hund**, die Hunde	2/3.4a
husten, er hustet, er hat gehustet	12/2.3
der **Husten**	12/2.5
der *Hustensaft, die Hustensäfte*	12/2.2b
der **Hut**, die Hüte	11/0

I

die **Idee**, die Ideen	12/1.1c
im	2/4.1
immer	7/3.2a
das *Immunsystem*,	
die Immunsysteme	12/3.1a
in	Start 2.3
in Ruhe lassen	12/4.3b
die *Industriestadt, die Industriestädte*	6/5.1
die **Information**,	
die Informationen	6/2.4a
informieren, er informiert,	
er hat informiert	7/3.2a
der/die **Ingenieur/in**,	
die Ingenieure/Ingenieurinnen	7/1.1
die **Insel**, die Inseln	9/0
interessant	7/3.3a
interessieren (sich), er interessiert	
sich, er hat sich interessiert	8/4.1
international	6/5.1
die **Internetseite**, die Internetseiten	6/2.1
der *Irrtum, die Irrtümer*	8/3.2

J

ja	1/1.1b
die **Jacke**, die Jacken	11/0
das **Jahr**, die Jahre	3/4.2
die **Jahreszeit**, die Jahreszeiten	11/4.1
der **Januar**	9/4.1
die **Jeans**, die Jeans	11/0
jeder, jedes, jede	6/1
jemand	7/2.1
jetzt	Start 2.3
der **Job**, die Jobs	7/5.4
joggen, er joggt, er ist gejoggt	12/3.1a
der/das **Joghurt**, die Joghurts	10/0
jüdisch	8/4.2b
der **Juli**	9/1
der **Junge**, die Jungen	Start 3.7a
der **Juni**	8/1

K

der **Kaffee**, die Kaffees	1/0
die **Kaffeetasse**, die Kaffeetassen	6/3.1a
das *Kaffeetrinken*	6/4.1a
der **Kakao**, die Kakaos	1/0
der **Kalender**, die Kalender	5/0
die *Kalorie, die Kalorien*	10/3.1b
kalt	6/3.3
die *Kälte*	11/4.2
die **Kamera**, die Kameras	8/3.3
die **Kantine**, die Kantinen	10/3.1b
kaputt	7/2.3
die **Karte**, die Karten	8/1
die **Kartoffel**, die Kartoffeln	10/0
der **Käse**	10/0
die **Kasse**, die Kassen	Start 1.2a
der *Katalog, die Kataloge*	6/2.1
die **Katze**, die Katzen	2/3.6
kaufen, er kauft, er hat gekauft	8/1
kein, kein, keine	2/1
Keine Ahnung!	2/3.4a
der *Keller, die Keller*	4/2.1b
kennen, er kennt, er hat gekannt	7/5.2
kennenlernen, er lernt kennen,	
er hat kennengelernt	8/4.1
der **Ketchup**, die Ketchups	10/2.3
der/die *KfZ-Mechatroniker/in*,	
die KfZ-Mechtroniker/innen	7/2.1
das **Kilogramm (Kilo, kg)**,	
die Kilogramme	10/2.1b
das **Kind**, die Kinder	2/4.1
der **Kindergarten**, die Kindergärten	7/4.3
das **Kinderzimmer**, die Kinderzimmer	4/2.1b
das **Kino**, die Kinos	5/3.6a
die **Kirche**, die Kirchen	8/0
klar	1/1.1b
klassisch	8/4.1
das **Kleid**, die Kleider	11/0
die **Kleidung**, die Kleidungen	11/1.2
klein	4/1.1
klopfen, er klopft, er hat geklopft	12/4.3a
das **Kloster**, die Klöster	9/2
das **Kilometer (km)**, die Kilometer	9/2
das **Knie**, die Knie	12/1.2a
der/die *Koch/Köchin*,	
die Köche/Köchinnen	7/1.1
kochen, er kocht, er hat gekocht	4/2.1a
der **Koffer**, die Koffer	7/5.3
der/die **Kollege/Kollegin**,	
die Kollegen/Kolleginnen	7/3.2a
kombinieren, er kombiniert,	
er hat kombiniert	11/0

kommen, er kommt,
er ist gekommen Start 2.1
der/die **Komponist/in**,
die Komponisten/Komponistinnen 6/5.1
können, er kann, er konnte 2/1
kontrollieren, er kontrolliert,
er hat kontrolliert 7/3.3a
die *Konzentration*, *die Konzentrationen* 12/1
das **Konzert**, die Konzerte Start 1.2a
der **Kopf**, die Köpfe 12/1
die **Kopfschmerzen** (Pl.) 12/2.2b
der *Körper*, *die Körper* 12/1
korrigieren, er korrigiert,
er hat korrigiert 7/3.4
kosten, es kostet, es hat gekostet 4/2.2b
krank 12/2.3
das **Krankenhaus**, die Krankenhäuser 7/
die *Krankenkasse*, *die Krankenkassen* 7/2.3
der/die **Krankenpfleger/in**,
die Krankenpfleger/innen 7/2.2
die **Krankenschwester**,
die Krankenschwestern 7/1.1
die **Krankenversicherung**,
die Krankenversicherungen 12/2.2b
die **Krankenversicherungskarte**,
die Krankenversicherungskarten 12/2.2a
die *Krankheit*, *die Krankheiten* 12/2.4
die *Krankmeldung*,
die Krankmeldungen 12/2.5
krankschreiben, *er schreibt krank*,
er hat krankgeschrieben 12/2.3
die **Kreuzung**, die Kreuzungen 8/2.4
die **Küche**, die Küchen 4/2.1a
der **Kuchen**, die Kuchen 10/0
die *Küchenlampe*, *die Küchenlampen* 4/4.2b
der **Küchenschrank**,
die Küchenschränke 4/4.1
der *Küchentisch*, *die Küchentische* 4/4.2a
der **Kühlschrank**, die Kühlschränke 4/5.1
der **Kuli**, die Kulis 2/0
die **Kultur**, die Kulturen 3/4.1
der/die **Kunde/Kundin**,
die Kunden/Kundinnen 7/3.1
der **Kurs**, die Kurse 2/4.1
der/die **Kursleiter/in**,
die Kursleiter/innen 2/4.3
der/die **Kursteilnehmer/in**,
die Kursteilnehmer/innen 2/4.3
kurz 3/4.2
kurz vor 9/3.2
küssen, er küsst, er hat geküsst 11/4.5a

L

lachen, er lacht, er hat gelacht 12/4.3b
die **Lampe**, die Lampen 2/0
das **Land**, die Länder 1/4.5
landen, er landet, er ist gelandet 10/3.1b
die *Landkarte*, *die Landkarten* 2/1.3a
lang 4/2.2b
lange 7/3.2b
langsam 2/4.3
langweilen (sich), *er langweilt sich*,
er hat sich gelangweilt 12/4.5a
langweilig 9/1.2b
der **Latte macchiato** 1/1.1b
das *Laub* 11/4.5a
laufen, er läuft, er ist gelaufen 8/3.5
die *Laune*, *die Launen* 12/3.1a
laut 4/1.1
leben, er lebt, er hat gelebt 2/4.1
das **Leben**, die Leben 9/4.3
das **Lebensmittel**, die Lebensmittel 10/2.4
lecker 3/Ü11
der/die **Lehrer/in**, die Lehrer/innen Start 2.1
leicht 7/3.2a
leider 4/6.1a
leidtun, er tut leid, er hat leidgetan 5/1.3
leiten, er leitet, er hat geleitet 7/3.1
der/die *Leiter/in*, *die Leiter/innen* 6/5.1
lernen, er lernt, er hat gelernt 2/4.1
der *Lerntipp*, *die Lerntipps* Start 4.0
lesen, er liest, er hat gelesen 2/1.3b
der *Lesesaal*, *die Lesesäle* 6/2.1
die **Leute** (Pl.) 5/4.6b
lieb 8/4.2a
die **Liebe**, die Lieben 11/4.5a
liebe ..., lieber ... (Name) 4/6.1a
lieben, er liebt, er hat geliebt 7/5.4
lieber 1/1.1b
das *Lieblingsessen*, *die Lieblingsessen* 10/3.1a
das *Lieblingshobby*, *die Lieblingshobbys* 12/1
die *Lieblingsmannschaft*,
die Lieblingsmannschaften 11/2.7b
der *Lieblingsmonat*,
die Lieblingsmonate 9/4.2
liegen, er liegt, er hat gelegen 3/2.4
lila 11/2.7a
die **Linie**, die Linien 8/1
links 4/2.2a
die **Liste**, die Listen 6/4.1a
der **Liter**, die Liter 10/2.1b
die *Lottozahl*, *die Lottozahlen* 2/4.2a
die **Luft**, die Lüfte 10/3.1.4
die **Lunge**, die Lungen 12/1
die **Lust** 11/0

M

machen, er macht, er hat gemacht	2/1
das **Mädchen**, die Mädchen	Start 3.7a
das *Magazin*, *die Magazine*	2/4.2a
die **Magenschmerzen** (Pl.)	12/2.5
der **Mai**	9/4.1
der/die **Makler/in**, *die Makler/innen*	4/2.1b
mal	3/2.1a
das *Malbuch*, *die Malbücher*	11/4.5a
mancher, manches, manche	8/3.2
manchmal	5/4.6b
der **Mann**, die Männer	2/3.2
der **Mantel**, die Mäntel	11/0
die **Marke**, die Marken	11/3.1a
der *Marktplatz*, *die Marktplätze*	3/0
die **Marmelade**, die Marmeladen	10/5.1
der **März**	6/5.1
die **Maschine**, die Maschinen	7/2.1
die **Mauer**, die Mauern	8/4.2b
die **Maus**, die Mäuse	6/3.1
das **Medikament**, die Medikamente	12/2.2b
das **Meer**, die Meere	9/1
das *Meeting*, *die Meetings*	6/4.1a
mehr	8/4.1
meinen, er meint, er hat gemeint	8/3.2
meistens	5/2.7
der **Mensch**, die Menschen	7/3.5
die *Messe*, *die Messen*	6/5.1
das *Messegelände*, *die Messegelände*	8/3.5
der **Meter**, die Meter	12/1.1c
mieten, er mietet, er hat gemietet	8/4.1
die **Milch**	1/0
der **Milchkaffee**, die Milchkaffees	1/4.3
das **Milchprodukt**, die Milchprodukte	12/1
die **Million**, die Millionen	1/4.5
das **Mineralwasser**, die Mineralwasser	1/4.3
minus	12/3.3b
die **Minute**, die Minuten	Start 4.1a
mit	2/2.3
das **Mitglied**, die Mitglieder	7/3.3a
mitkommen, er kommt mit, er ist mitgekommen	5/4.4a
der **Mittag**, die Mittage	5/3.1
das **Mittagessen**, die Mittagessen	5/2.2a
mittags	9/2
die **Mittagspause**, die Mittagspausen	5/2.3
die **Mitte**, die Mitten	8/4.2b
der **Mittwoch**, die Mittwoche	5/1
die **Möbel** (Pl.)	4/4.1
möchten, er möchte, er mochte	1/1.1b

die **Mode**, die Moden	11/0
modern	4/1.3
der *Modetrend*, *die Modetrends*	11/0
mögen, er mag, er mochte	10/3.2
die **Möhre**, die Möhren	10/1
der **Moment**, die Momente	2/4.1
der **Monat**, die Monate	5/0
der *Monatsname*, *die Monatsnamen*	9/4.1
der *Monitor*, *die Monitore*	6/3.1a
der **Montag**, die Montage	5/1
das **Moped**, die Mopeds	6/0
morgen	4/6.1a
der **Morgen**, die Morgen	5/3.1
morgens	5/2.5a
das **Motorrad**, die Motorräder	2/3.4c
müde	9/2
der **Mund**, die Münder	12/1.2b
die **Münze**, die Münzen	1/4.5
das **Museum**, die Museen	3/0
die **Musik**, die Musiken	Start 1.2a
der *Musikfan*, *die Musikfans*	6/5.1
der *Muskel*, *die Muskeln*	12/1
das **Müsli**	10/5.1
müssen, er muss, er musste	5/4.5b
der *Mut*	11/0
die **Mutter**, die Mütter	9/3.2
die *Mütze*, *die Mützen*	Stat. 4/2.1b

N

nach (+ Land)	2/4.1
nach Hause	6/Ü4a
der/die **Nachbar/in**, die Nachbarn/Nachbarinnen	4/1.1
der **Nachmittag**, die Nachmittage	5/3.1
nächster, nächstes, nächste	5/3.2b
die **Nacht**, die Nächte	5/3.1
die **Nähe**	3/2.5
der **Name**, die Namen	Start 2.1
die **Nase**, die Nasen	12/1.2a
national	1/4.5
die **Natur**, die Naturen	Start 1.2a
natürlich	12/2.3
der **Nebel**	11/4.2
neben	6/3.2a
neblig	11/4.2
nehmen, er nimmt, er hat genommen	1/2.3b
nein	1/2.1
nerven, *er nervt, er hat genervt*	12/4.5a
nett	4/1.1

n<u>eu</u>	2/4.1
n<u>i</u>cht	2/1.2
der/die N<u>i</u>chtraucher/in,	
die Nichtraucher/innen	12/3.4
n<u>ie</u>	7/3.5
n<u>ie</u>mals	11/4.5a
n<u>o</u>ch	1/1.1b
n<u>o</u>ch einmal	Start 3.7b
der N<u>o</u>rden	3/2.4
n<u>ö</u>rdlich	3/2.4
nord<u>ö</u>stlich	3/2.4
nordw<u>e</u>stlich	3/2.4
norm<u>a</u>l	11/4.1
der/die N<u>o</u>tarzt/N<u>o</u>tärztin,	
die Notärzte/Notärztinnen	1/4.2a
der N<u>o</u>tizblock, die Notizblöcke	6/3.1a
der N<u>o</u>v<u>e</u>mber	9/4.1
die N<u>u</u>del, die Nudeln	10/3.1b
der N<u>u</u>delauflauf, die Nudelaufläufe	10/5.1
die N<u>u</u>mmer, die Nummern	1/4.1
n<u>u</u>r	4/2.2b

O

o.<u>k</u>.	3/2.1a
<u>o</u>ben	6/2.1
das <u>O</u>bst	10/2.6b
<u>o</u>der	1/1.1b
offiz<u>ie</u>ll	1/4.5
<u>ö</u>ffnen, er öffnet, er hat geöffnet	5/2.7
die <u>Ö</u>ffnungszeit, die Öffnungszeiten	5/2.7
<u>o</u>ft	5/4.6b
<u>o</u>hne	1/2.3a
das <u>O</u>hr, die Ohren	12/1
der Okt<u>o</u>ber	8/3.4
das Okt<u>o</u>berfest, die Oktoberfeste	5/3.5
die <u>O</u>ma, die Omas	12/Ü13
<u>o</u>nline	6/2.1
die <u>O</u>per, die Opern	Start 1.2a
die Or<u>a</u>nge, die Orangen	10/1.1b
or<u>a</u>nge	11/0
der Or<u>a</u>ngensaft, die Orangensäfte	1/0
<u>o</u>rdnen, er ordnet, er hat geordnet	2/4.3
der <u>O</u>rdner, die Ordner	6/3.1a
organis<u>ie</u>ren, er organisiert,	
er hat organisiert	7/3.3a
der <u>O</u>rt, die Orte	9/3.6a
der <u>O</u>sten	3/2.4
die <u>O</u>sterferien (Pl.)	9/4.1
das <u>O</u>stern	9/4.1
<u>Ö</u>sterreich	Start 3.7c
<u>ö</u>stlich	3/2.4

P

das P<u>aa</u>r, die Paare	3/4.2
p<u>a</u>cken, er packt, er hat gepackt	4/6.1a
die P<u>a</u>nne, die Pannen	5/1.3
das Pap<u>ie</u>r, die Papiere	2/1.3a
der Pap<u>ie</u>rkorb, die Papierkörbe	6/3.1a
die P<u>a</u>prika, die Paprikas	10/2.5a
die Par<u>a</u>de, die Paraden	8/4.2b
der P<u>a</u>rk, die Parks	3/0
das Parlam<u>e</u>nt, die Parlamente	Start 1.2a
die P<u>a</u>rty, die Partys	5/4.6a
p<u>a</u>ssen, er passt, er hat gepasst	5/4.5b
pass<u>ie</u>ren, es passiert, es ist passiert	9/3
der/die Pati<u>e</u>nt/in,	
die Patienten/Patientinnen	7/2.1
die P<u>au</u>se, die Pausen	2/1.3b
die Pensi<u>o</u>n, die Pensionen	9/2
die Pers<u>o</u>n, die Personen	6/2.3b
die Pf<u>a</u>nne, die Pfannen	10/5.1
der Pf<u>e</u>ffer	10/5.1
das Pf<u>e</u>rd, die Pferde	11/4.5a
das Pf<u>i</u>ngsten	9/4.1
die Pfl<u>a</u>nze, die Pflanzen	6/3.1a
das Pf<u>u</u>nd, die Pfunde	10/2.1b
der P<u>i</u>cknick, die Picknicke	9/2
der/die Pil<u>o</u>t/in,	
die Piloten/Pilotinnen	Start 1.2a
p<u>i</u>nk	11/0
die P<u>i</u>zza, die Pizzen	Start 1.2a
der Pl<u>a</u>n, die Pläne	6/5.2
pl<u>a</u>nen, er plant, er hat geplant	7/3.1
der Pl<u>a</u>tz, die Plätze	3/1
pl<u>ö</u>tzlich	9/3.2
die Poliz<u>ei</u>	1/4.2a
die P<u>o</u>mmes (frites) (Pl.)	10/3.1b
die P<u>o</u>stleitzahl (PLZ),	
die Postleitzahlen	4/6.1a
die Pr<u>a</u>xis, die Praxen	5/3.2b
der Pr<u>ei</u>s, die Preise	1/4.3
pr<u>i</u>ma	9/1.2b
priv<u>a</u>t	7/2.4
pr<u>o</u>	4/6.1a
prob<u>ie</u>ren, er probiert, er hat probiert	9/2
das Probl<u>e</u>m, die Probleme	4/6.1a
produz<u>ie</u>ren, er produziert,	
er hat produziert	6/5.1
das Progr<u>a</u>mm, die Programme	7/2.3
der/die Programm<u>ie</u>rer/in,	
die Programmierer/innen	7/1.1
das Proj<u>e</u>kt, die Projekte	8/4.3
die Proj<u>e</u>ktleitung, die Projektleitungen	7/2.3

das *Protokoll, die Protokolle*	9/3.2
das **Prozent**, die Prozente	3/5.2
der **Pullover**, die Pullover	11/2.2b
der **Punkt**, die Punkte	5/1.2
pünktlich	5/4.6a
die **Pünktlichkeit**	5/4.6b

Q

der **Quadratmeter (qm)**,	
die Quadratkilometer	4/1.1
das *Quartal, die Quartale*	12/2.2a
die *Querstraße, die Querstraßen*	8/2.1a

R

das **Rad**, die Räder	2/3.4c
der **Radiergummi**, die Radiergummis	2/1
das **Radio**, die Radios	2/4.2a
die *Radtour, die Radtouren*	9/2
der *Ratschlag, die Ratschläge*	12/3.2
rauchen, er raucht,	
er hat geraucht	12/2.3
die *Raucherkneipe*,	
die Raucherkneipen	12/3.4
die **Rechnung**, die Rechnungen	1/4.3a
rechts	4/2.2a
der/die **Redakteur/in**,	
die Redakteure/Redakteurinnen	7/2.4
das **Regal**, die Regale	4/4.2c
der **Regen**, die Regen	9/4.3
die *Regenzeit, die Regenzeiten*	11/4.1
das *Regierungsviertel*,	
die Regierungsviertel	8/1.2a
regnen, es regnet, es hat geregnet	11/4.1
die **Reihe**, die Reihen	8/1.2a
das **Reihenhaus**, die Reihenhäuser	4/1
der **Reis**	10/ 3.1.5b
der **Reiseführer**, die Reiseführer	9/2.3
das *Reiseziel, die Reiseziele*	9/1
das *Rennen, die Rennen*	10/3.1b
reparieren, er repariert,	
er hat repariert	7/2.1
reservieren, er reserviert,	
er hat reserviert	7/3.1
der *Rest, die Reste*	10/5.1
das **Restaurant**, die Restaurants	Start 1.2a
das **Rezept (Kochrezept)**,	
die Rezepte	10/3.1a
das **Rezept (für Medikamente)**,	
die Rezepte	12/2.2b
richtig	11/2.1b
die **Richtung**, die Richtungen	8/3.2
das *Riesenrad, die Riesenräder*	9/2

der **Rock**, die Röcke	11/0
romantisch	9/1
rosa	11/0
die *Rose, die Rosen*	11/4.5a
die *Rosine, die Rosinen*	10/4.3
rot	11/0
der **Rotwein**, die Rotweine	1/0
der **Rücken**, die Rücken	4/6.1a
die **Rückenschmerzen** (Pl.)	4/6.1b
die **Rückfahrt**, die Rückfahrten	8/4.2b
die **Ruhe**	12/1
ruhig	4/1.1
rund	9/5.1
die *Runde, die Runden*	12/1

S

die **Sache**, die Sachen	9/4.3
der **Saft**, die Säfte	1/0
sagen, er sagt, er hat gesagt	2/4.1
die **Sahne**, die Sahnen	10/3.1.5b
die **Salami**, die Salamis	10/1
der **Salat**, die Salate	10/3.1b
das **Salz**	10/5.1
sammeln, er sammelt,	
er hat gesammelt	1/2.6a
der **Samstag**, die Samstage	5/1
das **Sandwich**, die Sandwich(e)s	6/2.1
der **Satz**, die Sätze	2/4.2a
das *Sauerkraut*	10/1.4
die *Sauna, die Saunen*	12/3.1a
der/die *Schäfer/in, die Schäfer/innen*	11/4.5a
schaffen, er schafft, er hat geschafft	9/2
der *Schal, die Schals*	11/0
der **Schein (Euroschein)**, die Scheine	1/4.5
schick	11/2.4
der **Schinken**, die Schinken	10/4.1
schlafen, er schläft,	
er hat geschlafen	4/2.1a
das **Schlafzimmer**, die Schlafzimmer	4/2.1c
schlecht	9/1.2b
schließen, er schließt,	
er hat geschlossen	5/2.7
der **Schluss**, die Schlüsse	8/4.2a
der **Schlüssel**, die Schlüssel	4/2.1b
schmal	9/1
schmecken, er schmeckt,	
er hat geschmeckt	10/3.1.5b
der **Schmerz**, die Schmerzen	12/2.4
der **Schnee**	11/4.2
schneiden, er schneidet,	
er hat geschnitten	7/2.1

schneien, es schneit, es hat geschneit	11/4.1	
das **Schnitzel**, die Schnitzel	10/3.1b	
der **Schnupfen**, die Schnupfen	12/2.5	
die **Schokolade**, die Schokoladen	10/0	
die *Schokoladentorte*, *die Schokoladentorten*	10/3.1.5b	
schon	3/2.1a	
schön	4/2.1b	
der **Schrank**, die Schränke	4/4.1	
schreiben, er schreibt, er hat geschrieben	2/1	
der **Schreibtisch**, die Schreibtische	4/4.1	
die *Schreibtischlampe*, *die Schreibtischlampen*	4/4.2a	
der **Schuh**, die Schuhe	4/7.1	
das *Schuhgeschäft*, *die Schuhgeschäfte*	7/2.1	
die **Schule**, die Schulen	2/4.1	
der/die **Schüler/in**, die Schüler/innen	6/5.1	
die **Schulter**, die Schultern	12/1	
schwach	10/3.1.7	
schwarz	11/0	
das **Schweinefleisch**	10/4.3	
die **Schweiz**	Start 3.7c	
schwer	4/6.1a	
die **Schwester**, die Schwestern	9/2	
das **Schwimmbad**, die Schwimmbäder	5/3.5	
schwimmen, er schwimmt, er ist geschwommen	5/3.5	
der **See**, die Seen	9/0	
die **See**, die Seen	9/1.1	
sehen, er sieht, er hat gesehen	4/6.1a	
die **Sehenswürdigkeit**, die Sehenswürdigkeiten	8/3.6	
sehr	4/1.1	
sein, er ist, er war	Start 2.1	
seit	2/4.1	
der/die **Sekretär/in**, die Sekretäre/Sekretärinnen	7/1.1	
das *Sekretariat*, die Sekretariate	6/2.5	
der/die **Senior/in**, *die Senioren/Seniorinnen*	12/1	
der **September**	9/4.1	
der **Sessel**, die Sessel	4/4.1	
das *Shopping-Paradies*, *die Shopping-Paradiese*	6/5.1	
singen, er singt, er hat gesungen	7/Ü12a	
sitzen, er sitzt, er hat gesessen	7/3.2a	
Ski fahren, *er fährt Ski*, *er ist Ski gefahren*	12/0	
so	1/3.3c	
das **Sofa**, die Sofas	4/4.1	

die *Software*	7/2.4	
der **Sohn**, die Söhne	3/4.2	
der **Sommer**, die Sommer	Start 4.1a	
die **Sommerferien** (Pl.)	9/4.1	
die **Sonne**, die Sonnen	9/1	
sonnig	11/4.1	
der **Sonntag**, die Sonntage	5/1	
sortieren, *er sortiert, er hat sortiert*	1/2.6a	
die **Spaghetti** (Pl.)	10/3.1b	
der **Spaß**, die Späße	2/4.1	
spät	2/4.3	
spazieren gehen, er geht spazieren, er ist spazieren gegangen	9/Ü18	
der **Spaziergang**, die Spaziergänge	8/1.2a	
speziell	12/1	
der **Spiegel**, die Spiegel	4/4.1	
spielen, er spielt, er hat gespielt	2/4.1	
der/die **Spieler/in**, die Spieler/innen	11/2.6	
der **Sport**	2/4.1	
der/die *Sport- und Fitnesskaufmann/ kauffrau, die Sport- und Fitness- kaufmänner/kauffrauen*	7/3.3	
die *Sportabteilung*, *die Sportabteilungen*	11/3.1a	
der *Sportclub*, *die Sportclubs*	7/3.3a	
das *Sportgerät*, *die Sportgeräte*	7/3.3a	
der *Sportkurs*, *die Sportkurse*	7/3.3a	
der/die *Sportler/in*, *die Sportler/innen*	12/1	
sportlich	8/4.1	
die **Sprache**, die Sprachen	4/4.1	
die **Sprachschule**, die Sprachschulen	8/3.7	
sprechen, er spricht, er hat gesprochen	1/2.6a	
die **Spüle**, die Spülen	4/5.1	
das **Stadion**, die Stadien	5/3.6b	
die **Stadt**, die Städte	3/0	
der *Stadtbummel*, *die Stadtbummel*	8/1	
die *Städtereise*, *die Städtereisen*	9/2.4	
die *Stadtführung*, *die Stadtführungen*	8/4.2b	
das *Stadtmuseum*, *die Stadtmuseen*	8/3.1c	
die *Stadtrundfahrt*, *die Stadtrundfahrten*	8/1.2a	
der/die *Stadturlauber/in*, *die Stadturlauber/innen*	9/1	
der *Stadtverkehr*, *die Stadtverkehre*	6/1	
das *Stadtviertel*, *die Stadtviertel*	8/4.3	
das *Stadtzentrum*, *die Stadtzentren*	6/5.1	
stark	12/1	
stärken, er stärkt, er hat gestärkt	12/3.1a	
stattfinden, es findet statt, es hat stattgefunden	6/5.1	
der **Stau**, die Staus	5/3.3a	

der **Staub**		11/4.5a
stehen (ich stehe), er steht, er hat gestanden		4/6.1a
stehen (etwas steht mir), es steht, es hat gestanden		11/3.2
die **Stehlampe**, die Stehlampen		4/4.1
der **Stiefel**, die Stiefel		11/0
stimmen, es stimmt, es hat gestimmt		2/3.6
der **Stock**, die Stöcke		4/6.1a
der **Stopp**, die Stopps		2/2.7
der **Strand**, die Strände		9/0
der **Strandkorb**, die Strandkörbe		9/1
die **Straße**, die Straßen		4/1.1
die **Straßenbahn**, die Straßenbahnen		6/0
strecken, er streckt, er hat gestreckt		12/1
der **Streifen**, die Streifen		10/5.1
der **Stress**		12/3.1a
das **Stück**, die Stücke		10/2.1b
der/die **Student/in**, die Studenten/Studentinnen		2/4.1
das **Studentenwohnheim**, die Studentenwohnheime		4/1
studieren, er studiert, er hat studiert		2/4.1
das **Studio**, die Studios		7/3.1
das **Studium**, die Studien		3/5.1
der **Stuhl**, die Stühle		2/1.3a
die **Stunde**, die Stunden		5/0
stundenlang		7/3.2a
suchen, er sucht, er hat gesucht		4/5.2a
der **Süden**		3/2.4
südlich		3/2.4
südöstlich		3/2.4
südwestlich		3/2.4
super		8/4.1
der **Supermarkt**, die Supermärkte		Start 1.2a
die **Suppe**, die Suppen		6/2.1
süß		10/5.1
das **System**, die Systeme		7/2.4

T

die **Tablette**, die Tabletten		12/2.2b
die **Tafel**, die Tafeln		2/1.3a
der **Tag**, die Tage		4/6.1a
täglich		12/1.1c
tanken, er tankt, er hat getankt		12/3.1a
die **Tankstelle**, die Tankstellen		5/2.7
die **Tante**, die Tanten		9/Ü2b
tanzen, er tanzt, er hat getanzt		12/0
die **Tasche**, die Taschen		2/1.3a

die **Tastatur**, die Tastaturen		6/3.1
*die **Tätigkeit**, die Tätigkeiten*		7/3.3b
***tauchen**, er taucht, er hat getaucht*		12/0
das **Taxi**, die Taxen		7/1.1
der/die **Taxifahrer/in**, die Taxifahrer/innen		7/1.1
die **Technik**, die Techniken		4/5.2a
der **Tee**, die Tees		1/0
der/die **Teilnehmer/in**, die Teilnehmer/innen		8/1
das **Telefon**, die Telefone		Start 1.2a
telefonieren, er telefoniert, er hat telefoniert		7/3.2a
die **Telefonnummer**, die Telefonnummern		1/4.1
der **Teppich**, die Teppiche		4/4.1
der **Termin**, die Termine		12/2.1
die **Terrasse**, die Terrassen		4/0
teuer		4/3.4
der **Text**, die Texte		Start 4.0
das **Theater**, die Theater		3/0
das **Thema**, die Themen		10/3.1a
thematisch		8/4.2b
das **Ticket**, die Tickets		7/3.1
das **Tier**, die Tiere		7/3.5
der **Tipp**, die Tipps		6/5.1
der **Tisch**, die Tische		4/4.1
die **Tochter**, die Töchter		7/3.2a
die **Toilette**, die Toiletten		4/3.4
toll		8/4.1
die **Tomate**, die Tomaten		10/0
*der **Tomatensaft**, die Tomatensäfte*		10/4.3
die **Tomatensoße**, die Tomatensoßen		10/3.1b
*der **Ton**, die Töne*		2/2.5a
*das **Topreiseziel**, die Topreiseziele*		9/1.1
das **Tor**, die Tore		3/1
*die **Tour**, die Touren*		9/2
der/die **Tourist/in**, die Touristen/Touristinnen		Start 1.2a
die **Touristeninformation**, die Touristeninformationen		8/3.5
die **Tradition**, die Traditionen		6/5.1
tragen, er trägt, er hat getragen		11/0
der/die **Trainer/in**, die Trainer/innen		7/3.3a
trainieren, er trainiert, er hat trainiert		7/3.1
das **Training**, die Trainings		12/1
*der **Trainingsanzug**, die Trainingsanzüge*		11/2.6
*der **Transport**, die Transporte*		Start 3.3

der **Traum**, die Träume	4/3.5
die **Traumfrau**, die Traumfrauen	12/4.3a
der **Traummann**, die Traummänner	12/4.3b
treffen (sich), er trifft sich,	
er hat sich getroffen	5/3.6a
der **Trend**, die Trends	11/0
trinken, er trinkt,	
er hat getrunken	1/1.1b
die **Trockenzeit**, die Trockenzeiten	11/4.1
tschüss	5/3.6a
das **T-Shirt**, die T-Shirts	11/0
tun, er tut, er hat getan	5/3.3a
die **Tür**, die Türen	2/2.1
türkis	11/2.7a
der **Turm**, die Türme	3/1
die **Tüte**, die Tüten	10/2.7
das **TV**, die TVs	Start 3.3
die **TV-Serie**, die TV-Serien	3/4
typisch	9/1

U

die **U-Bahn**, die U-Bahnen	6/0
üben, er übt, er hat geübt	1/2.6a
über	1/4.5
überall	12/1
überarbeiten, er überarbeitet,	
er hat überarbeitet	8/4.2b
überhaupt nicht	11/2.4
übernachten, er übernachtet,	
er hat übernachtet	9/2
überraschen, er überrascht,	
er hat überrascht	10/3.1b
übersetzen, er übersetzt,	
er hat übersetzt	12/3.1a
die **Übung**, die Übungen	12/1
die **Uhr**, die Uhren	Start 4.1a
um	5/1.3
die **Umfrage**, die Umfragen	10/3.1a
die **Umkleidekabine**,	
die Umkleidekabinen	11/3.3a
der **Umzug**, die Umzüge	4/6.1a
der **Umzugskarton**,	
die Umzugskartons	4/6.1a
und	Start 2.1
der **Unfall**, die Unfälle	9/0
ungefährlich	12/1
die **Universität (Uni)**,	
die Universitäten	2/4.1
unten	6/2.1
unter	6/3.2a
unterrichten, er unterrichtet,	
er hat unterrichtet	7/2.1

untersuchen, er untersucht,	
er hat untersucht	7/2.1
unterwegs	8/4.1
der **Urlaub**, die Urlaube	5/2.4
der/die **Urlauber/in**, die Urlauber/innen	9/1
das **Urlaubserlebnis**,	
die Urlaubserlebnisse	9/0
das **Urlaubsland**, die Urlaubsländer	9/5.1
die **Urlaubsplanung**,	
die Urlaubsplanungen	9/4.1
die **Urlaubsreise**, die Urlaubsreisen	9/5.1
das **Urlaubsziel**, die Urlaubsziele	9/5.1

V

die **Vase**, die Vasen	4/3.1a
der **Vater**, die Väter	9/3.2
der/die **Vegetarier/in**,	
die Vegetarier/innen	10/4.3
vegetarisch	10/5.1
die **Verabredung**, die Verabredungen	5/4.5b
verbinden, er verbindet,	
er hat verbunden	8/4.2b
verbrauchen, er verbraucht,	
er hat verbraucht	12/1
verdienen, er verdient,	
er hat verdient	7/3.5
vergehen, er vergeht,	
er ist vergangen	11/4.5a
vergessen, er vergisst,	
er hat vergessen	12/1
vergleichen, er vergleicht,	
er hat verglichen	8/4.3
verheiratet	2/4.1
verkaufen, er verkauft,	
er hat verkauft	7/2.1
der/die **Verkäufer/in**,	
die Verkäufer/innen	7/2.1
der **Verkehr**	6/1.2
der **Verlag**, die Verlage	7/2.4
verlieren, er verliert,	
er hat verloren	9/3.2
verrühren, er verrührt,	
er hat verrührt	10/5.1
verschreiben, er verschreibt,	
er hat verschrieben	12/2.3
versichern (sich), er versichert sich,	
er hat sich versichert	12/2.2b
der/die **Versicherte**, die Versicherten	12/2.2b
die **Verspätung**, die Verspätungen	5/4.1
verstehen, er versteht,	
er hat verstanden	2/1.2
die **Verwaltung**, die Verwaltungen	6/2.1

verwechseln, er verwechselt,
er hat verwechselt — 8/3.2
viel — 1/2.2b
Vielen Dank! — 4/3.2
das Viertel, die Viertel — 5/2.2a
die Viertelstunde, die Viertelstunden — 6/1
der Volkssport, die Volkssports — 12/1
voll — 8/1.2a
der Volleyball — 12/0
von — 3/2.4
von ... bis — 7/3.3a
von Beruf — 7/1.2
vor — 5/2.2a
vorbei an — 8/2.4
vorbei sein, es ist vorbei,
es war vorbei — 12/1
der Vormittag, die Vormittage — 5/3.1
vormittags — 9/2
der Vorname, die Vornamen — Start 3.8

W

wählen, er wählt — 8/2.4a
der Wald, die Wälder — 9/0
die Wand, die Wände — 6/3.2a
wandern, er wandert,
er ist gewandert — 9/1
die Wanderung, die Wanderungen — 9/2.4
wann — 5/2.3
warm — 1/4.3
die Wärme — 11/0
warten, er wartet, er hat gewartet — 5/4.1
die Warteschlange, die Warteschlangen — 9/1
das Wartezimmer, die Wartezimmer — 12/2.2a
was — 1/1.1b
was für ein — 4/2.2b
das Waschbecken, die Waschbecken — 4/5.1
waschen, er wäscht,
er hat gewaschen — Stat. 4/1.4
die Waschmaschine,
die Waschmaschinen — 4/6.1a
das Wasser, die Wasser/Wässer — 1/0
der Wecker, die Wecker — 5/0
der Weg, die Wege — 6/2.3b
wehtun, es tut weh,
es hat wehgetan — 12/2.3
die Weihnachtsferien (Pl.) — 9/4.1
der Wein, die Weine — 1/1.4
weiß — 11/0
das Weißbrot, die Weißbrote — 10/1.4
der Weißwein, die Weißweine — 1/0
weit — 8/2.1a

weiterfahren, er fährt weiter,
er ist weitergefahren — 9/3.2
die Weiterfahrt, die Weiterfahrten — 9/2
welcher, welches, welche — 3/5.5
die Welt, die Welten — 6/5.1
wenig — 1/2.3a
wenn — 11/4.5a
wer — Start 2.1
die Werbung, die Werbungen — 6/2.2a
die Werkstatt, die Werkstätten — 7/0
der Westen — 3/2.4
westlich — 3/2.4
das Wetter — 9/1.2b
wichtig — 2/4.1
wie — Start 2.1
wie bitte? — 2/1.2
wie viel — 5/2.3
wieder — 8/3.7
wiederholen, er wiederholt,
er hat wiederholt — 2/1
das Willkommen — 9/4.3
der Wind, die Winde — 11/4.2
windig — 11/4.1
der Winter, die Winter — 9/4.1
die Winterferien (Pl.) — 9/4.1
wirklich — 4/2.2b
wissen, er weiß, er hat gewusst — 3/1.5
wo — Start 2.3
die Woche, die Wochen — 5/0
das Wochenende, die Wochenenden — 5/0
woher — Start 2.1
wohnen, er wohnt,
er hat gewohnt — Start 2.3
die Wohngemeinschaft,
die Wohngemeinschaften — 3/4.2
das Wohnheim, die Wohnheime — 4/1.1
die Wohnung, die Wohnungen — 4/1.1
das Wohnzimmer, die Wohnzimmer — 4/2.1a
die Wolke, die Wolken — 11/4.2
wollen, er will, er wollte — 8/1.2a
das Wort, die Wörter — 2/2.7
das Wörterbuch, die Wörterbücher — 2/0
das Wörternetz, die Wörternetze — 4/5.1
wunderschön — 12/4.3b
wünschen, er wünscht,
er hat gewünscht — 10/1
der Würfel, die Würfel — 10/5.1
die Wurst, die Würste — 10/1.1b

Y

das Yoga — 12/0

Z

	z. B. (= zum Beispiel)	4/5.1
die	**Zahl**, die Zahlen	1/3.3b
	zahlen, er zahlt, er hat gezahlt	1/4.4a
das	***Zahlungsmittel**, die Zahlungsmittel*	1/4.5
der/die	**Zahnarzt/Zahnärztin**,	
	die Zahnärzte/Zahnärztinnen	5/4.1
	zehn	1/3.1
	zeigen, er zeigt, er hat gezeigt	11/4.5a
die	**Zeit**, die Zeiten	5/2.3
die	**Zeitung**, die Zeitungen	6/2.1
	***zelten**, er zeltet, er hat gezeltet*	9/2.4
	zentral	4/6.1a
das	**Zentrum**, die Zentren	6/5.1
der	**Zettel**, die Zettel	4/5.1
das	**Ziel**, die Ziele	9/5.1
	ziemlich	4/1.1
die	**Zigarette**, die Zigaretten	12/2.3
das	**Zimmer**, die Zimmer	4/1
der	**Zoo**, die Zoos	5/3.6b
	zu	2/4.3
	zu Hause	7/3.5
der	**Zucker**	1/2.3a
der	**Zug**, die Züge	5/4.1
	***zunehmen**, er nimmt zu,*	
	er hat zugenommen	12/3.1a
	***zurückdenken**, er denkt zurück,*	
	er hat zurückgedacht	11/4.5a
	zusammen	1/4.4a
	***zusammenarbeiten**, er arbeitet*	
	zusammen, er hat zusammen-	
	gearbeitet	7/3.5
	***zusammengehören**, es gehört*	
	zusammen, es hat zusammengehört	12/1
die	***Zutat**, die Zutaten*	10/5.1
	zweimal	12/3.1a
die	**Zwiebel**, die Zwiebeln	10/5.1
	zwischen	5/2.3

Bildquellenverzeichnis

Cover: © Robert Nadolny, Grafikdesign | Inhaltsverzeichnis: © Fotolia, Jan Kranendonk (Start links) – © pdesign (Start rechts) – © iStockphoto, Scott Griessel (1 links) – © Shutterstock, Apples Eyes Studios (1 rechts) – © Cornelsen Schulverlage GmbH, T. Schulz (2 links) – © Fotolia, Rich Sargeant (2 rechts) – Wikimedia Commons, Creative Commons 2.5 Unported, © Diliff/Flickr, Creative Commons, © Adesigna/© Pixelio, Zaubervogel (3 links) – © Fotolia, Kzenon (4 links) – Levent Sevimli (4 rechts) – © Shutterstock, Marco Cappalunga (5 links) – © Fotolia, Iofoto (5 rechts) – © Cornelsen Schulverlage GmbH, H. Herold (6 links) – © Pixelio, Fabio Sommaruga (6 rechts) – © Fotolia, ArtmannWitte (7 links) – EyeAmi (7 rechts) – © Fotolia, Philipus (8 links) – © Buddy Bär Berlin GmbH (8 rechts) – © Fotolia, idee23 (9 links) – Sebastian Helminger (9 rechts) – © iStockphoto, Sean Locke (10 links) – © Fotolia, Kalle Kolodziej (10 rechts) – © Picture Alliance, Faye Sadou (11 links) – © Digitalstock, M. Otto (11 rechts) – © iStockphoto, Christopher Futcher (12 links) – Wikipedia, Gemeinfrei, © Lumu (12 rechts) | S. 8: © Fotolia, Jan Kranendonk (a) – © Fotolia, Bergfee (b) – © iStockphoto, Slobodan Vasic (c) – © Fotolia, Monkey Business (d) | S. 9: © Digitalstock, M. Müller (e) – © Fotolia, Ingo Bartussek (f) – © Fotolia, Contrastwerkstatt (g) – © Lufthansa, Ingrid Friedl (i) – © Fotolia, PDesign (j) | S. 10: © iStockphoto, Chris Schmidt (links) – © Fotolia, Henlisatho (rechts) | S. 12 (von oben nach unten): © RTL interactive GmbH – © IBM Deutschland GmbH – © Deutsche Bahn AG – © Volkswagen AG – © BMW AG – © ORF Online und Teletext GmbH & Co KG – © Zweites Deutsches Fernsehen – © UBS AG | S. 13: © Goethe-Institut | S. 14: © iStockphoto, Bojan Fatur (1.) – © Picture Alliance, dpa-Zentralbild/Jan Woitas (2.) – © Fotolia, ARochau (3.) – © 123rf, Ianak (4.) | S. 15: © Cornelsen Schulverlage GmbH, H. Funk | S. 16: © Fotolia, Contrastwerkstatt (a) – unten v.l.n.r.: © Fotolia, Teamarbeit – Lilia Beck, Bremen – Blue Lemon Photo – MAK – © Shutterstock, Eric Gevaert – © Shutterstock, Apple Eyes Studio | S. 16/17: © iStockphoto, Bogdan Ksanovic (b) | S. 17: © iStockphoto, Scott Griessel (c) – unten v.l.n.r.: © Shutterstock, Chris Christou – © Fotolia, Elena Moiseeva – Julián Rovagnati –DKImages – Iosif Szasz-Fabian – © Günter Menzl – Digieye | S. 18: © Cornelsen Schulverlage GmbH, A. Mackensen | S. 19: © Ullsteinbild, TopFoto | S. 21: © iStockphoto, Falcatraz (oben) – © Mauritius Images, UpperCut (unten links) | S. 22: © Fotolia, Ferkelraggae (oben) | S. 23: © Fotolia, Mani35 (unten) | S. 24: © iStockphoto, Webphotographer (a) – © iStockphoto, Guenter Guni (b) – © iStockphoto, RelaxFoto.de (c) – © iStockphoto, Kristian Sekulic (d) | S. 25: © iStockphoto, Stian Magnus Hatling (links) – © Fotolia, Ben(rechts) | S. 26: © Fotolia, Kzenon | S. 28: © Shutterstock, Tupungato | S. 29: © Shutterstock, Everett Collection | S. 30: © Picture Alliance, Rainer Hackenberg | S. 32: © Cornelsen Schulverlage GmbH, T. Schulz – unten v.l.n.r.: © Fotolia, Andreas F.- Marek Kosmal – Pedro Díaz – © Shutterstock, Thank You – © Fotolia | S. 33: © Cornelsen Schulverlage GmbH, T. Schulz – © Fotolia, Kramographie (unten) – unten v.l.n.r.: © Fotolia, Rick Sargeant – photoGraphie – liquidImage – © Adpic, M. Dietrich – © Fotolia, Endrille | S. 36: © Fotolia, Contrastwerkstatt (oben links, oben 2.v.l.) – Pixel974 (oben 3.v.l.) – © Shutterstock, AHMAD FAIZAL YAHYA (Mitte links) – © Picture Alliance, efe/Manuel Bruque (Mitte) – © iStockphoto, Sean Locke (oben rechts) – © Fotolia, T. Michel (Foto, Eis, Handy) – Dark Vectorangel (Hund) – Moonrun (Rauchen) | S. 37 von oben nach unten: © Shutterstock, MiloVad – © Fotolia, ALX – © Shutterstock, Baloncici – © iStockphoto, Виталий Ятло – © Shutterstock, Beavskiy Dmitry – © Fotolia, Seen | S. 38: © Shutterstock, Goodluz (oben links) – © Colourbox (oben rechts) – © Shutterstock, Tabayuki (unten) – S. 39: © Cornelsen Schulverlage GmbH, H. Funk | S. 40: © Fotolia, photoGrapHie (oben links) – Rick Sargeant (oben Mitte) – Kramografie (oben rechts) – liquidImage (1) – © Adpic, M. Dietrich (2) – © Fotolia, photoGrapHie (3) – © Fotolia – Marek Kosmal (5) – Endrille (6) – Pedro Díaz (7) – Andreas F. (8) – Photoman (9) – © Shutterstock, RzymuR (10) – © Fotolia, Kitty | S. 43: © Shutterstock, Mangostock (oben) | S. 44: © Fotolia, T. Michel (oben links, unten rechts) – Moonrun (oben rechts) – Dark Vectorangel (unten links) – © Shutterstock, Goodluz (Mitte) – © iStockphoto, Jacom Stephens (unten) | S. 45: © Digitalstock, Fotoservice (a) – © Shotshop, danstar (b) – © Fotolia, Karen Struthers (c) | S. 46: © Shutterstock, Jaggat2 (oben) – © Picture Alliance, dpa/Heinz Unger (Mitte) – © Picture Alliance, dpa/Henning Kaiser (unten) | S. 48: © Shutterstock, Jo Crebbin (links) – Wikimedia Commons, Creative Commons 2.5 Unported, © Diliff (2.v.l.) – Flickr, Creative Commons, © Adesigna (3.v.l.) – © Pixelio, Zaubervogel (rechts) – unten v.l.n.r.: © Fotolia, Thomas Reimer – BildPix.de – Jürgen Feldhaus – BildPix.de | S. 48/49: © Fotolia, Word Travel Images (oben) – S. 49: © Pixelio, Tim Reinhart (Mitte links) – © Fotolia, Andreas (Mitte) – © iStockphoto, TMSK (Mitte rechts) – unten v.l.n.r.: © Fotolia, JackF – © Shotshop – © iStockphoto, Steve Debenport – © Shutterstock, Jorg Hackemann | S. 50: © Shutterstock, Imagesolutions (oben) – © Fotolia, Carlos101 | S. 54: © Shutterstock, Petrenko Andriy (oben links) – © Fotolia, CURAphotography (oben rechts) – © Picture Alliance, Globus Infografik (Mitte) | S. 55: © Shutterstock, Monkey Business Images (oben) | S. 56: © Fotolia, Fotolyse (oben) – Wikimedia Commons, Creative Commons, © Hannes72 (1) – © Fotolia, Vladislav Gajic (2) – © Elbphilharmonie, Herzog de Meuron (3) – © Fotolia, Gül Kocher (4) – Digitalpress (5) –

Simon Ebel (6) | S. 57: © Cornelsen Schulverlage GmbH, H.(oben) – © Fotolia, Alekup (unten) | S. 58: © Fotolia, Dmitry Koksharov (oben) – Wikipedia, Gemeinfrei, © Gryffindor (unten) | S. 59: © Fotolia, Bloomua | S. 60: © Shutterstock, GYI NSEA (oben) – © Digitalstock, C. Hähnel (Mitte links) – © Fotolia, Siegmar (Mitte rechts oben) – Monkey Business (Mitte rechts unten) | S. 61: © iStockphoto, Pedro Castellano (oben) – © Colourbox (unten) | S. 64: © Cornelsen Schulverlage GmbH, T. Schulz – S. 65: © Cornelsen Schulverlage GmbH, H. Funk | S. 66: © Mauritius Images (links) – © iStockphoto, Neustockimages (rechts) | S. 68: © Cornelsen Schulverlage GmbH, H. Ekre | S. 69: © Cornelsen Schulverlage GmbH, H. Ekre | S. 70 v.l.n.r./oben nach unten: © Fotolia, Ben – © iStockphoto, Yuri Arcurs – © Fotolia, KorayErsin – Bernd Kröger – Kzenon – © Digitalstock, F. Aumüller – © iStockphoto, Carmen Steiner – © Digitalstock, Wajopi – © Colourbox – © Fotolia, Zanna – Felix Vogel – © iStockphoto, Jasmin Awad | S. 71: © Fotolia, *Sindy* | S. 72: © Cornelsen Schulverlage GmbH, H. Herold (a) – © H. Funk (b) – unten v.l.n.r.: © Fotolia, ArTo – Maler – © Cornelsen Schulverlage GmbH, H. Funk – © Fotolia, Laiotz – Thomas Reimer | S. 73: © Digitalstock, B. Ludz (c) – © Digitalstock, B. Leitner (d) – © Cornelsen Schulverlage GmbH, K. Hoppe-Brill (e) – unten v.l.n.r.: © Fotolia. Stefan Balk – Uzi Tzur – Tomispin – Flexmedia – GordonGrand | S. 74: © Fotolia, Ant236 (1) – photo 5000 (2) – Frank Seifert (3) | S. 78: © Fotolia, Günter Menzl (Küche) – ChinKS (Schrank) – © Digitalstock, I. Bbege (Bett) | S. 79: © Fotolia, Igor Ostapchuk (links) – Günter Menzl (rechts) | S. 80: © Fotolia, Kzenon | S. 81: © Fotolia, Blue Fox (a) – Ioan Veres (b) – © Cornelsen Schulverlage GmbH, H. Herold (c) – © Fotolia, Hansenn (d) | S. 82: © Fotolia, Jean-Jacques Cordier (oben links) – Thomas Reimer (oben Mitte) – © Cornelsen Schulverlage GmbH, K.-H. Schenkel (oben rechts) – © Fotolia, Levent Sevimli (unten links) – © Cornelsen Schulverlage GmbH, K. Hoppe-Brill (unten Mitte) – © Cornelsen Schulverlage GmbH, H. Herold (unten rechts) | S. 84: © iStockphoto, Nullplus | S. 88: © Fotolia, Franz Pfluegl | S. 90: Pixelio, Michael Bührke (a) – Marco Wydmuch (b) – Popova Olga (Uhr) – Henlisatho (d) | S. 91: © Fotolia, Charlesknoxphoto (c) – © Colourbox (e) – © Picture Alliance, dpa/Frank May (e/TV) – © iStockphoto, Kenneth C. Zirkel (f) – © Shutterstock, Marco Kappalunga (g) – © iStockphoto, Hanibarem (h) – © Fotolia, Canakris (unten: Kalender) – © Shutterstock, Sandra van der Stehen (Uhr) – © Fotolia, Iofoto (Wecker) | S. 93: © Fotolia, Gina Sanders (rechts) | S. 94: © Fotolia, Creative Studio | S. 95: © iStockphoto, Ben Blankenburg (unten links) – Colourbox (unten rechts) | S. 96: © Fotolia, Detailblick | S. 97: © Fotolia, Kzenon (oben) – © Cornelsen Schulverlage GmbH, H. Funk (unten) | S. 99: Shutterstock, Anton Gvozdikov (1.) – © Fotolia, rbgdigital.co.uk (2.) – © iStockphoto, Hanibarem (3.) – © Cornelsen Schulverlage GmbH, H. Funk (4.) – © iStockphoto, Digitalskillet (5.) – © Cornelsen Schulverlage GmbH, S. Lücking (6.) | S. 100: © iStockphoto, Ben Blankenburg (links) – © Shutterstock, Odua Images (rechts) | S. 101: © Picture Alliance, dpa/Andreas Gebert | S. 104: © Colourbox | S. 106: © Fotolia, Angelika Bentin (1) – unten v.l.n.r.: © Fotolia, Philipus – © Pixelio, Fabio Sommaruga – © Fotolia, Stigtrix – AustralianDream – © Fotolia | S. 107: Wikimedia Commons, Creative Commons 2.5, © Johannes Kazah (oben links) – © Shutterstock, Goodluz (2) – © Ullsteinbild, Meißner (oben rechts) – © Fotolia, Janina Dierks (3) – © Cornelsen Schulverlage GmbH, H. Funk (Mitte links) – © Dr. Ing. h. c. F. Porsche AG (Mitte rechts) – © Fotolia, VgStudio – unten v.l.n.r.: © Pixelio, Gerhard Frassa – © Digitalstock, H. Nassenstein – © Fotolia, Luc Martin – © Digitalstock, Steffi-Lotte – M. Nicolini | S. 108: © Cornelsen Schulverlage GmbH, H. Funk (oben rechts, unten links, rechts) | S. 109: © Cornelsen Schulverlage GmbH, H. Herold | S. 110: © Cornelsen Schulverlage GmbH, T. Schulz | S. 111: © Cornelsen Schulverlage GmbH, T. Schulz | S. 112: © iStockphoto, Hanibarem | S. 113: © Picture Alliance, dpa-Zentralbild/Thomas Schulze (oben links) – Picture Alliance, dpa-Zentralbild/Waltraud Grubitzsch (Mitte links) – Cornelsen Schulverlage GmbH, H. Funk (unten) | S. 114 oben: © Fotolia, Philipus (1) – © Shutterstock, Aodaodaodaod (2) – © Fotolia, Fuxart (3) – Pixelio, Ingo132 (4) – © iStockphoto, Aaleksander (5) – © Fotolia, matteo NATALE (6) – unten: © Digitalstock, L. Banneke-Wilking (1) – © Fotolia, Kzenon (2, 3) – © Claudia Paulussen (4) | S. 115: © Fotolia, Artusius | S. 116: © Fotolia, Robert Kneschke (unten links, unten rechts) – Monkey Business (unten Mitte) | S. 118: © Cornelsen Schulverlage GmbH, T. Schulz | S. 119: Fotolia, Bloomua (Mitte) – © iStockphoto, GYI NSEA (unten alle) | S. 120: © Shutterstock, Skung Taxi (links) – © Fotolia, Omika (rechts) | S. 121: © Cornelsen Schulverlage GmbH, T. Schulz | S. 122: © Fotolia, Jürgen Fälchle (1) – © Ullsteinbild, Bodig (oben rechts) – © iStockphoto, Elfinima (2) – © Shutterstock, StockLite (3) – © iStockphoto, Dmitriy Shironosov (4) – © Colourbox (5) | S. 123: © Shutterstock, Wavebreakmedia (links, rechts) | S. 126: © Cornelsen Schulverlage GmbH, H. Ekre | S. 127: © Cornelsen Schulverlage GmbH, H. Ekre | S. 128 von oben nach unten: © Fotolia, JohanSwanePoel – HappyAlex – A9luha – Christian Nitz – Poligonchik | S. 130: © Fotolia, Dron (a) – © Corbis/Ocean (b) – © Fotolia, Yuri Arcurs (c) – © iStockphoto, Jörg Tietge (d) – unten v.l.n.r.: iStockphoto, Terry J. Alcorn – © Shutterstock, Stanislav Komogorov – © Fotolia, Broker – © iStockphoto, Fotopsia | S. 131: © iStockphoto, Catherine Yeulet (e) – © Fotolia, ArtmanWitte (f) – © iStockphoto, Acilo (g) –

Textquellen:

S. 70: Rudolf Otto Wiemer, Beispiele zur Deutschen Grammatik, Gedichte, © Wolfgang Fietkau Verlag, Kleinmachnow | S. 71: © Rudolf Steinmetz „Konjugation", R.O. Riemer (Hg.), Bundesdeutsch. Lyrik zur Sache Grammatik, Peter Hammer Verlag Wuppertal, 1974 | S. 128: © Hans Manz | S. 129: Statistisches Bundesamt, Forum der Bundesstatistik, Bd. 43/2004) | S. 150: © Ernst Jandl, „Lichtung" | S. 168: © 2001 by Edition Phat Monday/Hanseatic Musikverlag GmbH & Co. KG, Musik & Text: O. Jeglitza, B. Köhler, S. Erl | S. 209: © 1966 Nero Musikverlag Gerhard Hämmerling oHG, „Welche Farbe hat die Welt", Musik: Christian Bruhn/Text: Drafi Deutscher

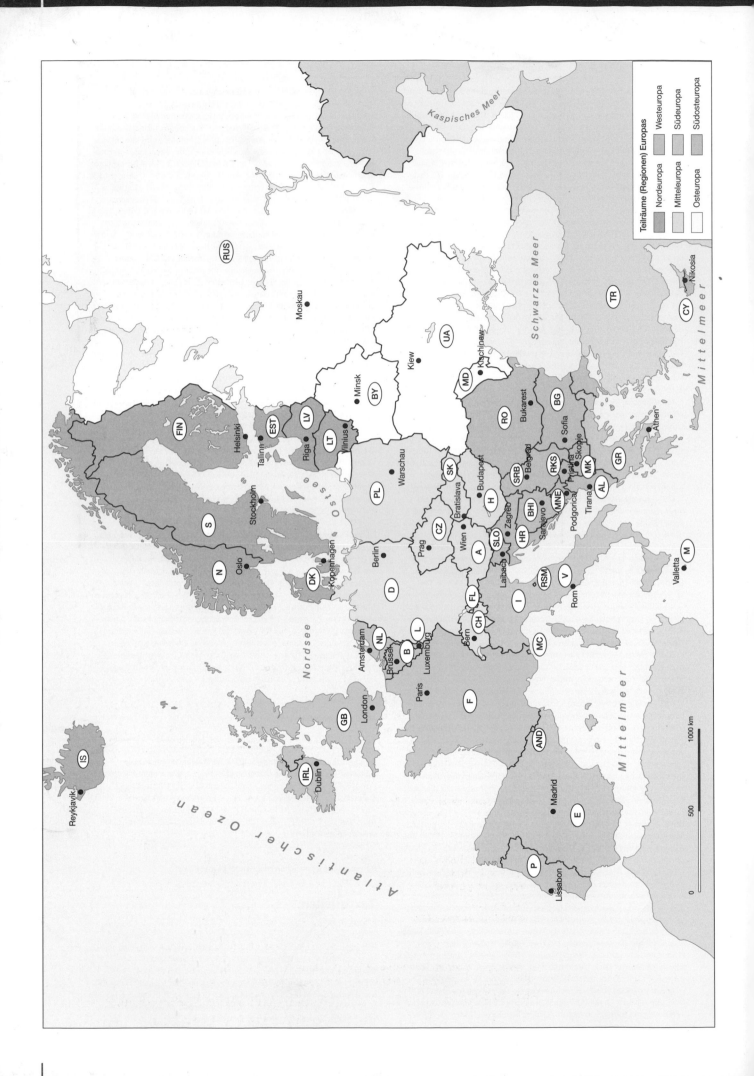